AFRICA

非洲

考古学的视角

The Archaeological Background

[法]
高 畅
AUGUSTIN F. C. HOLL

著

王格 丁雨

译

江苏人民出版社

图书在版编目(CIP)数据

　　非洲：考古学的视角 /（法）高畅著；王格，丁雨
译. -- 南京：江苏人民出版社，2025. 6. -- ISBN 978 -
7 - 214 - 30453 - 7

　　Ⅰ. K400.3

　　中国国家版本馆 CIP 数据核字第 20250ST501 号

江苏省版权局著作权合同登记号：图字 10 - 2018 - 407 号

书　　　名　非洲：考古学的视角
著　　　者　[法]高　畅
译　　　者　王　格　丁　雨
责 任 编 辑　康海源
封 面 设 计　有品堂_刘　俊
责 任 监 制　王　娟
出 版 发 行　江苏人民出版社
地　　　址　南京市湖南路 1 号 A 楼，邮编：210009
照　　　排　江苏凤凰制版有限公司
印　　　刷　江苏凤凰扬州鑫华印刷有限公司
开　　　本　652 毫米×960 毫米　1/16
印　　　张　21.75
字　　　数　240 千字
版　　　次　2025 年 6 月第 1 版
印　　　次　2025 年 6 月第 1 次印刷
标 准 书 号　ISBN 978 - 7 - 214 - 30453 - 7
定　　　价　88.00 元

（江苏人民出版社图书凡印装错误可向承印厂调换）

中译本序

高畅教授的大作《非洲：考古学的视角》终于由江苏人民出版社出版了。这既为中国学界了解国际考古的最新成果提供了一扇窗口，也使国内大众对非洲早期为人类作出的贡献有所了解。作为他多年的好友，我也了却一桩心事。

奥古斯丁·霍尔（Augustin F. C. Holl）是非洲学者和考古学家，他的中文名是高畅。他生于喀麦隆，后入法国籍，在非洲、欧洲和美国逐渐成为知名学者。他自 2017 年起成为厦门大学特聘教授。我与高畅教授相识于 2013 年。当时，我们应邀出席在位于埃塞俄比亚首都亚的斯亚贝巴的非洲联盟总部召开的联合国教科文组织关于增补《非洲通史》（1—8 卷）的会议。他知识渊博，为人友善，我们一见如故，后来一起参加在巴西、法国、安哥拉、中国等地举行的相关会议。2013 年 11 月 20—24 日，在巴西城市萨尔瓦多举行的联合国教科文组织《非洲通史》（第 9 卷，后扩展为 9—11 卷）的第一次国际科学委员会会议上，他和我分别被选为国际科学委员会的主席和副主席。我们多次一起参与联合国教科文组织的相关活动，常常探讨非洲的历史和现实，交流对人类面临的共同问题的看法，始终保持着学术往来，友谊日增，关系密切。他比我年轻一岁，我们之间一直以兄弟相称。

　　高畅教授受到多方面系统的学科培养和学术训练。他从小在喀麦隆接受基础教育,20世纪70年代在喀麦隆雅温得大学就读,以历史学为主科,辅修社会学和人种学,先后于1975年获喀麦隆A4(文学和哲学)学士学位,1977年获喀麦隆雅温得大学历史和地理基础研究文凭,1978年获历史学学士学位,1979年获历史学硕士学位。他随后到法国巴黎继续学习,1980年获巴黎第一大学考古学研究文凭。1983年在该校获史前考古学博士学位。此间,他还接受了有关植物和动物方面的专业学术训练,分别于1980年、1981年和1982年三次在马赛-卢米尼国家科学研究中心,由第四纪地质学实验室古植物学组的雷蒙德·波内菲(Raymonde Bonnefille)博士指导进行花粉方面的研究,1982年5—6月和10—12月在巴黎国家自然历史博物馆比较解剖实验室弗朗索瓦·波普林(François Poplin)博士等人的指导下进行动物研究方面的学习。大学教育和研究生训练为他打下了扎实的学术基础,他于1983年成为巴黎第十大学的助理教授。由于与法国国家科学研究中心(CNRS)的实验室建立了联系,他得以将一学期的教学与另一学期的实地研究结合起来设立课程。1994年,他获得法国巴黎第十大学史前考古学荣誉博士学位。

　　高畅教授的学术经历主要是在大学和研究机构。他从20世纪80年代初开始在法国、美国、喀麦隆、塞内加尔等国以及联合国教科文组织担任各种职务。举其要者,1933—1988年在巴黎第十大学任民族学、民族音乐学和史前系助理教授,1986—1991年任法国-喀麦隆北喀麦隆考古代表团团长,1988—1997年任巴黎十大人种学和史前系讲师,1992—1994年,他就任巴黎十大民族学、民族音乐学和史前系主任。他于1997年在美国加州大学圣地亚哥分校任人类学系客座教授,1998—2000 年任该校学术委员会代表,2000—2008 年任密歇根大学安娜堡分校人类学、非裔美国人与非洲研究教授兼非洲考古学馆馆长,2001年任芝加哥菲尔德自然历史博物馆研究员。2002—2010 年他担任塞内加尔巨石圈考古项目主任,2004—2006 年就任密歇根大学人类学博物馆副馆长,2008 年任联合国教科文组织顾问,2008—2011 年任塞内加尔达谢赫·安塔·迪奥普大学艺术与文化高等学院客座教授。他于 2011 年回到法国,直到 2017 年先后任巴黎十大人类学系史前史教授、孔子学院院长和副校长,法国国家科学研究中心人文与社会科学研究所副所长,国家大学委员会第 20 分部(人类学、人种学、史前学)成员等职,期间还担任厦门大学、雅温得第一大学和谢赫·安塔·迪奥普大学等高校的客座教授,巴西米纳斯吉拉斯联邦大学高级研究所常驻研究员,非洲-亚洲大学合作组织任务负责人,联合国教科文组织《非洲通史》(9—11 卷)国际科学委员会主席。

他的学术领域主要集中在粮食生产和社会复杂性在非洲以及其他地区的起源及其发展。在研究过程中,他逐渐对西南亚和欧洲等地作为过渡技术阶段的巨石(Chalcholithic)时代与古冶金时代(Palaeo-metallurgic ages)之间的平衡互补产生了兴趣,致力于跨学科和多学科的考古实践与理论研究。从 20 世纪80 年代开始,他先后参与/领导了毛里塔尼亚著名的新石器时代达尔·蒂希特(Dhar Tichitt)遗址项目(1981 年)、比利时海瑙省布利克基发掘项目(1980—1981 年)、法国艾斯讷河谷发掘项目(1980—1985 年)、喀麦隆北部的哈洛夫(Houlouf)地区项目(1982—1991 年)、以色列内盖夫北部的内盖夫巨石时代项目(1984—1996 年)、纽约非洲墓地研究项目(1993—2006 年)、布基纳法索的穆翁河湾考古项目（1997—2000 年）、塞内加尔塞恩·恩加彦巨石墓地等多项考古项目（2002—2010 年）、厦门大学萨卢姆三角洲贝壳冢项目（2017 年至今）、肯尼亚的斯瓦希里海岸遗址调查（2019）、中国闽西石板路的考古学与符号学研究等。在研究过程中，他不断拓展自己的学术领域，对更广泛的主题进行探讨，如物质文化和技术变革、粮食生产的起源、复杂社会的出现、殡葬考古学、冶金学的出现、撒哈拉岩画、西非早期城市化、畜牧社会的民族考古学等。他领导的团队在完成田野报告、合著文章和编辑著作等方面取得了可喜的成绩。长时间的实地考察、学术研究和理论探讨使他成为多方面的专家，其学术领导和协调能力也使他成为多学科协同研究的领军人物。

　　他的学术成就主要表现在发表的成果、参与和主持的各种项目、担任各种期刊编委与承担学术职责等方面。从 1986 年到 2023 年，他共出版专著或考古报告 19 部，包括 2015 年在塞内加尔出版的这部《非洲：考古学的视角》，还主编了 6 部专题论文集。他发表的文章数量惊人，包括经过同行评审的论文 68 篇，非参考性文章（non-referred article）3 篇，为著作所写的章节 62 篇，书评 55 篇，百科全书的条目文章 6 篇，还有大量未发表的考古报告等。他担任了多家权威的国际学术期刊的主编或编委，包括《国际考古学杂志》《古代》《非洲考古学评论》《非洲考古学杂志》《加勒比埃及学期刊》《人类学考古学杂志》《考古学百科全书》《西非考古学杂志》等，他还是多家出版机构的学术专著系列的编委会或顾问委员会成员。作为多家国际学术组织的成员，他还担任法国及国际学术组织的提案评审员，如国家地理研究与探索委员会研究提案评审员、国家科学基金会研究提案评审员、国家人文基金会研究提案评审员、欧洲研究理事会研究提案评审员。

高畅教授对中非学术合作作出了重要贡献。他精力旺盛，2017年任厦门大学特聘教授，从2020年起任中国社会科学院中国非洲研究院国际顾问委员会委员。在厦门大学任职期间，他为中国多所高校和研究机构做了大量涉及非洲考古、考古学理论与实践以及考古方法论等方面的讲座，2018年9场、2019年12场、2020年10场、2021年12场、2022年10场，例如2022年4月22—24日在重庆举办的第八届国际人文与社会科学研究大会上的主旨演讲"全球考古学与跨学科的必要性：南岛民族扩张的案例"和2022年4月13日在北京外国语大学举办的全球外国语大学联盟系列讲座"西非早期国家的兴起与演变"等。这些讲座或报告向中国考古学界和非洲研究界传播了大量的知识信息，在中国学者和国际学界之间搭建了学术沟通的友谊桥梁。为了培养中国考古方面的青年人才，他于2019年策划并领导了厦门大学与美国美利坚大学和肯尼亚基亚比大学联合开展中非互动考古研究项目，并带领厦门大学的青年学生到塞内加尔参与萨卢姆三角洲贝冢考古项目。他撰写了多篇论文，探讨中国与非洲的双边关系，如《中国与东非的古代联系和当代流动》等，还接受了多家新闻出版机构的访谈，介绍中国的发展与中非合作的前景，如《构建一个崭新的未来：联结民族与文化——访厦门大学社会与人类学院教授高畅》（中国社会科学网，2021年10月）、《一位法国教授眼中的中国发展》（2021年）等。除了这部著作，他的另一部著作《塞内冈比亚巨石圈文化景观考古学研究》由李洪峰教授译成中文，2023年由中国社会科学出版社出版，属中国非洲研究院文库的学术著作。

《非洲：考古学的视角》向世界客观介绍了非洲早期社会的

各种成就以及对人类的贡献。他在"序言"中指出："有关非洲的极少量的世界主流新闻头条通常令人沮丧。似乎所有事情都朝着错误的方向发展。'混乱'是一个温和的术语,可以用来总结与非洲没有任何直接联系的青年一代对这片大陆的印象。他们对非洲的看法强烈地受到一些图片的影响——这些图片展示了遭受饥荒、内战及逃离战争区域的难民孩童消瘦或浮肿的身躯。幸运的是,希望仍存。年轻的学生仍对非洲抱有兴趣和激情。他们热情而诚恳的奉献或许有一天能够推动非洲的命运向更积极的方向迈进。"作为一位对这个大陆怀着深厚感情的非洲知识分子,他对当前充满误差和偏见的非洲知识生产表达了失望和沮丧,也有对未来的希望和期盼。全书包括四个部分:食物生产的出现、创造与革新、复杂社会的出现、暮光。第一部分涉及人类从采集到驯养动物即畜牧业的兴起以及植物的驯化到乡村社会的起源。第二部分通过描述生动的岩画、迥然相异的墓葬、不同地区的巨石文化以及冶金术的发明来展现非洲人的艺术情怀和创造能力。第三部分通过对北部、东部、中部、西部和南部的各种考古资料来分析物质记录中反映复杂性的各种变量,如墓葬的精致程度、进口商品或奢侈品的存在、生存和技术系统的专门化以及社会系统在职业方面的分化等,从而说明非洲古代复杂社会的出现。第四部分从分析历史考古学这一模糊概念开始,对大西洋奴隶贸易、人口迁移、定居点搬迁、交换模式、手工业专业化和社会等级等问题进行了讨论,并提出了自己的看法。

非洲的考古学近年的进展令人惊异,发现的各种新的资料不断推翻以前的结论。例如,本书作者谈到冶金术的起源和传播时指出:"这些早期冶金术传播广泛,且是非洲原产,但是其起源的摇篮和扩散路线仍不清楚。"近10年的考古发掘表明,世界

最早发明陶器的地区有四个,除长江流域和黑龙江流域外,西非
和中部非洲分别排名第三、第四。具体而言,居住在尼日尔-刚
果语系的马里地区的非洲人最迟在 11500 年前即公元前 9500
年左右发明了制陶技术。随后,居住在马里以东 3000 公里的东
撒哈拉南部的现今乍得地区的尼罗-撒哈拉语系的非洲人开始
制陶,时间是在公元前 9000—前 8000 年之间。由于制陶所需的
熔点(1850 ℃左右)与冶金相同,这为后来的铁器时代奠定了基
础。早在公元前 3000—前 2500 年,巴林贝(Balimbé)、贝图梅
(Bétumé)和布布恩(Bouboun)等居住地出现了炼铁活动。在位
于中部非洲奥布伊(Oboui)发现了一系列与炼铁活动相关的各
种物证,如炉体结构、风箱、铁屑、炉渣和锤打铁器的石砧,以及
大量可追溯日期的木炭。与此相适应的是有关炼铁的一些词汇
的出现,表明了冶炼技术独立发展的过程。[1]在靠近喀麦隆乔洪
地区(Djohong)的格巴托罗(Gbatoro)等地还发现了公元前
2500—前 2000 年铁匠作坊的证据。毛里塔尼亚的阿朱特地区
(Akjoujt,一译阿克茹特)和尼日尔的伊格哈兹尔盆地
(Eghazzer)发现了早期的铜冶金。在尼日尔的埃哈泽尔盆地、
塞内加尔中部山谷、布基纳法索的穆翁河(Mouhoun River,即
黑沃尔特河)湾区、尼日利亚的恩苏卡(Nsukka)的莱贾和塔鲁
加地区(Taruga)、东非大湖区、喀麦隆的乔洪地区和中非的恩焦
地区(Ndio)都发现了早期的炼铁设施。[2]

[1] Christopher Ehret, *Ancient Africa: A Global History, to 300 CE*, Princeton University Press, 2023, pp. 23 - 27.

[2] A. F. C. Holl, "The Origins of African Metallurgies: Summary and Keywords", *Archaeology Online*. Publication Date: Jun 2020. DOI: 10.1093/acrefore/9780190854584.013.63.

　　高畅教授这一著作的重要性不必多言。第一，它向我们介绍了非洲考古的基本知识和新的研究成果，从不同视角梳理了早期或新石器时代非洲的各种发明和创新。第二，它提出的一些观点和理论虽有待深化，但其立足于考古资料的基础不容忽略，其学术创新和启发意义值得学习借鉴。第三，西方中心论在学术话语上的表现可谓无孔不入，作为一位考古学家，作者的批判角度与他人不同。在结论中，高畅教授批判了西方学者将非洲贫困看作一个纯粹技术问题的观点，提出不论何种解决办法，"行动的主动权、实施权和控制权必须掌握在当地人手中"。他的看法无疑是对的。

　　高畅教授用考古资料证明了非洲具有多种创新成果的过去。同样，我们对非洲的未来也充满希望和信心。

　　是为序。

李安山

于 2025 年"五一"国际劳动节

目 录

图表目录 *

---

* 图片内容仅供参考,不作翻译。——译者注

英文版编辑的话

　　这项工作是一个矛盾现象的结果：尽管关于非洲大陆的历史有大量的出版物，但奇怪的是，关于非洲大陆的当前状态和未来走向，考古学家却缺席于主流讨论。这给人一种印象，即在当代非洲多种情况的语境中，历史、考古研究扮演的角色尚未确立。在这种背景下——且决心改变这种状况——这项工作显示出的对非洲大陆各地一些差别的明智观察，应该能够激励科学家们揭露并解释决定是如何做出的，以及之前的发展是如何影响、制约随后非洲与非洲人从过去到现在社会、经济、政治发展趋势的进化进程的，同时激励他们揭示解决方案是如何出台，或尝试性的方案是如何恶化状况而非改善状况的。

　　从方法论角度来看，这项工作的创新表现在其综述了所有已经进行的研究——包括英美的、法国的、德国的、意大利的和非洲的，并将其作为非洲大陆学术传统的组成部分。然后，它针对丧葬习俗、技术创新和表征系统提出了一套认知方法。为了完成这一点，这本著作使用了两个借自非线性动力学的关键概念——"路径约束"（path-constraint）和"初始条件灵敏度"（sensitivity to initial conditions），来为非洲大陆的当前状况开启新的光亮。在这一问题的最后，尽管标准编年顺序（呈现了过去的一万年）还是受到了普遍的尊重，但进化的发展及其形式的多样性——有些时候是连续的，有些时候则是重叠的——是用详细的案例研究展现的。

通过这本书，瑟多托拉（CERDOTOLA，出版公司）开启了一系列作品集的出版工作，希望保持公司全体编辑崭新愿景的活力。

通过在非洲进行的研究成果，或与大陆传统和语言相关事务的研究成果，或因对大陆和居住于或来自这里的人们的未来感兴趣而进行的研究成果，有针对性的研究在不同的形式和产品方面将会是多元化的：集体或个体的工作、文集、各种各样的报告和沟通、聚焦于既定主题或地点的调查、散文、指南、偶发的论文等等。文献将会以通行大陆的官方语言写就，包括法语、英语、西班牙语、葡萄牙语和非洲语言。这些工作将会覆盖范围广泛的领域和专业，使得贡献知识成为可能。

实际上，对瑟多托拉来说，这意味着建设达到非洲大陆期望的研究和智力及文化产品的体系，且有能力建设不受权威压制的新范式。这些权威迄今仍拥有非洲社会研究的掌控权，其唯一的目标就是满足外部需求，甚至是意识形态，以推动与非洲的发展、历史和人类愿景相违背的命运。

根据这新的追求，城乡中的非洲传统和影响它并令它凸显的当下转型，都为研究者提供了研究材料的源泉，而这一源泉取之不尽。在适度的水平上，瑟多托拉的出版部门计划为这一巨量积淀的利用和这一利用为人类展现出的公共事业作出相应的贡献。

因此，我非常高兴能向这一致力于非洲研究的书籍出版致敬。考古背景，符合瑟多托拉"科学框架项目"第一部分在认识论方面的驱动力——"传统文明、风俗和技术"。它为非洲和非洲语言文化研究铺设新的道路,关注于效果,关注在当代人文主义内容的辩证对抗中占据正确的位置。对于瑟多托拉来说,这是一项挑战,关系重大,也是存在着的努力。

高畅(Augustin F. C. Holl)这本著作,在考古科学已有领域和路径上播下了可能性的种子,希望它受到应有的欢迎和关注!

查尔斯·比纳姆·比克伊(Charles BINAM BIKOI)

瑟多托拉行政秘书

概　述

近三十年来,关于非洲大陆历史的科学著作的出版速度显著加快〔如 D. 菲利普森(D. Philipson)2005 年第四版《非洲考古学》(*African Archaeology*)、G. 康纳(G. Connah)2001 年第二版《非洲文明》(*African Civilizations*)〕。但与此相矛盾的是,在当前关于非洲大陆的现状及未来走向的重大讨论中,考古学家奇怪地缺席了。当我们展望当代非洲的多重发展态势时,考古学家和历史学家都扮演着重要角色。他们/她们需要阐释,过去的决策和发展如何影响并制约了随后的非洲与非洲人从过去到现在的演变轨迹。尽管这片大陆上不同地区之间存在显著差异,但整个非洲的社会、经济与政治似乎都不可避免地在走下坡路。解决方案或尝试性的方案非但没有改善,反而恶化了这一局面。其原因何在?

本书从长时段的视角探讨了这一重要问题,时间跨度从生产形式出现的全新世早期,直至大西洋奴隶贸易兴起的 15 世纪。与其他所有同类著作相比,本书有两大主要特点:

1. 均衡地呈现了英国、美国、法国、德国、意大利以及非洲本土的所有学术传统对这片大陆的研究成果;

2. 采用一套认知方法研究丧葬习俗、技术革新和表征系统(如岩画艺术)。我们借用了非线性动力学中的两个关键概念,即"路径约束"和"初始条件敏感度"作为全书的论述基础，为理解非洲大陆的现状提供了一个新视角。本书大体上遵循了总体的时间框架（横跨过去这一万年），但也通过详细的案例研究，展现了进化的发展及其形式的多样性，而且这些发展与形式大多数时候是相互重叠的（有时则是相继出现的）。

结构与内容

本书的论述分为 4 个部分，每部分包含 1 到 5 个章节不等。

导论部分界定了本书的研究背景，正是这一背景使从"非洲考古学"到"非洲人的考古学"这一主题转变具有重大意义。第 1 章"一片大陆的小传"阐述了这一转变的构建过程。"非洲"一词的意义是什么？该词是如何演变为指代整个大陆及其居民的？这一用法之所以得以普及，很显然是因为"相异性"（altérité，指代"他者"）的语境。"他者"赋予了这片大陆的所有居民一个统称。因此，正是在特定的形势下，在"自我意识"、与作为他者的欧洲征服者相区分的双重辩证关系下，这片大陆的居民接受了这一称呼。

公元前 1500 年左右希克索斯人（Hyksos）对下埃及（尼罗河三角洲）的征服，是非洲土地经历的首次殖民活动。这次殖民统治持续了两个世纪，直到拉美西斯时代将殖民者驱逐出去。自此以后，一些新的殖民经历以加速的节奏相继上演，19 世纪时欧洲殖民列强对整个大陆的征服将其推至顶峰。显而易见，在每个殖民阶段，非洲人都不得不在自我认知及历史定位方面形成多种调整与适应方式。

第一部分"食物生产的出现"包括两个章节，探讨了畜牧业、农业和混合农业等不同食物生产形式的出现及其在整个大陆的扩张。

第 2 章"从觅食者到牧民"探究了这场迷人的社会经济变革的不同面向,在这场变革中,狩猎-采集的生活方式逐渐融合了牛的饲养。现有证据表明,这很可能是一种补充性的畜牧业,它让人们可以获取动物类产品,尤其是牛奶和血,而对动物肉类的消费是到最后才出现的。考古学家们几乎只从"自然史"视角展开围绕"驯化"概念的术语之争,但相关争论往往遮蔽了一个事实,即这些都是文化过程,它们引发了一些行为变革,并围绕生存实践,在动物遗骸上留下模糊的痕迹,进而导致考古数据中的模糊性。牛的 DNA 研究显示,在南亚、中东和非洲曾经存在不同的野牛种群。而在撒哈拉东部和撒哈拉中部塔德拉尔特-阿卡库斯(Tadrart-Acacus)出土的动物遗骸中,发现了一些家养牛的遗骸,它们可追溯至全新世早期,也就是距今 10000—8000 年左右。这些证据很可能表明了当地的驯化过程,通过驯化,人们最终形成了小规模、低存栏量、与其狩猎-采集的生活方式相融合的补充性养牛体系。山羊和绵羊则源自中东,在后来的距今7000 年前传入这里。从距今 10000—9000 年开始,以畜牧业为基础的食物生产形式逐渐传遍整个大陆,并根据当地的条件进行调整,产生了多样化的游牧与农牧传统。

第 3 章"农业、混合农作和新兴的乡村生活"呈现了非洲农业体系的起源与演变。在长达数千年的时间里,人们选择性地栽培某些植物。但再到后来,随着对空间的利用形式的变化,人们的开垦压力也随之增加,而开垦导致某些植物基因的改变,使它们被"驯化"。考古学家们达成了脆弱的共识,认为撒哈拉南部的农业兴起于公元前二千纪中期,也就是公元前 1500 年左右,但这忽视了在更早的时期,在亚洲的印度、阿联酋和朝鲜就已有驯化粟的迹象，而这种植物是起源于非洲的。此外，考古学家近期在乌干达曼萨（Munsa）的湖泊沉积物中，发现了公元前四千纪中期的芭蕉科植硅石，这充分说明我们在这一研究领域还有相当长的路要走。本章集中讨论了关于整个大陆的谷物种植和园艺传统的发展与扩张的考古证据。

第二部分"创造与革新"是本书的核心部分。我们按照主题，探讨了在几乎所有非洲考古学的综述著作中常被一笔带过的内容，尤其是古代非洲人的创造能力和革新能力。这部分的4个章节研究了非洲先民的认知经验的不同面向，包括岩画考古（第四章）、冶金与技术革新（第五章）、丧葬习俗（第六章）、记忆的构建过程（第七章）。

第4章"非洲岩画"概括了非洲岩画研究的最新进展。近期的研究呈现出一种概念上的大胆。研究者们越来越远离单纯的描述性分类方法，而是试图释读岩石表面雕刻或绘制的作品的意义与内涵。对非洲南部的岩画的解读（通过内视现象，将其视为主要源于萨满教实践），就是一个很好的例子。这种解读是从近期编撰的有关桑人文化实践的种族志资料中推论出来的，引发了关于表征系统的历史的诸多问题。事实上，对于这些跨越数千年的艺术创作，我们很难有单一的阐释。

撒哈拉地区的图像传统同样是多元的。毫无疑问，撒哈拉岩画的"代表作"位于撒哈拉中部，主要在塔希里-恩-阿贾尔（Tassili-n-Ajjer）一带。为释读撒哈拉中部这些精妙构图，研究者们发展出了一种图像学方法，从而揭示出它们大多是对标准社会实践的叙事和/或寓言。这些图像呈现的并非日常生活，而是应遵守的理想化规范。

第5章"冶金与技术革新"涉及的内容很可能是非洲考古学

中最具争议性的议题之一。旧的传播论认为非洲土地上所有的革新都源自中东发明中心的传播,这样的理论每次都调整对证据的解读,从而被沿用至今。在这一章里,我们驳斥了由传播论得出的结论。近三十年来收集的非洲冶金术相关新证据清楚表明,认为非洲所有的冶金术都有着同一个起源,这样的观点是完全站不住脚的。我们分析了冶金术在社会再生产过程中的动态整合,并发现冶金术在这一过程中承担了多重功能。我们还梳理了过去四十年形成的整体年代序列和本土传统。事实上,冶金术的发明和/或采用并非像大多数非洲考古学教材所断言的那样,是源于强化资源生产的实用需求,而是社会关系的游戏与博弈。与陶器的发明类似,冶金(铁)术的发明是多中心的,而其中的多个中心位于非洲。

第 6 章"丧葬"是本书篇幅最长的章节。我们对丧葬习俗进行了严密的纵向分析,从旧石器时代晚期墓葬的首次出现,直到公元二千纪早期。这一章里所挑选的案例包括旧石器时代晚期尼罗河谷和撒哈拉东部的狩猎-采集者、全新世中期撒哈拉中部的游牧-牧民族群,以及全新世晚期刚果盆地的乌彭巴盆地的农耕者。其他同类著作中都没有进行这样的非洲丧葬习俗纵向研究。从这些习俗中观察到的相似之处与不同之处,揭示出不同文化面对死亡的反应情况。而墓葬的结构及其中的物品使我们最大限度地推测这些古代非洲人的社会地位。各种情境下启动的丧葬仪式程序说明了要体现"个人性"(personhood)所涉及的因素的复杂性。

第 7 章"石上的纪念物"是第 6 章的逻辑延伸,重点研究了巨石建筑等墓葬性质的石制纪念碑。在这一章中,"纪念碑化"被看作社会因素与环境因素复杂互动的结果,且最终带来了作为社会记忆的建构的"纪念物化"。我们列举了大量古代非洲利用巨石建造纪念碑的例子，并选取了两个案例进行详细的探讨。第一个案例是位于非洲大陆中部的中非共和国西北部的巨石纪念碑。第二个案例选取了地处非洲大陆最西端的塞内冈比亚的巨石文化。我们系统性地考察了巨石在丧葬建筑中的多样化应用形式，以及从长远来看这些集中性的丧葬建筑在当地族群的领土策略中所扮演的角色。通过分析劳动力动员形式、纪念碑之间的细微差异及其空间分布，可以看出这些"纪念物"实为社会区分策略的体现。

第三部分"复杂社会的出现"共 5 章，是本书篇幅最长的一个部分。我们探究了整个非洲大陆差异化社会政治体系的起源与形成。这里所选的研究案例既涉及前王朝时期尼罗河流域原始国家形态的形成，也包含非洲西部、非洲东部和非洲南部国家结构的周期性演变。

第 8 章"突如其来的复杂性"从实用主义角度界定了"复杂性"这一概念，并将其应用于社会长期变迁研究。我们还概述了西非考古学中的"复杂性之争"。"初始条件敏感度"与"路径约束"这两个源自非线性系统动力学的概念，被证明特别适合于分析古代非洲出现的复杂性。它们作为暗线，贯穿于本书按地理区域和年代序列编排的案例研究讨论之中。

第 9 章"东北非、北非和撒哈拉"考察了非洲大陆北半部分的发展进程。我们依次探讨了埃及尼罗河流域[从古朴时期至古王国时期（公元前四千纪后半叶）]早期国家的形成，还有公元前三千纪中叶北努比亚地区出现的凯尔迈（Kerma）王国，随后的库什（Kushite）国家与麦罗埃（Meroitic），以及后来的诺巴蒂亚（Nobatia）、马库里亚（Makouria）和阿尔瓦（Alwa）等基督教王国。这一章还研究了埃塞俄比亚高地复杂社会的发展历程〔从达玛特（Daamat）王国的兴起到阿克苏姆（Aksum）王国的衰亡〕，从而呈现了非洲大陆东北部地区的发展全貌。北非地区主要居住着原柏柏尔人（proto-berbères）和原利比亚人（proto-libyques）等游牧群体。公元前 8 世纪，腓尼基殖民者在此建立迦太基，开启了北非城市发展的新纪元。加拉曼特（Garamante）王国凭借利比亚南部的绿洲地带的一些驿站城邦，在公元前一千纪末期将势力范围延伸至撒哈拉的这个区域。这些城邦是远距离贸易网络的组成部分，在公元一千纪把近东和埃及与地中海沿岸的非洲地区和撒哈拉南部联系起来。

　　第 10 章"西非"提出了一个关于西非复杂社会的出现和演变的平衡视角。我们首先回顾了西非社会复杂性起源的相关模型和理论。但这些模型和理论要么是局部性的，要么是有失公允的，因为它们是基于人口迁移和/或跨撒哈拉贸易等奠基性事件。在本章中，我们通过社会形态的世代演变（基于公元前两个千年的"初始条件"）来研究西非复杂社会的发展。在伊格哈兹尔（Eghazzer）盆地（现在的尼日尔）形成了游牧精英，同时在撒哈拉西南地区，如达尔·蒂希特-瓦拉塔（Dhar Tichitt-Walata）、内马（Nema），发展出了农牧酋长领地。随着公元前一千纪后半叶启动的城市化运动，第一代西非国家，如加纳（Ghana）和特克鲁尔（Tekrur，公元 0—1000 年）在大陆最西端发展起来。后来加纳王国统治了特克鲁尔，但它在 12 世纪也最终衰亡。加纳王国灭亡后，西非地区分裂成多个相互竞争的小型政治实体。这些竞争标志着西非国家从第一代到第二代的过渡。小国曼丁（Manding）出现后征服了各个对手，并促进了多民族的马里（Mali）帝国的形成。马里帝国在 1200 年至 1450 年间统治西非，后于15世纪中叶解体，开启了向第三代西非国家的过渡过程。随后桑尼·阿里·贝尔（Sonny Ali Ber，桑海帝国的缔造者）王朝开始崛起，这一王朝的都城原在库基亚（Koukya），后迁都加奥（Gao）。

西非森林中的城邦国家，如伊费（Ife）、贝宁（Benin）、博诺·曼索（Bono Manso）、贝格霍（Begho）等的发展轨迹很独特，这里的墓穴和土墩中有一些令人费解的考古遗迹，它们显示存在由掌权的精英阶层控制的土地划分系统。

第11章"中非北部"研究了非洲中部的北部地区，特别是乍得盆地及其周边地区复杂社会的出现趋势。本章的第一部分介绍了有关哈洛夫（Houlouf）酋长领地的出现的新证据。这是一个可分为五个阶段、持续了4000年的演变过程，始于一个漫长的由采集者/畜牧者居住的时期，即公元前1900年—公元0年，再到哈洛夫酋长领地的出现（1400—1600年），最后到它的衰亡（1700年）。第二部分是对卡内姆-博尔努（Kanem-Bornu）帝国的形成和发展的社会及政治的综合分析。我们在这里提出了与苏丹中部地区政治形态演化的流行观点截然不同的新解读。

第12章"东非、马达加斯加、科摩罗和南非"探讨了在印度洋沿岸的非洲大陆形成的复杂社会的不同发展轨迹。我们考察了东非海岸斯瓦希里（Swahili）城邦国家的形成与解体过程、这些进程对腹地的影响，还探究了马达加斯加岛和科摩罗群岛的殖民活动、马达加斯加高地等级社会的发展。

东非的大湖地区拥有许多相当重要的遗址。尽管相关考古研究影响力有限，但本章仍对这些成果进行了总结。

南非地区是一个周期性发展的重要案例，其发展模式与西非相似，但在地理范围上更为有限。托茨维（Toutswe）酋长领地和马蓬古布韦国（Mapugubwe）于公元二千纪早期兴起。这个区域的权力中心迁移到津巴布韦（Zimbabwe）高原，并在 13 世纪末以大津巴布韦为核心。大津巴布韦国在 15 世纪下半叶解体，随后由托尔瓦（Torwa）、穆塔帕（Mutapa）等竞争者接替。到 16 世纪在葡萄牙人的粗暴干预下，东非和南非国家加速消亡。

　　第四部分"暮光"仅有一个章节。第 13 章"大分岔：环球航行及其后果"探讨了 1498 年瓦斯科·达·伽马率领葡萄牙舰队环航非洲带来的不可预测的后果。本章提出的论点认为，持续数个世纪的东方与大西洋奴隶贸易，随之而来的创伤性殖民征服与统治，各地区毁灭性的解放斗争以及被剥夺的独立，使非洲陷入恶性循环——所谓后殖民的崩塌——其迹象已显而易见。这种崩塌状态及其悲剧性后果，也带来了一个充满各种可能性的转型阶段。跟所有人类经验一样，非洲历史上始终呈现出多样化的局面，既有政治冲突、军事征服、奴役制度，也有和平联盟、经济互补与贸易往来，这些在过去都是非洲社会结构的组成部分。殖民时期遗留下来的神圣不可侵犯的边界，当时是为了保障新的独立主权国家间的和平，现在却成为持续紧张的根源。试图在不到两代人的时间内实现快速且可持续的发展，而且是在殖民时期遗留的外向型经济的基础上实现，这样的雄心从根本上是不现实的。必须重建那些遭到破坏、被摧毁的文化根基，才能创造新的可持续发展模式。

　　尽管不乏乌托邦的色彩，但泛非主义者所梦想的包括所有非洲国家在内的并采用联邦政府制的"阿非利加合众国"，仍是确保这片大陆走向真正独立、自治并赢得国际尊重的唯一现实选择。

　　结论部分回顾了非洲悲观主义，以及"学术方式"对非洲研究和还原非洲人历史经验的影响。以西非为例，该地区早期历史考古学（旧石器时代研究）已被列入"濒危研究领域"名单。仅有少数研究者仍在从事这方面的工作，而英语世界大量的学生和学者都涌入所谓的"历史考古学"领域。实际上，他们所实践的历史考古学来自北美所定义的一个概念，即欧洲扩张的考古学。这个研究领域具备充足的合法性且至关重要，因为它致力于寻找欧洲在其他大陆的存在痕迹。但是这样带着帝国主义色彩的定义很令人不安，所以人们改用"文化相遇"或"现代世界构建"等不那么粗鲁的表述来取而代之。

（甘欢　译）

序　言

　　有关非洲的极少量的世界主流新闻头条通常令人沮丧。似乎所有事情都朝着错误的方向发展。"混乱"是一个温和的术语，可以用来总结与非洲没有任何直接联系的青年一代对这片大陆的印象。他们对非洲的看法强烈地受到一些图片的影响——这些图片展示了遭受饥荒、内战及逃离战争区域的难民孩童消瘦或浮肿的身躯。幸运的是，希望仍存。年轻的学生仍对非洲抱有兴趣和激情。他们热情而诚恳的奉献或许有一天能够推动非洲的命运向更积极的方向迈进。

　　尽管有真心实意的诉求，但是几个世纪探险与统治留下的遗产仍然伴随着我们。本书希望能够从长时段的视角揭示非洲当前惨淡的困境。其目标在于唤起真诚而适度的理解，理解让非洲和非洲人处于当前轨道的种种力量。因此，本书依赖于大量案例研究，以定义非洲人的"征程"——从更新世晚期和食物生产经济出现的全新世早期直到 16 世纪。本书并不打算写成一部非洲考古的教科书，或是非洲考古遗址与遗物的纲要。

　　凯伊·克拉哈西（Kay Clahassey）是人类学博物馆的艺术家，她精心为本书制作了插图。我感谢她的专业，和她为高质量完成插图所做的奉献。为使用已出版的插图，我们向很多作者请求许可。很多作者都授予了使用权限；有些需要一些费用，还有些没有回复。根据"一个世界"(One World)的惯例，"请求未被明确拒绝即为接受"。我要感谢温道夫(Wendorf)教授、莱丁(Redding)博士、霍夫曼(Huffman)教授提供了部分图片。过去30年间，我在毛里塔尼亚(达尔·蒂希特)、喀麦隆北部(哈洛夫)、布基纳法索(穆翁河湾 Mouhoun Bend)、塞内加尔(塞恩-恩加彦 Sine－Ngayene)的田野研究受到了大量机构的资助，包括：法国合作部研究局(The Research Division of the French Ministry of Cooperation)、法国外事部"发掘委员会"(the "Commission des Fouilles" of the French Ministry of Foreign Affairs)、法国国家科学研究中心[the Centre National de la Recherche Scientifique（France）]、国家地理学会（The Geographic Society)、加州大学圣地亚哥分校和密歇根大学安娜堡分校。

我的孩子阿黛尔(Adele)、阿米莉亚(Amelia)和艾略特(Elliot)支持了这一项目并在不知不觉中塑造了它。对当前非洲人的考古活动进行批评是重要且必要的。本书聚焦于概念，且致力于通过推测与反证，记述关于古代非洲人生活的新观点。非洲人必须描绘他们历史经验的进程，尽可能精确地评估他们在世界事务中的相对位置，并寻找思考和行为的新方法。

导　论

在非洲,考古工作始于殖民时期。在每一个殖民帝国,其实践工作由不同的学术传统塑造。一般而言,在最初很少有经过训练的专业考古工作者。伴随着极少的例外——比如来自菲雅克(Figeac)的商博良进行的埃及考古,业余考古是二战前的常见情况。L. S. 利基(L. S. Leakey)于1931年出版了他的著作《肯尼亚殖民地石器时代文化》(*The Stone Age Culture of Kenya Colony*)。1947年,他在内罗毕组织了泛非洲史前史及相关研究大会首届会议。这首次非洲考古学者国际会议的论文集,由L. S. 利基和索尼娅·科尔(Sonia Cole)编辑出版,它非常精准地传达了这批参会者的主导思想。自此之后,非洲考古经历了非凡的成长,也经历了事与愿违的演化。贝宁青铜和诺克文化红陶之类的重大发现、对津巴布韦"文明"的热烈讨论、1959年东非猿人(Zinjantropus)发现后对人类化石的追捧、在种族隔离的南非对考古数据的使用与误用,这些保留了悬念,也保持了在非洲乡村进行田野工作的动力。在殖民时期的大部分时间里,考古工作者仰赖于传播论者的脚本去解释考古记录中的变化,极少例外。毫不奇怪,非洲总是处于传播过程的接受端。在这一过程中,一些介绍国家、地区或一般综合性的著作出版(Alimen 1955;Balout 1955a, b;Blench 2006;Camps 1974;Clark 1967;

Connah 2001，2004；Cornevin 1993；Davies 1962；Mitchell 2002；Phillipson 1977，2005；Stahl 2005；Van Noten 1982；Vaufrey 1955）。很多非洲人在考古研究中经受了训练，但是非洲大学和研究机构实际上并不能提供研究经费。南非，恰是因为其特有的现当代史，很明显是个例外。

在非洲，考古研究在理论和实践两方面，都与大量有益的学术传统同样多元。理论的重要性往往为有人类学训练基础的考古工作者所强调。他们立足于人类，以支持文化历史学的观点。但在实践中，两类观点都是精准地表现非洲过去的基础。

对非洲的过去，有诸多非难，这些非难塑造且仍然约束着几百万非洲人的生活。这本书是讲明这些非难的众多努力的一部分。它由四部分构成，每一部分处理一组有关联的主题，这些主题塑造了非洲大陆历史中非洲人在特定时期的经验。

第一章叙述了较粗糙的大陆人群传记，并阐明，伴随着各种各样相互作用的文化与文明，其何以总是更广阔世界的一部分。非洲人和其他人群的每一次碰撞都创造了新的不可预测的境况，或者说，新的分歧。每一种新境况产生其潜力和限制。这一章的基本目标是让"初始条件敏感度"和"路径约束"等概念变得清晰、亲切、明确。几个世纪的奴隶制、政治统治、经济剥削之后，非洲人形成的心态和持续的依赖性不可能在一代人的时间里被摧毁。心理模板（Mental templates）——心态（Mentality）是极强的约束力量。它们有一段历史，甚至可以说它们就是历史。在《黑皮肤，白面具》（*Peau Noire，Masques Blancs*）和《全世界受苦的人》（*Les Damnes de la Terre*）中，弗朗兹·法农（Frantz Fanon：1952，1962）深刻地洞察到无处不在的疏离感，这种疏离感造成了"殖民化复合体"。他的分析显示出强势的个

9

体和群体在心理及行为上的调整，以适应不同生活情境——如
以下引文标示的那样。

> 班图人的整体环境可被表述为，对个人的瓦解和压抑。
> 其哲学假定了班图人对神圣法律的依赖、屈从、抹杀，心态
> 乃至于身体的退化。这样的环境容易导致奴隶制……直观
> 感受到的或在客观事实中观察到的个体或群体的精神无
> 力，导致人们无意间会对比自己更先进的人群具备攻击性
> （Kalanda 1967：163 in Mudimbe 1988：16）。

如以上引文所述，非洲思想家和哲学家在应对当代世界时
会努力克服非洲人在智力、心理及精神上的特性。尽管其"本质
主义"论调的目标在于描绘班图人的一种基本的心理行为状态，
但人们会想知道卡兰达（Kalanda）挑选的这些特征，是其如今状
况的原因还是结果。本书的目的之一，在于充实与非洲人生活
有关的考古学，以理解非洲和非洲人当前的情况。人们该如何
理解和解释 1960 年代联合国十年发展计划的失败？为什么非
洲因各种冲突而支离破碎？

第一部分有两章，讨论了整个大陆食物生产经济的出现和
扩张。这一部分检视了全新世期间畜牧业、农业和混合农业活
动的起源。更新世晚期的觅食者已经集中于狭窄的捕食范围，
重点放在目标物种上——北非和撒哈拉的大角野绵羊
（Ammotragus Lervia）、非洲南部的大羚羊（Taurotragus
Derbianus）。畜牧业、牛群和羊群的集中放牧早于农业数千年。
实际上，我们必须区分植物栽培和植物驯化。对众多被挑选出
的植物进行栽培，可能已有数千年的时间，但是触发某些植物深
刻基因改变的强化活动，则是伴随着适应性更强的定居社群的

发展在后来发生的。

第二部分是本书的核心，包括四章，聚焦于由图像和图像制作、技术革新、丧葬活动、纪念过程所证明的认知问题。这些窗口让我们贴近古代非洲人的生活。实际上，对强调此大陆不同时期不同地区非洲人视角的丧葬行为的连贯分析，从文献中无法获得。对死亡的文化回应中的持续性和变异性，见于墓葬，它们令古代非洲人的生活变得真实。

第三部分篇幅最长，包括五章，回顾了整个大陆复杂社会的出现。精选的个案研究包括从前王朝时埃及尼罗河谷原始国家状态的形成，到赞比亚国家的周期循环，西亚雨林和东非沿海的城邦，萨凡纳-萨赫勒（Savanna-Sahel）的酋邦、王国和帝国，努比亚和埃塞俄比亚的酋邦和国家。

第四部分以"暮光"为名，讨论了 1498 年瓦斯科·达·伽马的葡萄牙船队环航非洲的后果。文中指出，几个世纪的大规模奴隶贸易，其后的破坏性征服以及创伤性的殖民经历，令非洲陷入恶性循环，难以解决的"后殖民崩塌"如今就在我们眼前。但是，崩溃的状况和其悲剧性的后果，处于具有开放结局的变化阶段。政治交锋、军事征服、奴役，与和平联盟、经济互补、贸易，在过去一直是非洲社会稳定结构的组成部分。现代非洲国家人为的坚固边界，最初是为了保障长期的和平和稳定，但却悲哀地成为建设强大且可持续发展的非洲国家的最致命绊脚石。尽管不乏乌托邦的色彩，但泛非主义者所梦想的包括所有非洲国家在内的并采用联邦政府制的"阿非利加合众国"（United States of Africa），仍是走向真正独立、自治并赢得国际尊重的最佳道路。最后，结论强调当前"非洲抨击"的含义和"学术方式"对持续研究非洲和非洲人历史的影响。在 G. 海登各方面都很优秀的当

10

代非洲政治表述中,他做出的惊人归纳值得广泛引用:

> 尽管由于前殖民和殖民遗产的不一致,在非洲社会中经常出现变异,但同样有趣的是,在根基上,可以说,这些社会有很多共同之处。它们都依赖于农业技术的原始形态。它们社会政治复杂度的水平与世界其他地区相比一般较低。尤为引人注目的是,除了埃塞俄比亚等几个例外,鲜有真正的本土国家传统。经济关系嵌于社会组织。原始国家的形成出现在本土社群的边界之内。

这样的观点,回荡着黑格尔对撒哈拉以南非洲地区的理解,与考古记录全然相悖。11

第1章 一片大陆的小传

简　介

　　"非洲人"是非洲本土人群的总称。这听起来似乎足够明确,但是否就是这么简单呢? 阿卜德马吉德·恩那比利(Abdelmagid Ennabli,2004:264)为此议题提供了一种简明的概述:"在迦太基直接监管下出现的、被称为乔拉(Chora)的地域,被罗马人命名为阿非利加(Africa,即非洲);这一名称后来延展为指代整个大陆。"如今被称为"非洲"的大陆,其通用名来源于稍晚与欧洲殖民势力的相遇。北非-罗马非洲、阿拉伯·伊夫里奇亚(Ifriqiya)①曾是由腓尼基人、希腊人、罗马人和阿拉伯人组成的地中海世界的一部分。在古代,以东方的视角来看,埃塞俄比亚(人)为南部,居住着黑人。其后来成为阿拉伯人和北非人组成的苏丹比拉德(Bilad es Sudan,意思即"黑人的土地")。葡萄牙人的环球航海和随之而来的香料、奴隶贸易,将黑色大陆绝大多数捆绑在同一命运中。"非洲人"这一概念于16世纪成形。其意义随着时间而变化显著。第二次世界大战后,在民族独立

_____

① 伊夫里奇亚为中世纪史地区概念,包括今突尼斯(Tunisa)、利比亚西部、阿尔及利亚东部等地。——译者注

的斗争中,其获得了积极的寓意和赋权的暗示。泛非思想的广泛传播,促动了非洲领导人的出现。这一时期的乐观主义延续到了正式独立的最初岁月,但却并不持久。1962年的刚果事件、军事政变和稍晚几年的比夫拉战争,明显冲击了后殖民时期的秩序。

在正式独立时期的50年后,非洲似乎陷入了后殖民崩塌的无底深渊、恶性循环:乍得、苏丹、科特迪瓦、利比里亚、塞拉利昂、尼日利亚、刚果和刚果民主共和国毁灭性的内战,卢旺达的种族灭绝,伊迪·阿明·达达(Idi Amin Dada)在乌干达、博卡萨一世(Emperor Bokassa I[er])在中非共和国的血腥专政,安哥拉无休止的代理人战争,中非共和国的政变与反政变,南非和纳米比亚的种族隔离,"奴役"东西轴线上的毛里塔尼亚、马里、尼日尔、乍得等国的紧张不安,以及其他各式的动乱。非洲,人类的摇篮,却境遇不佳。尽管如此,各国之间仍有微小差别。在今天,作为一个非洲人意味着什么?很显然,有很多种涵意。非洲人像其他人群一样,充满多元性和对抗性。

目前来看,对非洲及非洲人的研究先于殖民政权的强加。提及非洲人及其文化活动的资料屡屡见于希腊、罗马的古典作品,其中,像希罗多德对加拉曼特人(Garamante)的叙述,可以早至公元一千纪中叶。阿拉伯-穆斯林旅行者和学者撰有大量关于这个大陆不同区域的文献(Levtzion and Hopkins 1980)。非洲的专业化与持续探险、经济、传教士的传教以及真正的知识进步,齐头并进。将所有这些时有发生的冲突,都归因于由阴谋势力策划的单一终极目标,是过于简单化了。欧洲人关于非洲人的共有观点,是将其视为"下等的",这一观点为"文明化使命"和"白人的负担"提供了智识上的合法性。在社会科学和人文学科中,从殖民时代初期到末期,非洲研究专家的角色变化剧烈。行 *13*

政人类学是"间接统治"的基础，其被用以协助统治和管辖当地人。伦敦大学亚非学院在英国殖民地部制定政策过程中扮演了重要角色。法国的"同化政策"明确提出"革命"理想，并企图把所有非洲儿童塑造为法国人，但这几乎无法执行。有相当比例的第一代非洲研究专家是从殖民政府、军事、卫生机构和基督教传教组织中涌现出来的。一些人对殖民冒险持批评态度，多数人只是简单地随波逐流，还有些人是"文明使命"的鼓吹者。始于1950年代晚期、至1960年代达到高峰的非洲国家独立浪潮，将殖民政府的主要机构送回了老家。1960年代总体上的乐观氛围与众所周知的国家利益相结合，促使西欧、苏联、美国、加拿大、日本等地在不同的学术领域都出现了非洲研究中心。涉及不同学科领域合作的非洲研究曾是学术界的一部分，其在不同的国家和传统下有各自独特的发展路径。非洲研究专家的人口统计资料与组成，在性别和地理来源等方面持续变化。遗憾的是，数量不断增长的非洲研究者并未得到非洲国家更强力的资助和支持。获取资源的竞争和努力会导致卑微、屈从心态的形成，而这种心态则会削弱、侵蚀非洲学者为解决非洲难题寻找本土方案的潜在贡献。

欧美大众传媒将非洲描述为"绝望的、缺少历史的、'其他的'，与拥有目标清晰、自由慷慨等等特色的传说中的西方相对的暗黑之地"（Lonsdale 2005：2）。"非洲：绝望的大陆！"是这种持续存在的新闻风格中最新的一类，它是1999年《经济学家》周刊上的一个挑衅性的标题。这种观念可被至少追溯至19世纪的欧洲（Holl 1990，1995）。它曾由黑格尔在1822、1828、1830年的一系列演讲中清晰地阐述，这些演讲后于1955年出版，并在1965年译为法文，冠以《历史的原因》（*La Raison dans l'Histoire*）之题。黑格尔总结了当时对非洲结构和历史地位的观点。北非属于地中海世界。埃及与众不同，是东方和西方的桥梁，而（撒哈拉以南的）非洲"是未开发的、与历史无关的世界，完全是自然精神的囚徒；此地仍处于普遍历史的起点"（Hegel 1965:268）。有意思的是，黑格尔（1965:268—269）刻画了一个非洲黑人的原型："从不同的特征可知，决定黑人特质的模式是他们的'无拘无束'。他们的状况不易改变或接受教育。他们一直是我们如今刚好看到的这样。"

理解很多非洲国家当前境况的原因，需要比新闻业有更多的热情。必须钻研这片大陆长久的历史，辨认将其置入当前轨道的关键分歧，从过去中学习，为未来准备。除了几个世纪的奴役和经济剥削，必须牢记的是，"殖民主义的异化既需要完全依赖（经济的、政治的、文化的和宗教的）客观事实，也需要被统治者自我牺牲的主观过程。殖民地的开拓内化了强加的种族刻板印象，特别是在对待技术、文化和语言的态度方面"（Mudimbe 1988:93）。

在此，对这片大陆的简史予以速写，可以解决上文中提出的问题。河流、湖泊、植物地理学区域据全球气候的变化而收缩、扩张。个人、家庭和整个族群流离转徙。新的族群出现时，亦有旧的族群消亡。在这一过程中，偶然发生的个体因素集合在一起，限定了非洲人的进化轨道，古今皆同。在反思当今非洲人的生活时，有两个关键概念需要仔细斟酌：（1）初始条件敏感度；（2）路径约束。

以上所说的初始条件，必然是相对的。社会生活往往是集体历史的产物。集体历史塑造了期望，并限定了社会的进化轨道。变化可以是渐进的、平缓的，也可以是骤然的、革命式的，但是结果的成败取决于新与旧的兼容性。苏维埃政权(约 1917—1989 年)的崩塌，是对"初始条件敏感度"的生动说明。基本的社会经济变化可以被设计出来，用于实现由平等公民组成的大同世界。但在上述情况下，其实际的执行，却因仰赖于专制状态的控制和监视，而恰好走向了原定目标的反面。这一系统的持续时间不足百年，远少于以往同等规模帝国的惯常寿命。就非洲而言，限定连续状态"初始条件"的分界线，可用记录在案的政治干预和非非洲力量的有效存在作标志，相关观点将于下文略述。

相比于"初始条件敏感度"，"路径约束"是更动态的视角。任何社会系统的进化轨道都强烈地受限于其历史。思维模式和世界观是历史的产物。它们发展、扩张、演变，在这一过程中，构建和指导了个体的行为(Schutzenberger 1993)。某种程度的灵活性，容许文化英雄和魅力型领袖的出现。这样的个体可能拥有重要的文化影响，而这些影响能够触发巨大的变化。一般而言，这些文化英雄的成功，是基于其对各自社会历史和期待深刻且近乎"本能"的理解——这些理解使得他们能"飞跃向前"(Leap Forward)。

人类的摇篮

当前的研究表明，非洲是人类的摇篮。迄今为止最早的人类化石，如乍得盆地的乍得沙赫人(Sahelanthropus tchadensis)、肯尼亚的图根原人(Orrorin Tugenensis)、埃塞俄比亚的拉密达猿人(Ardipithecus ramidus)，年代可早至 700 万至 500 万年前。距今 400 万至 200 万年的南方古猿，仅分布于大陆的东半侧——这一区域可能是人类的摇篮。这一区域南至南非平原，北至中非东北部。其北线大体是从埃塞俄比亚到乍得盆地东西一线。这些原始人类在数百万年的时间中，漫游了整个次大陆，在距今 300 万至 250 万年之间发明了石器制造技术。南方古猿和傍人曾共存过。前者趋于杂食，而后者则坚持素食为主。可想而知，这些早期原始人类以小型群体的方式组织起来，人群之间边界灵活。约距今 200 万年，"脑容量更大"的能人的出现，使得工具制作和工具使用的技术进一步发展。他们获取食物的方法，和南方古猿可能并无太大区别，且很可能一定程度上是机会主义式的以腐肉为食。实际上，除了对大型野味的现代迷恋，还有危险更小、效率更高的方法可以获取脂肪和高蛋白。结合块茎、根状茎、水果、叶子，对昆虫、幼虫、软体动物的开发和消费，本属"常规"，大型动物的肉则较为优质。这样日常饮食，使人群在迁徙时经常吃"零食"。随着区域人群匠人/直立人的出现，人类的分化步伐加快。在距今 200 万至 100 万年之间，人类已经遍布旧大陆，抵达了东方的近东、印度、印度尼西亚和中国，北边的匈牙利、意大利、法国和西班牙，以及西北方向的摩洛哥海岸（Hublin and Seyre 2011，Picq 2009）。他们利用洞穴露天遗址，适应不同的环境。目前只能通过猜想推测他们的社会组织情况，他们可能被拆分为小型群体，便于根据季节资源的变动聚散。其后的早期智人和晚期智人，是效率更高的采猎者。他们发展了艺术表达的形式，创造了丧葬习俗，且通过亚非陆桥在非洲和近东之间来来往往。

更广阔世界中的非洲

从两百万年前到现在，从不同层面来看，非洲从不是一片孤立的大陆。它是分布在整个旧大陆的更广泛生态群落的一部分。在全新世的新石器时代和铜石并用时代，植物（小麦、大麦、扁豆等）、动物（狗、绵羊、山羊等），以及其他原料和物品（陶器、铜、黑曜石）从近东、地中海诸岛和伊比利亚半岛传到了非洲。牧民群体遍布撒哈拉；全新世中期以来，尼罗河三角洲出现了乡村生活，之后游牧传统兴起。变化的路径和性质在大陆的每个地理单元不尽相同。这一趋势，始于全新世早期，约 8000 年前，伴随着兴衰起伏，持续至今。

在公元前两千纪中期之前，大规模的人口流动并未影响非洲。约公元前 1663 至前 1555 年，希克索斯人对下埃及的统治，是非洲最早见于记录的殖民冒险（Brewer and Teeter 1999）。其统治持续了一个多世纪。公元前第二千纪末期，源自腓尼基血统的迦太基人登陆北非海岸。他们在地中海两岸都建立了城镇和殖民地。在西方，其最早的聚落可追溯至约公元前 1100 年。其中利索斯（Lixus）和乌蒂卡（Utica）分别位于摩洛哥海岸和伊夫里奇亚海岸，卡迪斯（Cadiz）位于伊比利亚半岛（Aubet 2001：161）。在地中海西部，真正的殖民始于公元前 8 世纪后半叶，迦太基成为海上商业势力的纽带。公元前一千纪中期，从尼罗河三角洲的孟菲斯（Memphis）到地中海中部岛屿，再到摩洛哥西海岸的索维拉（Mogador），有许多新聚落和殖民地建立起来。他们完全掌控了搜寻珍贵金属的海洋贸易，而这些金属在腓尼基帝国的首都泰尔需求量极大。公元一千纪中期，从公元前 525 年至前 404 年，波斯人统治了埃及 125 年[①]。希腊城邦参与争夺殖民地，在昔兰尼加（Cyrenaica）、的黎波里塔尼亚（Tripolitania）和后来的亚历山大地区建立了一些殖民地。亚历山大帝国包括

---

① 作者计算年份有误。——译者注

埃及地区,从公元前 332 年至前 30 年,埃及由托勒密王朝统治约达 300 年。迦太基人和罗马人陷入了激烈的竞争——"迦太基必须毁灭"——公元前 146 年,这一竞争以迦太基被罗马军团摧毁而告终。从摩洛哥到埃及的北非地区,在公元前一千纪的最后几十年里,成为罗马帝国的一部分。浓密而复杂的保护墙网络被建立起来,保护罗马城镇不受"沙漠人群"的侵扰。军事要塞在一些战略地点建立起来,比如努比亚北部的卡塞·伊布里姆(Qasr-Ibrim)。在几百年的时间里,北非以罗马的"谷仓"而闻名于世。罗马殖民系统对被统治者来讲相当残酷。

罗马人之后,拜占庭统治北非达 300 多年。阿拉伯-穆斯林始于 7 世纪中叶的征服比之前的入侵者更向南深入。埃及、尼罗河谷、努比亚、伊夫里奇亚的北非沿海地区、阿尔及利亚和摩洛哥均被征服。来自不同方向的商人、旅人、学者进入苏丹比拉德。穆斯林世界和欧洲基督王国的政治对抗、贸易竞争和文化对立,在中世纪供给十字军东征之后,转变为对通往印度贸易路线的竞争。葡萄牙人于 1498 年率先环航非洲,欧洲人由此踏上撒哈拉以南非洲的土地。他们的存在为未来造成的后果当时令人难以预测。他们开启了与沿海王国、君主乃至当地精明商人的贸易关系。美洲原住民因新的流行病和奴隶制而大批死亡,撒哈拉以南非洲被挑出来解决加勒比地区的"劳动力短缺"问题。根据地区,欧洲的商业活动转变为军事的、行政的和独有的政治控制。阿尔及利亚北非地区及南非的好望角建立了大批殖民地。伴随着 1883—1884 年柏林会议上记录的"殖民过程"手稿,其他地方建立了剥削性的殖民地(Packenham 1991)。第二次世界大战之后,去殖民化运动势头强劲。大多数非洲国家于 1960 年代取得了政治"独立"。葡萄牙人控制的地区,"自由"较

16

难实现。津巴布韦（南罗德西亚）和南非经历了漫长而痛苦的动乱。

世界强国的舞台

从以上简短的总结可以看出，在整个人类历史中，非洲是唯一曾被其所有邻居征服和剥削的大陆。法老埃及对黎凡特南部不同时期不同程度的殖民入侵，只是一个例外。公元一千纪，南岛语族前往马达加斯加和科摩罗群岛定居是一个和平的过程。直到约公元前 1500 年希克索斯征服前，任何一片非洲土地均无"外国"入侵。腓尼基人向北非的迁徙是单向的。几个世纪后，约在公元前 800 至前 700 年，他们定居在那里。希腊人对地中海南岸的殖民在约公元前 600 年时有所强化，与此同时，波斯统治了埃及。公元前一千纪末期，迦太基与罗马对立，从那时起，整个或部分北非地区，从埃及到摩洛哥，被一个接一个的征服者所掌控：希腊人、罗马人、拜占庭人、阿拉伯人、奥斯曼人、欧洲人。所有这些主导势力都依靠奴隶制作为生产方式。从凯尔迈（Kerma）王国开始，尼罗河谷便已经是"奴隶制走廊"。阿拉伯人的扩张将黑人贸易合理化。比如在《历史绪论》(*The Muqqadima*)中，伊本·赫勒敦[Ibn Khaldun 2005：117（原书为 1370 年①）]写道："……一般来说，黑人民族顺从于奴隶制，因为黑人本质上并非人类，其所拥有的属性和那些愚蠢的动物更相似……"9 世纪中叶阿巴斯王朝治下爆发于伊拉克南部湿地的桑给起义，表明了 7 至 10 世纪奴隶贸易的重要性（Popovic 1999）。从 16 世纪开始，大西洋奴隶贸易与东方奴隶贸易并行，

---

① 此书实际出版年份似应为 1377 年，原书或有误。——译者注

两个奴役系统都运作了约 300 年的时间。数以百万的年轻女人和男人从非洲运出,服务于他人的利益。地方战争、持续的恐惧以及不确定性,是这漫长的三个世纪里在非洲生活时难以摆脱的组成部分。殖民征服战争、百姓流离失所、强迫劳动,以及殖民时期的政治统治、文化控制对非洲雪上加霜。在政治独立的 40—60 年后,前殖民势力仍能掌控局势。讽刺的是,非洲国家的双边和多边债务,正是通过其他路径存续的依赖体系的延续。2005 年 7 月,在苏格兰格伦伊格尔斯 G8 峰会上,比利时关于债务减免工作的备忘录中,清楚地表明了这一点。比利时外交官不同意为最贫穷非洲国家取消多边债务的提议。他们呼吁采用更为平缓的方法,来使西方欧洲国家对非洲国家保持一定的影响力。

整个非洲大陆的非洲人在数个或数十个世纪中始终面临着侵略者——可能有些地区遭受的入侵未满千年。在尼罗河谷、萨赫勒(Sahel)和撒哈拉、大西洋沿海和印度洋沿岸,他们被奴役了几个世纪。非洲没有任何一块地方,处于奴役者及其代理人——阿拉伯人、欧洲人和非洲人——的影响之外。除了这一严峻环境带来的物质、社会和经济后果,非洲人还被迫发展心 17 理-行为模式,以适应恐惧和不安定的时期。弗朗茨·法农在《全世界受苦的人》中的洞察暗示了一种对于持续威胁和不安定境况的深刻的心理调适。心理分析学家舒岑伯格(Schützenberger 1993)探索了跨代际神经病与精神病发展和运转的不同方式。"行为表观遗传学"这一新兴领域目前正在大力探索这种心理-行为适应的思想(G. Miller 2010)。这一发展或可显著影响我们对当今非洲人(无论是否生活在非洲)所面临系统性难题的理解。本书提出的论点是,一代代非洲人已经发展出适应性的心理-行为模式,这使得他们能够在东西方奴役系统的鼎盛时期和随后的殖民统治下生存。形势随政治独立而变化,但是另一个时代的适应性心理-行为模式仍然存在,且塑造了非洲人的态度。在很多其他具有强制力量的情境下,正是这种"路径依赖",导致了"应该做什么"和"做什么是有效的"之间的悲剧性差异。

以上提到的心理-行为调适的一些特征包括:(1)缺少对未来的预测;(2)即时消费的诉求;(3)滥用支配地位;(4)征用公共资源。殖民统治导致的文化异化仍需处理,并应被置于正确的背景下。这样的工作仍在进行中。在今天困扰着非洲的后殖民(post-colonial)的崩塌——或者也可以说是后独立(post-independence)——只是这一"消化过程"中最明显的部分。不管是否承认,非洲人都是其各阶段历史不同程度的参与者。根据环境不同,其发挥着或多或少的作用。争取独立斗争中表现出的兴奋与乐观特征,是真实而诚挚的。政治舞台上充满了激情洋溢的辩论;但希望破灭了。冷战在全世界展开了其冰冷的羽翼。尽管有激烈的辩护,有不结盟运动诚恳的承诺,还有1954年万隆会议产生的良好势头,但非洲仍然成为向超级大国竞赛开放的几个战略地区之一。精英同谋、军事政变、民族解放战争、内战加在一起,使所有对更美好未来的希望毁灭了。"联合国发展十年"(1960—1970)是冷战背景下的工具,是 W. W. 罗斯托(W. W. Rostow)起飞模型后的拙劣构想,最后无果而终。利用城市和农村非洲人的根深蒂固且真实存在的绝望的非政府组织(NGO)则利用他们的慈悲从中获利。他们反对非洲精英的腐败,是新的英雄和文化偶像。其网络不断扩大,都几乎吞并了非洲人生活的各个组成部分,无论是在城市还是在农村。未来将会显示,这一新的发展是否会显著改善贫困非洲人的命运。在这一阶段,西方和当地非政府组织的普遍存在,在西非已经引起了重要的讨论。那是正确的做法吗?

没有任何一种"社会和经济健康"的案例不是来自"健康而充满活力"的文化。南亚的"龙"就是这样的例子。这些新兴国家没有一个是像非洲这样历尽剥削的殖民地。印度经历了可怕的动乱,但却保持了其多元而强盛的文化。为非洲的可怕难题而单单苛责当代非洲人,是轻率而具误导性的(Cohen 2006)。在整个人类历史中,没有任何一种奇迹般的经济、文化复苏能接近非洲和非洲人的期望。对非洲状况的任何诊断都必须要考虑数个世纪奴役、政治征服和统治、经济剥削所造成的人口成本、经济成本、智力成本和文化成本。非洲和非洲人的能量被转移去创造他人的财富、构建他人的权势。"民族自助并不总能奏效——灾难和奇迹一样,容易在内部产生。在任何环境下,经济奇迹并不普遍,但似乎非殖民地比殖民地更容易出现奇迹。因此,过去 40 年的成功故事包括了大量欧洲人从未殖民过的地方……"(Easterly 2006:285)。

18

非洲人的考古学

非洲考古学或多或少是人类考古学的同义词。很明显,在非洲进行的考古研究是几乎所有现有学术传统的产物。欧洲、美洲、亚洲的考古学家都参与了非洲的田野考古。一些研究传统在追溯文化历史变化面貌的性质上,更具人文主义色彩。另一些研究传统则更偏人类学,从这个意义上来说,其对以往社会系统的重建更感兴趣。还有一些研究传统结合了这一人文/社会科学统一体的不同方面。除此之外,迄今为止,这片大陆有着世界上最长的考古序列，从人类模糊的起源横跨至今。非洲考古研究的部分复杂历史在 1990 年出版的《非洲考古学史》(*A History of African Archaeology*) 中已有概述 (Robertshaw 1990)。此书总结了考古学在阐明非洲历史方面的实质性成就——从粮食生产革命到早期城镇兴起。毋庸置疑的是，气候变迁在塑造非洲及其他地区人类活动方面扮演了重要角色。但是这一人类社会进化的重要因素超出了此书的范围。

就非洲而言，殖民扩张、领土争夺、经济剥削、政治屈从，同样也伴随着探究非洲历史的首次考古尝试。这些科学家是乔装打扮的"殖民说客"吗？他们隶属于自己的"时代"，通常会将很多自己的观点视为理所应当，且对他们自己在世界史中的地位有或多或少的共识。与超相对主义相关的"后殖民"批评适得其反。精心建构和评估事实很重要。诠释可能会是多样而有所冲突的。每一个时代都会对历史进行重新诠释。考古研究并不能免于当前社会科学的压力与争论。非洲历史的考古学呈现仍旧是非常粗糙的"情形"。基础工作才刚刚开始。还有很多事情要做！这片大陆尚有众多遗迹未被探索。非洲大陆各地域的研究程度差别很大。我们迫切需要经过扎实彻底调查的区域序列，来增进对非洲历史的理解。在非洲文化遗产的任何一个方面，意识形态都是有趣的，但它们就是这样：当潮流退去，意识形态便会消隐。

考古研究致力于尽可能准确地重建过去。这一任务宏伟而艰巨。考古记录原本便不完整且难以解释。而与此同时，还存在着其他审视过去的方法。民族史、史诗以及神话，提供了通往重要历史的通道。它们在社会领域发挥了重要作用。而它们的生产、繁衍和传播，绝非简单的线性过程。其具有错综复杂的文化历史,传承本身就相当复杂(Holl 2000)。考古学不必反驳或支持民族史记录。两个知识领域的调查可以交汇、分岔或重叠,但它们必须是"流动的"。让考古学研究成为"文化自尊"建设一部分的趋势是新兴而持续的,这一趋势引出的一个问题是:为了谁? 特别是考虑到过去 10000 年非洲历史中错综复杂的人口流动,而这样的人口流动因东西方奴隶贸易、殖民征服、解放战争以及仍在继续的后殖民崩塌而变本加厉。

　　本书对当代非洲人的考古背景进行介绍,并不是打算构建一个肖像馆或者描述"机构"——考古记录无法进行如此精确的聚焦。图像数据和殡葬资料能够开启有关过去非洲人生活的意料之外的远景,而这些数据和资料极大地依赖于利用情况。 *19*

第一部分
食物生产的出现

第 2 章　从觅食者到牧民

简　介

　　食物生产的出现，是人类历史中的一个重要时刻。从长远来看，它给人类社会系统的结构带来了巨大影响。不过，在其最初阶段，它可能并不是一个革命式的飞跃。实际上，在几乎世界所有地区，转向食品生产这一过程都是问题多多。食物多样性的明显减少导致黎凡特地区早期农民营养缺乏（Cohen and Armelagos 1984）。对谷物和其他谷类作物的过度依赖，增加了龋齿和牙龈疾病的风险。对干旱、洪水和其他影响栽培作物和蓄养牲畜的自然灾害的反应灵活性大大降低。在个体觅食群体这个层面上，仍可能会有很多其他的障碍。采猎者的"共享伦理"是最常被提及的。一般认为，采猎者习惯于"强制性的"分享，由于"所有权"与共享之间的固有冲突，他们应该必然会抵制采用农业或畜牧业。这一假说假定任何时代、地区的采猎者都形成了相似的伦理标准。实际上，共享伦理理论源自对南非和澳大利亚觅食者的民族志研究，这些觅食者被迫定居在边缘地区。他们的共享伦理是对于沙漠生活不确定性的一种文化调适。当采猎者占据地球时，他们占用了从极富饶到极贫瘠的广大觅食区域。那些生活在较富饶的地区——比如北美东北部——的人群，会形成和生活在较贫瘠地区人群不同的行为模式。因此，不可能存在一种所有地点所有时代的所有觅食者都认同的具有普遍性的"共享伦理"，其对食物生产的调适的潜在影响被夸大了。

虽然如此，但食物生产这一转变过程是一个很难解决的历史性难题。为什么更新世晚期/全新世早期的觅食者开始进行食物生产技术的"试验"？有很多种说法。有些人认为是因为气候变迁；有些人认为是因为人口增长；还有些人仍然认为是交换与宗教带来的动力。无论如何，维尔·戈登·柴尔德（Vere Gordon Childe 1928,1951）是最早提出使用广泛而连贯的模型来解释食物生产经济出现的学者。所谓的"就近理论"（propinquity theory），阐明了导致"新石器时代革命"的因果连锁反应。而"新石器时代革命"伴随着定居社群、农业畜牧业产生乃至后来的城市革命。简言之，柴尔德注意到更新世末期，近东和新月沃地转向干旱的显著变化。人类、植物和动物被迫沿主要的河谷——如底格里斯河、幼发拉底河、尼罗河——共享有限的空间。生活在绿洲般的环境中，周边围绕着荒芜干旱的沙漠。受到限制的人们在野生谷物丰富的自然环境中学会了种植自己的食物。他们也让成群的食草动物以地里的草料为食。那些草料是收获后留在地里的。人与动物的共生关系由此建立，从而使一小部分动物被驯化。从近东地区和新月沃地的最初摇篮开始，定居生活方式、农业和畜牧业传遍了世界。柴尔德模型虽广受争议和批评，但却影响力巨大。它是被用来解释食物生产经济在非洲出现和扩张的模型之一（Balout 1995a；Clark 1967；Davies et al. 1968；Harlan et al. 1976；Smith 1992a,b, 2005）。现今的情况更加微妙（Demoule 2009）。持续的研究表明,大陆各部分情况差异巨大。每个植物地理区域都能生长一些物种,也会排斥一些物种。因此,非洲的农业和畜牧业系统以及饮食方式不太可能是单中心起源。不过,更重要的是,"鉴于人类的试验倾向和(在非洲)物种和环境的复杂性,可能出现了多种行为解决方案"(Redding 2005:42)。在一段时间的反复试验之后,一些生存策略固定下来。有一些策略会持续一段时间,还有很多失败了。在过去以及在特殊的环境中,一些动物使用的策略发展起来。雷丁(Redding 2005)分析了距今 11 千纪末期土耳其东南部哈兰·塞米(Hallan Cemi)的猪与羊的情况,和黎凡特南部纳图夫(Natufian)的山瞪羚的情况,以此来表明"动物使用策略的出现与消失可能与我们现代模拟的情况不尽相同"(Redding 2005:42)。食物生产转向的概念化,作为非线性过程的结果,对非洲饮食方式的考古具有重要意义。

1. 新石器时代进程:假说评述

和象征行为及自我意识、视觉艺术的制作、制陶术、冶金术和城市生活的出现一样,食物生产经济的出现是一个重要的里程碑,其为现代人类的构建铺平了道路。研究人员对以上每一个里程碑背后的驱动力都曾进行过热烈的探讨。这一问题既是科学问题,也是哲学问题,不能仅单方面从实证经验的角度加以解决。不过,实证数据是非常必要的。事实是非常重要的。即便同一组实证数据可以有各种各样的解释,它们仍然很重要。通常,在前文提及的任何重要问题上用于构建连贯观点的基本原理,都强烈地受到世界观和学术传统的限制,而这些世界观和学术传统塑造了参与讨论的科学家们的思想(Kuhn 1983)。

为更新世末期——新石器时代革命或新石器化进程——食

物生产经济出现寻求最佳解释的探讨，是非常重要的课题。值此之际，可以提两个直接而坦率的问题：为什么最初会由觅食转为食物生产？以及，最初是在哪里发生的？

新石器化进程导致了从采集狩猎到越来越依赖食物生产的转变。同样地，人类的选择性压力作用于动植物，导致了基于农业、畜牧业和/或两者不同组合的自给自足生存文化系统的形成。对新石器化进程一般理论的尝试，可分为连续而有部分重叠的三个阶段。戈登·柴尔德（1929，1951）是首位提出由采猎到食物生产转变的综合理论的考古学家。类似于"工业革命"，这一进程被取名为"新石器时代革命"。在这方面，关于"柴尔德式"的对革命概念的运用，已有很多记载。但是戈登·柴尔德无疑是想指出，在自给自足系统中这一变化的长期重要性。这一变化为"现代"定居的乡村生活和"城市革命"奠定了基础。

"绿洲论"或"就近理论"认为气候变化是更新世末期从采猎到食物生产这一戏剧性变化的原动力。根据理想模型，全球气候的总体变暖导致更新世末期旱地与沙漠面积扩大。植物、动物和人类被限定于若干范围有限但环境有利的绿洲地带——沿着新月沃地的主要河流底格里斯河、幼发拉底河，以及尼罗河。人类利用这一情况开始栽培一些作物，使之成为自己喜爱的食物——小麦、大麦、二粒小麦、扁豆等。他们也让野生哺乳动物群于收获后在自己的田地上进食，并由此开始了畜牧业的经营。农业和畜牧业初始阶段的实践，导致了定居群落的产生和陶器的发明（Demoule 2009，Price and Bar-Yosef 2011）。在1950年代末1960年代初之前，柴尔德的理论在数十年间广受认可。

首先对柴尔德"新石器时代革命"论提出一系列反对意见的是罗伯特·布雷德伍德（Robert Braidwood）（Braidwood and

Howe 1960）。他质疑柴尔德关于近东新月沃地普遍出现干旱的看法，并在土耳其扎格罗斯山脉的耶莫（Jarmo）发起了一项多学科领域研究项目。这一项目是最早的多学科研究项目之一。研究组包括土壤学家、动植物分析师，以及其他物质文化考古学领域的专家。布雷德伍德推理的出发点是新月沃地的环境多样性。它包括了地中海的沿岸平原、山丘、高原、山脉、山侧和山谷。这种多样性对野生植物和动物的自然分布及其随时间的变化模式具有重要意义。耶莫新石器时代早期的记录并未显示任何更新世末期持续变得干旱的证据。像山羊这种小型哺乳动物在这一地区被捕猎并被驯化。对其他遗址材料的对比分析表明在转向食物生产的过程中存在显著的地区差异。对布雷德伍德来说，这表明每个地区都有其特定的进化轨迹，这源自各地本身的特质。他利用植物遗传学者尼古拉·瓦维洛夫（Nicolai Vavilov）的"核心区"（Nuclear zone）概念，给自己的假说命名为"核心区理论"。相比于柴尔德，布雷德伍德没有解答"为什么"，而是将食物生产经济的转向解释为长时段社会文化进化中的周期性变化。在其"生机论"的方法中，变化的发生是因为人类社会已为其做好了准备。

这两种审视新石器化进程的方法，一种认为环境变迁及其对人类生存和社会系统影响起重要作用，一种认为人类能动性更为重要。其主要衡量标准，或多或少地被包含在后来第二代、第三代的每一种理论中。

第二代解释理论以更加复杂的情境为特征。这些情境结合了环境变迁和人口动态。学者间有有趣的细微差别。科恩（Cohen）的"食物危机"假说（1977）和宾福德（Binford）的"边缘理论"（1968）提供了很好的例子。对于科恩（1977）来说，根据黎凡特旧石器时代晚期——或称中石器时代——遗址的数字和细节，当时应存在人口的持续上升。这一动态的人口统计变化威胁了更新世晚期采猎社会生存的可持续性。因此，他们通过选择性地聚集小部分动植物，对它们进行驯化，以适应新的情况。

23
　　宾福德的边缘理论（1968）也以人口增长为基础，同时在空间区域方面有更系统的整合。因此，晚更新世采猎人群的集约化——如纳图夫的案例所示——发生在划定的核心区域的核心位置，并伴随着大规模定居特征、仓储设施以及居住单元间系统性墓葬的发展。根据宾福德的模型（1968），持续的人口增长导致核心区人口沿边界外移。在这一背景下，新的定居者试图保留其原有的饮食方式，并开始了对一定动植物物种进行驯化的过程。换句话说。新石器化进程导致了农业和畜牧业出现在核心区域的边缘，而非中心。

　　第三代理论家对他们视为"环境决定论"的新石器化进程研究方法持批评态度。他们指出了对社会文化机制的忽视，而社会文化机制可能是新石器化进程的一部分。因此，他们提出了在长时段观察中更系统整合社会文化进程的替代性方法。

　　本德（B. Bender 1975）提出了"交换理论"，着眼于环境互补、社会动力和觅食群体的活动模式。一系列有趣的考古发现——地中海的海贝出土于数百乃至几千公里外的腹地地区——尚未获得解释，尚存疑问。本德认为，它们可能是交换系统的一部分，这一交换系统将更新世晚期环地中海觅食人群联系在一起。根据本德的理论（1975），这些社会联系的集约化和"常规化"导致人们选择小部分资源以刺激交换的运转。沿海人群可能选择特定种类的货物，包括奇异多彩的海贝，而腹地人群则可能选择谷物和未成年的哺乳动物。这些觅食人群在其重叠的地域范围进行的季节性采集，是其进行繁殖和社会再生产的关键机制。因此，新石器化进程是以上连锁循环的结果。

海登（B. Hayden 1995）试图解释南美洲辣椒、西红柿和豚鼠的早期驯化问题。这些驯化明显不是对食物危机的反应。对于海登来说，大型社交集会是更新世末期/全新世早期一些觅食者群体社会组织的一部分。无论聚会的目的如何，参与聚会的人都会被给予食物和饮料。在竞争性宴飨的语境中，特殊食物的独特性足以将一个群体和另一个群体分开。宴飨理论（Hayden 1995）解释了对特殊动植物的选择，这些动植物可能是宴飨的要素。在这些宴飨中会使用和展示精心制作的物质文化产品。因此，一些动植物的驯化是大型社会集会和宴飨普遍化的意外结果。

J. 考文（J. Cauvin 2000）针对新石器化进程的基本研究方法值得特别对待。在《神的诞生与农业起源》（*The Birth of the Gods and the Origins of Agriculture*）中，考文（2000）在公元前10000 年至前 7000 年中东地区定居乡村生活、农业和畜牧业活动兴起的问题上，与唯物主义的解释保持了相当的距离。依据"心态"原理，他认为新石器生活方式的出现并不是源于更新世末期人口增长、气候变化和人类群体的被迫适应。而是源于"符号革命"，神的发明，由此发展出新的宗教和世界观。考文（2000）依据的是一系列中东更新世晚期至全新世早期遗址出土的动物和人形雕像，这些雕像被认为表现了新的宗教信仰。加泰土丘（Çatal Höyük）的新石器早期圣地豹子王座上的地母神，被认为标志着人类象征行为的彻底转变。众多女性雕像的存在，被认为是在强调土地的肥沃，它们是新增的支持证据。根据考文展现的发展序列，在前陶新石器时代 A 时期（PPNA），新月沃地的西部边缘形成了以地母神和公牛角色为中心的新宗教，使得新石器生活方式为人们所采用。

24

考文在其著作《神的诞生与农业起源》的绪论部分指出，艺术是"通往缺少文字的古代社会集体心理的主要路径"（Cauvin 1997：40）。这一立场是基于这样一个事实，即这些远古社会艺术表达的代表性部分可以保存在考古记录中，可以通过考古研究来接触，并可以通过推测与驳斥来予以分析。对于考文这样一个拒绝所有自然主义者对长时段文化变化解释进行尝试的人来说，"想象"、构建具有约束力符号的能力，才是社会进化的驱动力。在他看来，向食物生产转变，是人类和神圣团体转换关系的结果。符号革命先发生，新石器时代革命紧随其后。

对于考文（1997）来说，新符号革命的第一个证据可追溯至纳图夫－埃尔希亚姆（Natufian El-Khiam）时期，约公元前10000—前9500年，在前陶新石器时代 A 时期之前。纳图夫艺术作品包括对瞪羚、鹿、鸟和狗的描绘，如哈默河谷（Wadi Hammeh）和纳哈尔·奥伦（Nahal Oren）等地的发现所示。埃尔希亚姆时期的作品主要由女性雕像构成，表明了从描绘动物形象到描绘人物形象的根本性转变。对女性身体形象的选择被认为是强调生育能力。这一概念导致了后来地母神形象的出现。在旧石器时代晚期，这样的雕塑已经初选并广为传播，但是考文认为，它们是以上所有表现动物形象和相关混乱系统的一部分，因为"这些动物形象大多数是成群的，没有任何证据表明，有哪种具有主导性的动物可被视为是至高无上的"（Cauvin 1997）。

新的宗教符号，特别是女神的雕刻或绘画作品，在埃尔希亚姆晚期至公元前7000年在近东地区广为传播。安纳托利亚加泰土丘的新石器早期遗址被认为是提供了这一新世界观的最有力的证据。地母神形象与公牛形象相关。它们被发现于不同的地点、壁画和圣所，也作为轻便易携带的较小陶塑出现。因此，除了它频繁出现，这一形象在加泰土丘所处的具体位置表明了其神圣特征。据考文的说法，她在"国内圣地的北界和西界居于主导地位"，代表了产下公牛的过程。穆赖拜特丘（Tell Mureybet）、哈吉拉尔（Hacilar）和加泰土丘表明通过对臀部和胸部比例进行夸张，可突出强调生殖力。对豹子的控制和统治被添加到母性和生育力的符号中。考文认为，这一符号系统在整个新石器时代和青铜时代持续到犹太一神教的出现。

强调互补性的成对"地母神/公牛"尽管存在局部变化，但后者对前者的附属，表明了一种新"世界观"的世俗化——这种世界观传达了人与自然的新关系（Cauvin 2000）。这一新世界观与采猎向食物生产、乡村生活的转变相关，但遗憾的是，其如何起源，却尚无答案。

I. 霍德（I. Hodder 2006：195）对加泰土丘的艺术阐释了不同的观点。据他所说，"可以说，加泰土丘 9000 年前的艺术更接近于科学，而非某些当代艺术，因为其旨在干预世界、理解世界如何运行，从而改变世界"。这一立场表明了思维与物质、社会与自然更辩证的关系。A. 泰斯塔特（A. Testart 1998，2010，2012）指出考文《符号革命，神灵诞生》（*Révolution des Symboles，Naissance des Divinités*）一书中推理中的严重缺陷，对该模型中包含的宗教假设进行了令人信服的驳斥。

符号革命理论忽视了所有对人类社会系统有限定力量的环境条件。考文未能将人类行为与生物圈中的独立运作过程联系起来，是一个严重的缺点。出乎意料且令人惊讶的是，泰斯塔特对考文理论的有力驳斥，却因其不愿认真考量驯化过程中的生

25

物因素而被严重削弱了(Testart 2012)。

人类是生物圈的一部分,而生物圈支持且改善了人类的生活和社会再生产。植物栽培和畜牧业明显是以生物实体的存在为基础的,生物实体的存在使得这种协同进化的难题发生于人类的历史。食物生产经济和定居生活方式的出现,是自变量之间偶然互动且相互作用效果不断增强的结果。视情况而定——很明显,很多同样有趣的尝试失败了——这些交互循环中的一些,成了协同进化的节点,从而将系统转变为"定向变异"模式。

2. 迈向新的复杂社会：共同进化的景观动力学

新石器时代革命的探讨如今明显更加微妙和细致。以上描述的两个"解释性体系"仍然相当活跃(Cauvin 1997,Rindos 1984,Zeder 2009)。它们都源于渐进的文化进化方法。间断平衡模型很可能对理解突然出现的加速变化更加相关(Endersby 2009,Elredge and Gould 1972,Gould 1991)。自然主义取向的研究者倾向于认为开始于更新世末期的向食物生产的转变,是一系列针对大量动态变化的适应性调整。类似的方法间存在着细微差别,本质上是通过最佳觅食策略(Optimal Foraging Strategies,OFS)、饮食宽度模型(Diet-Breadth Model,DBM)(Piperno 2006,Piperno and Pearsall 1998)进行的人类行为生态学(Human Behavioral Ecology,HBE)和宏观进化观点(Smith 1994,2011;Zeder 2009,2011)。从这种观点来审视,对农业、定居生活方式以及畜牧业、游牧的采用,是共同发展动力系统的结果。因此,触发这些情境适应性转变的驱动力,是可被确定、分析和"歪曲"的(Popper 2002)。受到密切关注的关键变量包括景观、野生生物、气候和人类,或更准确地说,是这些变量间的复杂交互循环。一些研究者认为气候变化是原动力。另一些则偏重于人口统计,或如交换之类的社会互动模式,或宴飨。对所有这些研究者而言,重要的是构建桥梁,让解释具有连贯性和可验证性。

"饮食方式的构建"涉及不同的嵌套层次,这些层次都是有意识或无意识的选择过程导致的。不断受到人类影响的景观,或多或少地提供了各种资源。在此议题下,这些资源仅限于动植物。不是所有可食用的东西都会被吃掉,标准的栽培、养殖食物——主食——的结构会根据情况不断调整。人们饮食的核心种类包括大多数合乎需求的食品,这些食品一般量大且供应稳定。在不详述世界各地过去"烹饪"传统的情况下,主食主要是由碳水化合物(小麦、大麦、玉米、粟、高粱、稻、薯蓣、香蕉、树薯等)、植物和动物蛋白质(豆、小扁豆、豇豆、大豆、肉、鱼、软体动物等)以及动植物脂肪(棕榈油、橄榄油、花生油、动物脂肪等)的主要来源构成的。主食通常辅以偶尔食用的食物。这一类别主要由可替代或可添加给基本人工培养食物的食品组成。第三类食品是紧急食品。其由所有可食用的东西构成,在食物危机的情况下可渡难关。

所有这些食物种类的知识,被一代代人学习和传承。因此,主食的构成具有某种惯性,但仍会面临突然的变化——间断平衡。所以,在模拟从采猎向食物生产转变时,认知非常关键(D' Andrade 1995,Fauconnier 1997,Renfrew 2008,Renfrew and Zubrow 1994)。人类的观念网络是通过类比映射和隐喻映射来错综复杂地构造起来的。不同领域间的映射是人类产生、传递和加工意义的独特认知能力的核心。这些映射在意义的共时建构和历时进化中具有关键作用(Fauconnier 1997:18)。映射是[26]

从一个领域传递到另一个领域的过程,其对系统研究作为一种文化现象的古今饮食方式至关重要。在最通常的数学意义上,这个过程是两个集合之间的对应关系,第一个集合中的每个元素都会被分配有第二个集合中的对应元素(Fauconnier 1997)。就像艺术表达那样,饮食方式可能是人类创造和使用符号的另外一种体现。它"在精神与身体、社会与自然的关键交叉点起作用"(Hassan 1993:271)。饮食方式应当被视为体现思想、沟通信息和引发行动的文化构建。其涉及人的思想、运动技能和技术。在日常意义的建构中起着核心作用的认知操作,通常同样也是用于推理、思考和理解的操作(Fauconnier 1994,1997)。因此,饮食方式意味着认知;而认知是将其他要素结合在一起的关键参数。

> 人类的知识太宝贵了,因此不能被每一代人——他们往往会寄望于下一代人的重新发现——草率地丢弃。人类知识被精心保存,并代代相传。人们想到过的大多数东西都是前人想到过的,人们想到过的大多数东西都是从别人那里学来的。换句话说,人们所知道的大多数是文化知识……知识是内含于文字、故事和人工制品中的,是从其他人那里学到,且和人们分享的。(D'Andrade 1995:xiv)

在任何情况下,全新行为模式突然爆发之后都出现了停滞时期。毫无疑问,文化进化是拉马克式的演化,是表观遗传式的。一旦建立了新的行为模式,它们便可在习惯化的过程中被学习和传播。通常,这是通过"亲代抚育"、学习、代代相传,以及心理-行为计划的实施来实现的。"通过人类评估行为结果的能力,和基于这一评估放弃、适应、保持行为的能力,与生物系统中的文化系统相比,人类文化系统中定向变化的潜力极大地、可能

甚至指数级增长。"(Zeder 2009：10)

新石器时代革命发生在世界各地不同的时期和地点,并在不同的环境条件下发生。在这一共同进化的过程中,人类的能动性是文化适应的关键因素。"它使文化能够更快、更灵活、更直接地应对压力。"(Zeder 2009：1)为了解释文化的变化,必须在研究中解读塑造不同水平文化的过程。人类社会是具备包容性的营养链的一部分。他们被插入由不断互动的多元系统组成的种群生态中。饮食复合体的动态,受到人口和文化造成的选择性压力驱动。所有这些复杂适应性系统的运行,都以"社会会的自然化和自然的社会化"之间的辩证法主导了文化景观的构建(Chorin and Holl,2013)。

3. 绘制最早的"新石器时代"复杂社会

向食物生产的转变发生于全新世,发生于不同的时间和地点(Bellwood 2005,Demoule 2009)。最早可追溯至距今 10000 年西亚的新月沃地,那里有驯化小麦和大麦的记录。绵羊、山羊、牛、猪的驯化也于全新世前半段发生于同一地区。伴随着邻近地区间的变化,西亚复杂社会由混合经济组成,主要结合了谷物农业和畜牧业(Bellwood 2005;Cauvin 1967,1971;Demoule 2009)。这一组合后来传播到了地中海沿岸和欧洲大陆(Jones et al. 2013)。

距今 8000 年,粟、稻和猪在东亚被驯化(刘莉、陈星灿,2012)。黍、粟和猪的遗存见于中国北方的黄河流域。稻、芡实和猪的遗存见于中国中南部的长江流域。两种组合传遍了整个东亚,可达朝鲜、日本、中国西南部和喜马拉雅山脉(d'alpoim guedes et al. 2013)。

新几内亚的库克湿地(Kuk Swamp)提供了距今 7000 年驯化香蕉、车前草、参薯(Dioscorea alata)的证据(Bellwood 2005)。这一组合后来传遍了印度洋,可达非洲。

农业活动在非洲的出现相对较晚(Harlan et al. 1979)。在非洲北部的苏丹萨赫勒地带,栽培的御谷、高粱和非洲稻的遗存可追溯至距今 4000—3000 年。距今 10000—9000 年,栽培的未驯化高粱大量见于全新世早期纳布塔·普拉亚(Nabta Playa)村庄遗址的几个存储坑中。相比之下,通过牛的驯化而出现的畜牧业,在距今约 10000—9000 年时,出现于撒哈拉东部,并从那里传到了撒哈拉中部的山脉(Barich 1998;Cremaschi and Di Lernia 1996,1999;Dilernia 1999;Di lernia and cremaschi 1996;Holl 1989,1994,1998,2004)。

4. 非洲早期觅食者-牧民 (Forager-Herders)

向食物生产转变的早期阶段,发生于大陆的东北部——该区域西至塔德拉尔特-阿卡库斯(Tadrart-Acacus),东至撒哈拉东部和尼罗河谷。撒哈拉全新世早期的觅食者已掌握了制陶技术(图 1)。在纳布塔·普拉亚、伯·吉塞巴(Bir Kiseiba)、提-恩-托哈(Ti-n-Torha),大量距今约 10000—9000 年的考古遗址和少量牛骨被发掘出来。有关这些惊人发现的性质与意义尚存争论。甚至对其中一些遗存的鉴定,尚存在把其从某类牛科改成另一类别的情况。但是,当研究焦点从仅仅考虑遗骨的鉴定,转向"饮食宽度"和其他人与动物关系参数的时候,这些零散的遗存便可具有完全不同的意义。首先,也是最重要的,牛的线粒体 DNA 分析显示,非洲、欧洲和东南亚的野牛种群属于不同的血统,这些血统大约分离于 25000 年前(Wendorf and Schild

1998)。中东和印度牛后来到达非洲,使得最早的牛的遗存可能
是当地驯化过程的结果(图 2)。在撒哈拉中部,存在争议的大型
牛科动物骨骼的出现,处在全新世早期觅食者扩大猎物范围的
背景之下(Holl 2004a)。大型牛科动物(牛)的存在,引发了动物
群种类范围剧烈下降,在第三和第四阶段从 40 种下降至 25 种
(Holl 2004a:23)。在撒哈拉中部,步入式井的存在和动物谱系
中显著的大小差异——一般主要由小瞪羚和适应沙漠的动物组
成——表明畜牧少量的牛,为人类提供了次级产品,主要是牛
奶,可能还有血(Wendorf and Schild 1998)。

29

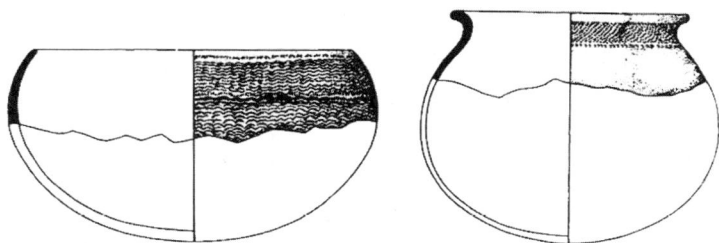

图1 来自尼日尔阿伊尔(Air)塔加拉加岩棚的全新世早期器物复原

图2 埋葬于纳布塔滩涂(Nabta Playa)岩石覆盖
的古墓的小母牛,碳 14 测年距今 7500—7400 年

5. 游牧制度（Pastoral-Nomadism）的兴起

在距今 7000 年至 6000 年之间，放牧系统虽然传播到了大陆的不同部分，但其仍主要限于北方，且在北方区域差异也很大。目前可知在北非和地中海沿岸有三种不同的情况。

在一种情况中，利比亚昔兰尼加海岸的豪亚·弗塔（Haua Fteah①）序列中，突然出现了绵羊-山羊牧群。考古记录中的羔羊墓葬，表明了特殊人畜关系的出现。在内陆山地和沿海平原间实施移牧的全新世中期牧民群体，基于季节在豪亚·弗塔的大型洞穴居住。对希格斯（F. S. Higgs 1967）来说，豪亚·弗塔所见的整个绵羊-山羊墓群系统是近东地区扩散的结果——在近东地区，这些物种在一两千年前就已被驯化。

在第二种情况中，在摩洛哥北部的直布罗陀海峡南岸的一块区域分布着很多新石器时代印纹陶文化（Cardial Neolithic）②遗址。牛和绵羊-山羊的骨骼见于遗址最底层的文化堆积，像丹吉尔附近的赫里尔（El Khril）便是如此。遗物也包括陶器、研磨器具、燧石箭头灯，却并没有任何农业活动的证据（Camps 1982）。摩洛哥的案例，是地中海新石器时代印纹陶文化组合最西端和最南端的延伸，而这一文化组合被证明沿东至意大利、西至西班牙的欧洲南部沿海分布。印纹陶文化的小股牧民群体于距今 7000 年散布在摩洛哥北部，并进行短程游牧。这可从其似

---

① Haua Fteah 为利比亚昔兰尼加的大型岩溶洞穴遗址，时代为旧石器时代至新石器时代。——译者注

② 该文化遗址最初出土的陶器上多有某种蚌壳压印的纹饰，蚌壳名为 Cardium edulis，故此类陶器得名 Cardium ware 或 Cardial ware，在中文语境一般称 Cardial site 为印纹陶文化遗址。——译者注

曾控制过的小规模区域推断出来。

　　最后，第三种情况见于阿尔及利亚君士坦丁省奥雷斯（Aures）山脉的卡佩莱提（Cappeleti）（Roubet 1979）。卡佩莱提 *30* 洞穴海拔 1540 米。记录中的地层序列跨度略短于 2000 年，为约距今 6500 年至 4360 年，属于"卡普萨文化（Capsian Tradition）的新石器时代文化"。牛、绵羊-山羊骨骼在整个遗址序列中有大量分布，但是牛的数量有明显的减少趋势。位于间歇性河流岸旁、海拔约 60—65 米的伯巴加河谷（Wadi Berbaga）遗址，是小股移牧牧民群体春夏秋季的一个驻扎之地。在一年中的其他时间里——特别是在冬天——他们遍布低地。

　　牧养牛群和绵羊-山羊群的游牧社会，于距今 7500 年至 6500 年传遍了撒哈拉东部和中部。人们根据降水、地表水和草地的季节性变化，在山地和周边的多沙低地交替定居。在撒哈拉中部，加布里埃尔（B. Gabriel 1978）曾对整个撒哈拉地区分布的数百个炉灶进行记录、绘制地图和断代。这些较浅的遗址被称为"新石器时代的炉灶"，它们是小型游牧人群营地变化的遗存，在一年中的多雨季节广泛散布于景观中。在剩下的时间——准确地说，是一年中干旱时段——这些人群利用河谷作为移牧走廊，以使他们能够利用岩棚、洞穴和露天遗址——比如提-恩-托哈、提-恩-哈那卡腾（Ti-n-Hanakaten）、乌安·姆胡基亚哥（Uan Muhhuggiag）、乌安·泰勒寇特（Uan Telocoat）等遗址，这些遗址位于间歇性河流岸边或较高的山地上（Barich 1998；Cremaschi and Di Lernia 1998；Di Lernia 1999；Holl 1998a，2004a）。牧民景观的差异化利用，通过墓地和岩画这两种考古遗存的分布，而被醒目地反映在地表（Holl 1989，2004b）。最近，通过对人类遗存的直接锶同位素（$^{87}Sr/^{86}Sr$）分析亦可对此予以补充（Tafuri et al. 2006）。由不同数量石质墓葬组成的墓地一般位于撒哈拉中部的山麓、河岸和山脉边缘（Di Lernia and Manzi 2002，Gauthier and Gauthier 2006，Paris 1996）。而岩画遗址则常位于高原（Holl 1989，1995，1998a，b，2004a）。但是这两类考古学标志性遗迹在地区性的定居分布中有重叠的区域。它们显示了对景观不同部分具有互补作用的社会、礼仪或宗教意义的分配。但在一些罕见的案例中，比如在多尔夫·托巴（Djorf Torba）（Lihoreau 1993），在巨石墓葬中发现了马匹的图像。除了岩画中的形象，有明确的考古证据表明，从约距今7500年起，复杂而隆重的礼仪活动有牲畜的参与。这些证据包括了尼日尔的阿德拉·布斯（Adrar Bous，距今约7000年）和钦·塔菲戴特（Chin Tafide，距今约4500—3400年）以及撒哈拉东部纳布塔遗址 E - 75 - 8 献祭所用之牛的墓葬（图2）。后者被视为"新石器时代晚期的礼仪中心"（Wendorf and Schild 1998：108）。这一遗址中，包括有石头覆盖着的牛的墓葬，其中有一个巨大的蘑菇形刻石，其与"南北向排列的九个大砂岩块相关，相距100米远，并部分嵌在盐湖沉积物中"，在排列的北端有一个较小的砂岩板圈（Wendorf and Schild 1998：108；Wendorf，Schild，and Associates 2003）。牲畜和牧民的生活方式从大陆的北部—东北部向南部和西部传播（MacDonald and Blench 2000）。尼罗河谷和周围的草地、草原被用作牲畜和可能的牧民群体向非洲东部、南部转移的走廊。在图尔卡纳湖和肯尼亚裂谷发现了距今5000—4000年的牛、绵羊和山羊的证据。新的生活方式被称为"畜牧新石器时代"（Pastoral Neolithic），涉及高度流动性小型群体进行的密集型捕鱼、畜牧、采猎活动（Gifford-Gonzales 1998，Robertshaw 1990）。畜牧约在1000年之后，即距今约 3000 年,传播到了东非东部和南部。和当地觅食者的互动很可能是规律、习惯,而非例外。通过不同的过程,畜牧业进一步向南扩张(Badenhorst 2006,Bousman 1998,Holl 1998a)。距今约 2400 年至 1700 年之间,讲班图语的混合型农民将牲畜向南带到了赞比亚、津巴布韦、莫桑比克和南非的德兰士瓦省和纳塔尔省。科伊桑语族采用了牧民的生活方式,并开始将牲畜传播到安哥拉南部、博茨瓦纳、纳米比亚,以及更南端的南非开普省沿海区域。

　　畜牧活动通过塔德拉尔特-阿卡库斯(Tadrart-Acacus)通道传播到撒哈拉中部山脉的西部和南部。相关时间跨度约 3000 年,从距今 7000 年的泰内雷(Tenere)北部的阿德拉·布斯、尼日尔共和国阿伊尔(Air)北部的阿尔利特(Arlit)、乍得共和国恩内迪(Ennedi)北部的得利博洞穴(Delebo Cave),到距今 4000 年的伊格哈兹尔(Eghazzer)盆地、阿扎瓦格(Azawagh)河谷(尼日尔共和国)、提莱姆西(Tilemsi)河谷(马里)、金泰姆珀(Kintampo)文化区(加纳和科特迪瓦)和达尔·蒂希特(毛里塔尼亚),以及非洲西部萨赫勒和萨凡纳(Sahel and Savannah①)的大部分地区(Holl 1998b)。在西部扩张的最后阶段,在加纳稀树草原、提莱姆西河谷和达尔·蒂希特悬崖,畜牧业在不同程度上与农业活动结合起来(Neumann 1999)。

---

① sahel 为荒漠草原,savannah 为稀树草原,二者在文中首字母均为大写,故采用音译。——译者注

第 3 章　农业、混合农作和新兴的乡村生活

简　介

　　当"移牧"畜牧传统在北非、撒哈拉中部、尼罗河谷和非洲东部等地出现的同时,结合了农业和牲畜放养活动的混合农业也于距今约 7500 至 7000 年前在尼罗三角洲和法雍洼地发展起来。在非洲东北部,大麦、二粒小麦和亚麻是主要的栽培品种。家畜包括牛、绵羊、山羊以及猪、狗,还可能有驴(Phillipson 1993:136)。因此,这一早期乡村混合农业传统的出现是受到了西亚复杂社会的强烈影响。但是,如未经历适应热带非洲夏季降雨系统特征的长期过程,大麦、二粒小麦和其他中东植物就无法传播。如苏丹和后来埃塞俄比亚高地的卡德罗(Kadero)、埃尔·戈力(El Geili)、沙赫伊纳博(Shaheinab)等遗址所示,混合农业沿尼罗河向南传播,其中畜牧业沿南北向的传播更为成功。

1. 非洲谷物农业系统

　　对非洲谷物农业最早形式的辨认,仍存在很多疑问。对于一些学者(Breunig and neumann 2004,Frank et al. 2001,Harlan et al. 1979,Van der Veen 1999,Neumann 2005)来说,非洲谷物农业的发展较晚,约于公元前 1000 年出现在整个非洲

大陆。这一保守观点,与亚洲南部和东部亚洲起源农作物的存在有矛盾(Fuller 2003,Lejju et al. 2006:8)。御谷(Pennisetum Glaucum)见于哈拉帕(Harappa)晚期文化堆积,年代约为公元前 2000 年或稍早。与此同时,高粱(Sorghum bicolor)可能被传入,且在公元前第二千纪中期,约公元前 1400 年,到达了朝鲜。据记录,全新世早期,在撒哈拉东部的沙漠盆地遗址就有对高粱的密集开发,但驯化类型似乎出现得很晚,于距今约 5000 至 4000 年出现在苏丹尼罗河地区。西亚的农业组合沿地中海海岸传播。非洲植物的栽培似乎要比其驯化早得多。野生御谷和驯化御谷(Pennisetum sp.)的差别十分显著。后者的谷粒要比前者至少大十倍。驯化粟最早的线索,可追溯至距今约 4000 年,据记录见于毛里塔尼亚西南部的达尔·蒂希特和加纳稀树草原金泰姆珀文化区的比利姆(Birimu)。在达尔·蒂希特,部分御谷的栽培似乎采用了"下降技术"(décrue technique)——在易受季节性洪水的区域中利用缓慢降低水位的一种栽培方法。据诺依曼(Neuman 1999:79),"所有可见资料表明,狼尾草属(Pennisetum)作物在西非早期农业系统中是最重要的粮食作物"。紧随其后的是非洲稻米——光稃稻(Oryza Glaberrima),其驯化品种年代为公元前 800 年,见于内尼日尔三角洲。考古学家仍未能找到驯化高粱的早期品种。迄今所见体积最大的驯化高粱年代为公元 800 年,来自乍得平原尼日尔部分的戴玛(Daima)(Connah 1981)。在任何情况下,野生植物都是常规性地集中开发。追踪过去人类营养模式的另一种路径,是通过骨骼化学和微量元素分析的方法进行探索。珀森(Person)等人 (2004)对毛里塔尼亚中南部达尔·蒂希特-瓦拉塔农牧综合体的南部延伸地区达尔·内马(Dhar Nema)采集的 13 具人骨进

33

行了探索性研究(Amblard and pernes 1989；Holl 1985，1986)。该研究追踪了骨组织中碳酸羟磷灰石中钡和锶的比例。其基本原理是,钡/钙的对数变化与锶/钙对数的关系,能够精确地找出人类古代饮食中的相似性与差异(Person et al. 2004:209)。因此,在约公元前2000年,石器时代晚期,布·科扎玛(Bou Khzama)(达尔·内马遗址4号,DN4)和盖尔布·奥德(Guelb Aoude)(达尔·内马遗址10号,DN10)的居民主要都是谷物食用者,正如后来内尼日尔三角洲的迪阿·肖玛(Dia Shoma)使用铁器人群的情况。想要使研究者区分这些例子中开采的谷物种类到底是驯化的还是野生的,尚有很多工作要做。

2. 热带植物种植系统

非洲农业系统中其他植物种植的部分,在非洲西部和中部的森林、森林-稀树草原交错的地块中得到了很好的记录。通常,它们生长并扎根于非洲大陆上较潮湿的地方,但也会见于稀树草原之类的环境。赤道地区能够提供的生存资源种类足够充实。这些资源包括可用于制盐的树叶和树皮;不同种类的水果和坚果;一些哺乳动物、鸟、昆虫、幼虫和软体动物;鱼和其他水生资源,及薯蓣、根茎和其他块茎,作为碳水化合物的来源。在撒哈拉以南的非洲,野生薯蓣的种类和多样性令人印象深刻(Coursey 1967，Hamon 1988，Hamon et al. 1995)。它们从塞纳加尔南部到刚果盆地的赤道森林均有分布。据推测,非洲薯蓣源自几内亚薯蓣(Dioscorea Cayenensis-Rotundata)群,其在非洲科特迪瓦到中非共和国所在的地理区域内被驯化。

但是,植物组织通常保存状况很差,考古学对植物系统的观察程度受到这一情况的严重制约。自距今约4000年以来,薯蓣似乎是金坦波区域人群饮食的重要组成部分。"石锉"和"陶管"的分布,可用来评估金泰姆珀复合体的区域扩展情况,其广泛分布表明了薯蓣消费的普及。它可能是大部分金坦波的主食,在文化区的北部与粟一起食用。薯蓣植硅石见于比利姆的一件石锉上,表明这些器具——陶管、石锉——是用来给块茎削皮的。

油料作物,比如油棕(ELaeis Guineensis)、牛油果树(Butyrospermum paradoxum)和橄榄类坚果(Canarium schweinfurtii),是生存景观中不可或缺的部分,它们均得到了不同程度的集中开发,通常受到人们的保护。棕榈仁可见于加纳、喀麦隆南部、加蓬、刚果和中非共和国等地遗址的考古记录(图3)。尼日尔三角洲距今约 5000 年的沉积物中发现有油棕的花粉。从距今约 7000/5000 年开始,大部分赤道雨林见证了大多数水道沿岸植物种植系统的发展(Eggert 1993;Gouem Gouem 2005;Zangato 1999,2000)。加蓬的奥果韦河沿岸、刚果的刚果河及其支流沿岸,中非共和国的瓦姆河与洛巴耶河沿岸的情况便是如此。非洲大陆这一区域研究中的文化序列,表明了石器时代晚期零散觅食者的存在,这些觅食者使用细石器和较晚期的陶器,其之后——在公元前 1500 到前 500 年——是使用铁器的人群。大多数遗址为一系列成组或孤立的灰坑。喀麦隆南部、加蓬、刚果、刚果民主共和国大部分地区的聚落规模未知。它们很可能是小块宅地,有少量房屋,为大家庭或宗族居住。船,可能是运输和交流的标准方式。

在刚果和乍得分水岭之间的中非共和国布阿尔巨石地区进行的研究项目(Zangato 1999,2000),在性质上很不一样。整个地区面积应超过 1000 平方公里,其经过了调查,所有遗址和具有考古价值的点均被标记在地图上。已有的考古记录包括巨石遗迹、居住遗址、采石场、冶铁作坊和墓地。布阿尔地区位于阿达马瓦高原的东部，森林-稀树草原交错带的北缘。在过去10000年中，植被有几次变化，但其作为带有沿河森林"画廊"的高海拔草原相当稳定。实际上，几乎所有的巨石遗迹都位于或极靠近溪流与河源，仿佛是用于对这一地区的文化映射。整个地区，由居住区、采石场、巨石建筑、墓地以及后来的冶铁作坊构成，似乎包括了互补的生存区：一条溪流或河流、两岸的一片森林，一系列梯田或略微倾斜的土地，最高处是高原剩下的部分。尽管如今人口密度更高，但整个区域仍有丰富的野生薯蓣（Hamon 1995）。

在重要的早期村庄，据巴林贝（Balimbé）、格巴比利（Gbabiri）和布布恩-克珀格贝雷（Bouboun-Kpogbéré）等地的记录（Zangato 2000：18 - 23），所有规模小于1公顷的聚落，与无墓葬的巨石建筑一起，从石器时代晚期后段开始发展。从约公元前900年开始，冶铁术和铁器生产扩张到这一区域。像纳纳-莫德之类的村庄在规模上有所扩大，巨石有两个用途，分别是用于墓葬和"团体"纪念碑。具有单次葬和陶器装殓火葬遗存的墓地，成为文化景观的组成部分。上文所描述的聚落区域的一般特征，表明了依赖于植物栽培活动来满足生存需求的定居社群的存在。"油棕在热带雨林中至关重要。其坚果可以生吃或煮熟、烤熟食用，同时，油棕树其他各部分还有多方面的用途，比如充当建筑材料、作为制备棕榈酒的原料等。此外，从坚果中提炼的油，满足了森林人群大部分的脂肪需求"（Eggert 1993：324）。棕榈树通过人类活动传播，并在滥伐森林的过程中种植；但在"工业时代"之前，它从未成为栽培品种。这样的森林滥伐可能对经历了驯化过程的薯蓣的存续与传播非常关键，但其驯化过程仍令考古学家困惑。

　　马来-波利尼西亚植物的加入，丰富了非洲植物种植系统。马来-波利尼西亚植物通过连续的"浪潮"抵达非洲大陆，其登陆东非沿海的时间尚不确定，很可能是在公元前第二千纪末。最近在喀麦隆南部发现的公元前 500 年左右的香蕉植硅石，表明了马来-波利尼西亚起源植物的抵达年代要早得多。乌干达曼萨（Munsa）的发现，对当前公认的观点提出了有力挑战（Lejju et al. 2006）。芭蕉科植硅石的存在，表明前殖民地班约罗（乌干达）东南部的曼萨，在公元前四千纪晚期有可能存在香蕉。如果得到证实，这一发现将对于我们理解非洲植物生产系统起源产生深远影响。香蕉、芋头和其他芋芋植物的传播引发了饮食方式的根本转变，并导致了东非腹地和大湖地区文化景观的深远变化。这些栽培作物的累积效应，可能也促进了人口的增长。15 世纪之后，美洲植物玉米、木薯和可可的引入，为非洲农业的复杂历史又增添了新的层次。

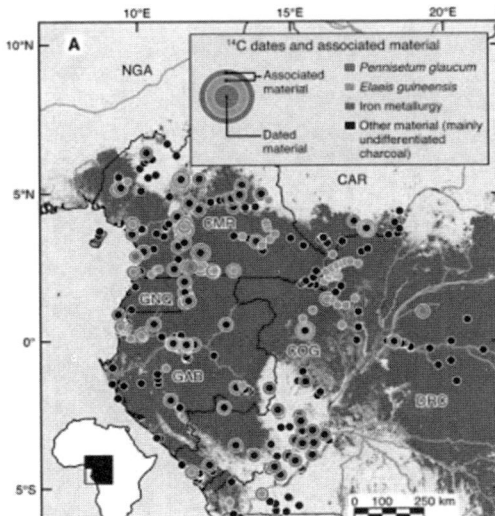

图 3　赤道雨林的考古遗址（图片来源：Eggert 1993：305）

第●部分

创造与革新

小 引

过去的非洲人是怎么思考的？"思维"难以定义。它是什么，或不是什么，任何人可能都有一套想法。但没有人会否认它作为人类生活关键"组织实体"的效能。在考古学中，存在着一个基础性挑战，即发展理论、方法论和研究工具去强调、解释和理解史前的认知（D'Andrade 1995，Mithen 1996，Renfrew and Zubrow 1994）。在不同程度上混合了神经科学、语言学、物质文化分析、相对主义哲学和解释论的考古记录的认知方法已经被提出，并以多种方式发展。人类的认知器官几乎涉及日常生活的方方面面。但是，其深远影响可在人类出现和发展过程中的许多领域中被观察到，这些领域是：（1）利用石头、黏土和金属制造工具的能力；（2）抽象思维和计划能力的发展；（3）口语和书面语言的发展；（4）自我意识和共情的能力；（5）"艺术"表达的出现与扩展。

这一重要而持久的文化革新在过去 20000 年里在非洲大陆成形。本书这一部分选择了和这一革新有关的众多主题，它们是：（1）艺术表达；（2）聚焦于冶金术出现的创新；（3）作为自我意识和共情延伸的丧葬活动。如果坚持严格的渐变论，便无法理解这些人类心智的基础"产品"，而这些产品所具备将人类塑造成如今"模样"的基本特征。它们是或多或少的独立因素偶然交汇或在不可预知情况下交汇的结果。这样的环境促成了新颖性的产生。尤其难以想象的是口语产生的渐进模型。它是否开始于（1）为事物命名的词典；（2）动词；（3）形容词；（4）副词；（5）语法；（6）时态，现在、过去、将来；（7）句法；等等。当代口语可能在短时间内发展迅速。图像制作可能也是如此：在颜色、线条的精确度和表达的呈现等方面。肖维岩洞（Chauvet Cave）和拉斯科洞窟（Lascaux）的图像并无显著差异。前者距今 35000 年，位于阿尔代什（Ardeche），后者距今 15000 年，位于比利牛斯（Pyrennése）。勒罗瓦-古尔汉（Leroi-Gourhan 1965）为欧洲洞穴艺术发展提出的渐进模型已遭到了反驳。

心智"产品"的关键特征是"灵光乍现"。然而，一旦出现，它们往往会约束和塑造人类的行为和文化。

第 4 章　非洲岩画

简　介

　　第二次世界大战之后，非洲岩画艺术研究持续而稳定地远离描述性分类的方法。探索是持续的，很多新的遗址纳入视野。在北部的撒哈拉和南部的南非共和国，岩画遗址的密集程度最高。通常，山脉和高原、岩棚和洞穴的岩画遗址分布密度较高。在包括马格里布的非洲北部热带地区，岩画遗址集中发现于摩洛哥的阿特拉斯山脉、毛里塔尼亚的达尔·蒂希特-瓦拉塔悬崖（Holl 2002）、马里的阿德拉-恩-伊佛加（Adrar-n-Ifogha）、尼日尔的阿伊尔及其周边地区，阿尔及利亚的塔斯里·恩·阿吉尔、利比亚的塔德拉尔特-阿卡库斯、乍得共和国的提百斯提（Tibesti）、埃及-苏丹边境的杰贝·乌韦纳特（Djebel Uweinat），以及尼罗河谷沿岸的努比亚沙岩悬崖（Muzzolini 1995）。在非洲大陆的南部，岩画艺术遗址点主要发现于南非的德拉肯斯堡山脉（Drakensberg）和南非高原、纳米比亚的布兰伯格（Branberg）、津巴布韦和赞比亚高原的岩石区。岩画艺术传统同样也见于非洲大陆东侧的埃塞俄比亚高地、索马里、肯尼亚和坦桑尼亚，非洲西部和中北部的安哥拉、加蓬、中非共和国与喀麦隆，还有西非荒漠草原的布基纳法索。

1. 图像制作：具有挑战性的多样性

贯穿本章的基本论点是，过去实际上便存在着诱使智人绘画的相同的基本动机，不过，相对晚近的商业需求是个明显的例外。图像制作涉及人类心智、技术、时间/计划调度和地点。在日常意义建构中扮演了中心角色的认知操作，也是普遍适用于推理、思考和理解的相同操作（Fauconnier 1997：189）。认知，是将所有其他变量结合在一起的关键部分。

突出的认知特性如何进行运作的研究，是认知科学的一部分，其对人类学（D'Andrade 1995）、语言学（Fauconnier 1997）、考古学（Mithen 1996，Renfrew and Zubrow 1994）有重大影响。人类的概念网络是通过类比和隐喻映射复杂地建构起来的。不同领域之间的映射，是人类生产、传递、处理意义的独特认知能力的核心。它们在意义的共时性结构和历史性演变中具有关键作用（Fauconnier 1997：18）。映射这一概念是指从一个领域传递到另一个领域的过程，这一概念对作为文化现象/知识的岩画艺术的系统性调查至关重要。岩画艺术明显是通过媒介——岩石表面——传递图像、记号、标志的结果。图像、记号、标记在每个艺术家的心理空间传输，并以图像语言构成。

根据自己的专业水平，艺术家们可能掌握了一些在合适可靠的岩石表面进行工作的绘画技术与知识。计划表现的物件、图案和场景的选取，是艺术家们的文化底蕴和创造力之间持续互动的产物。根据情况，文化传统可能在设定表现社会敏感问题的标准方面起主导作用。创造性的一面则主要掌管启动新的表达形式、主题与图案的新关联，甚至新的意涵。研究者面对的挑战，是设计足够全面的理论和方法，以涵盖更广泛的可能情

39

况,同时这些理论方法还需要足够微妙,以适用于"个别"的发现或局部特性。

非洲岩画艺术研究包括多种理论和方法论取向,在此不详述。岩画图像被用于研究气候变化、文化演化模式、岩画风格或流派的地域分布和时间顺序(Aumassip 1993,Muzzolini 1995,Muzzolini and Bocazzi 1991),以及从认知方法到诠释方法的最新发展(Lewis-Williams 1983,Lewis-Williams and Loubser 1986,Smith 1993)。

不过,有一个常见的假设横剖了上文概述的所有流派。岩画艺术研究中处理的所有图像均被视为"成品"——如艺术家们所预期的那样,未给草绘错误、粗略草图、未完成图案或被遗弃的尝试留下空间。就岩画艺术研究而言,过去的图像制作者似乎是完美的。他们总能有头有尾地实施他们的创作。事实应当绝非如此,但这一点不能通过假设推断,只能通过考古证据论证。这是通过对各个图像制作方式详尽而严格的分析来完成的。这一分析基于操作链原理,涉及技术动作安排和延续的重构,以及它们如何调整以适应图像、景象和嵌板的生产。"在艺术史中有技术方面:必须学习如何创造和制作精美的绘画。在必要技术缺乏的情况下,这样的绘画是不可能被画出来的。透视就是一个很好的例子。还有很多其他的例子。从这个角度来说,艺术史和其他很多技术的发展类似,比如冶金术。"(Gombrich and Eribon 1991:68)

2. 北半球

非洲岩画艺术传统多种多样,包括刻在石头表面的图像——岩石雕刻(Petroglyphs),画在室外、岩棚和洞穴的图像,还有两者结合的作品。雕刻技术更为常见也流传更广，包括开槽、减地、琢、磨光，以完成雕刻。而绘画似乎更局部化，常见于岩棚和洞穴，这些地方更有利于它们的保存。年代问题已经让研究人员争论了相当长的时间。亨利·洛特（Henry Lhote）将撒哈拉地区的材料分为四个主要阶段。第一个阶段，也是年代最早的一个阶段，为"羚羊期"（Bubale Period，Bubalin），这一时期的图像内容为大型野生动物，包括大象、长颈鹿、河马，这些图像被认为是由更新世晚期的觅食者创作的。其后为"牛期"（Bovidian Period，Bovidien），这一时期图像为家畜，开始是牛，后来是绵羊-山羊，暗示了全新世中期早段的游牧社会。"马期"（Horse Period，Caballin）是第三期，表现了不同背景和情境中的马，有带马车的，也有不带马车的。最后一期是"骆驼期"（Camel Period，Camellin），显示了不同情形下——在战争或狩猎，乃至旅行车队中——的骆驼。洛特的分期系统被采用，并根据各地情况进行修正和调整（Mori 1998）。墨佐里尼（Muzzolini，1995）提出了一种适用于所有全新世中晚期撒哈拉岩画传统的替代性年表。被记录下来的区域传统，之后在一系列形态学属性和图像属性的基础上，被划分为"流派"。最近的方法，尝试探索绘制和雕刻于岩石上的图像的文化含义（Lequellec 1993；Holl 1995，2002，2004ab；Smith 1993，2005）。精心制作的图像作品集中于撒哈拉中部的塔斯里·恩·阿吉尔地区（Lhote 1976，Muzzolini 1995）。雕刻一般用于分类。但是，如对毛里塔尼亚达尔·蒂希特的图像严格分析所显示的那样，它们能揭示关于图像制作者更多有趣的信息。

40

图4　阿尔及利亚塔希里-恩-阿贾尔地区（Tassili－n-Ajjers）提卡迪欧尼（Tikadiouine）的绘画

研究视角

　　撒哈拉岩画研究包括多种多样的理论和方法论取向（Aumassip 1993；Calegari 1993；Davis 1984，1990；Dupuy 1998；Esperandieu 1952；Hassan 1993；Le Quellec 1987，1993，1999；Lhote and Thomasson 1967；Lhote 1970，1975；Monod 1938；Mori 1965，1998；Muzzolini 1995；Muzzomolni and Boccazzi 1991；Smith 1993；Striedter 1983）。以上提到的研究取向涉及时间维度、技术、专门知识；对岩画创作和图像制作过程主要部分的均衡分析而言，另一个同样重要的因素是位置上的，围绕着空间问题。如今记录的岩画地点的空间分布，无疑是很多不同区位决定的结果，从游玩、休闲的情况，到有目的性的、深思熟虑的情况都有（Bradley 1994，Coles 1999，Eogan 1999，Hartley and Vawser 1998，Holl 1994，Holl and Dueppen 1999，Ouzman 1998）。我们可以假设适合进行图像制作的岩石表面平均地分布在特定的区域。在同一地区进行的考古调查揭 [41] 示了岩画地点的实际分布并不均匀，在某些地方存在空间偏差。乍一看，产生的问题是：岩画地点在哪里？它们是在居住空间之内还是之外？或者它们是否见于景观的特定部分？无论哪种情况，观察到的分布模式是怎样的？为什么呢？

图 5　东开普省的迷思之舞（trance dance）

毛里塔尼亚达尔·蒂希特的岩画

达尔·蒂希特地区的岩画恰巧与居住特征交织在一起，其为以上提及的研究视角提供了极佳的测试案例。对于撒哈拉大多数岩画传统来说，情况并非如此。这些岩画一般所在的地区特征模糊或无居住特征，如塔斯里·恩·阿吉尔地区、阿伊尔地区、阿特拉斯地区、阿德拉-恩-伊佛加地区所见。但塔德拉尔特·阿卡库斯-乌安·阿福达（Tadrart Acacus-Uan Afuda）、乌安·泰勒寇特、乌安·姆胡基亚哥、提-恩-哈那卡腾则明显是例外。

达尔·蒂希特：背景与图像库

达尔·蒂希特地区长 44 公里，宽 15 公里，是位于撒哈拉沙漠西南部的毛里塔尼亚中南部沙岩悬崖构造的一部分。石器时代晚期的农牧人群在约公元前 2000 年至前 400 年时在这一区域定居。他们饲养牛和绵羊/山羊,种植御谷,也进行狩猎、捕鱼、采集野生谷物等营生(Holl 1985,1986;Muson 1971)。石器时代晚期农牧人群占据期间始终发展聚落系统包括利用石砌技术为居住特征的主要村庄,还有间歇性遗址——其为带有零散文化遗存的旱季营地。主要村庄一般位于沙岩悬崖的顶部,俯瞰多沙低地,多沙低地中有小型湖泊和淡水池塘。根据规模,各村庄可分为小村庄、一般村庄和大村庄(图 4)。从公元前一千纪中期开始,这一地区废弃,恰在气候条件变得特别干旱之后。这一过程的细节尚鲜有调查(Holl 1986,MacDonald 1998),有人认为原始柏柏尔人(Proto-Berbers 或 Libyco-Berbers)后来扩张到了这一地区。这一推断完全基于岩画证据,暗示了聚焦于高度机动性的文化领域以及狩猎、战士精神的存在。这些人群似 ⁴²乎在未建立自身建筑风格的情况下,便开始对早期聚落特征进行机会主义式的利用。很久以后,在"中世纪",将北非贸易城镇和苏丹比拉德西部的奥达戈斯特(Awdaghost)、昆比-撒勒(Kumbi-Saleh)、瓦拉塔(Walata)、摩玛(Mema)等地联系起来的商队穿越达尔·蒂希特。一些较晚的图像为晚近"中世纪"商队成员所制作的可能性很大,但这一点却很难为直接的考古资料所证明;各处几无线索。 ⁴³

在过去四十年中,达尔·蒂希特能够提供的岩画资料集合得到了记录。在 1968 年,P. 蒙森(P. Munson, Munson and Munson 1969,1971)记录了一系列阿克赫里吉特(Akhreijit)附近一个叫作布莱德·伊尼提(Bled Initi)的小村庄的图像。这些图像包括年代可能在公元前 650 至前 380 年之间的牛车

(Munson and Munson 1971:354)，还描绘了一些大型野生动物。亨利-让·于戈（Henri-Jean Hugot）主持的"达尔·蒂希特史前项目"（Mission Prehistorique du Dhar Tichitt）于1980年进行的地区调查，记录了遍布整个地区的数百处岩画地点，其主要集中在若干遗址。其中有两例画作，主要是雕刻。这些岩画描绘了人类、单独或成群的驯化动物和野生动物、带围墙的场地，还有抽象图案（Beyries and Boeda 1981）。在1981年，在阿克赫里吉特的一个遗址中对岩画进行了更为密集的记录和地点标注，这导致了更多的发现（Amblard et al. 1981/82，Amblard and Vernet 1984）。可用的资料库是多种多样的。一些遗址经过了彻底的调查，其他很多遗址仅进行了抽样。蒙森二人（1969，1971）尝试按照R. 莫尼（R. Mauny 1954）、T. 莫诺（T. Monod 1938）和H. 洛特（H. Lhote 1975）制定的年代顺序来整理他们的发现。

操作链与图像制作

"操作链"概念涉及各种技术动作的时间次序和调度，对这一概念的运用，是实施岩画过程分析的逻辑结果。制作图像，或多或少要使用一系列精心制作的工具、技术和知识。焦点仅集中于制作图像的过程、手法如何，以及怎样与前后步骤衔接。按照这一原理，保持技术连续，操作序列的长度相当近似于图像制作投入时间的函数。在以上提到的观点中，人们可以根据完成岩画所需要的时间长度，来排列石板或遗址中发现的岩画。每一个循环序列都可被视为一个操作链、一个差不多的制作岩画的一般方法。此后纳入考虑的是"遗址内"和"遗址间"的变化问题，在对这一问题进行假设，并结合已有数据进行评估后，可对进一步的调查做出建议。

　　达尔·蒂希特记录中的所有雕刻岩画归属于两类,较早一类的岩画表面有"深色铜锈"(Dark Patina,DP),较晚的则以"浅色铜锈"(Light Patina,LP)来表现。两类图像,均采用点刻技术制作,并带有一定的变化。点刻技术有两种,一种用石锤,一种不用。头一种技术,工具要让艺术家称手,同时,分量和硬度也 45 得足以刻得动选好的石材表面;第二种技术,锤子要和石片、刀片或小块金属等媒介工具一并使用,来雕刻选好的石面。由于所有已知的图像都是二维的,所以制作者可以仰赖欧氏几何的简单原理。点刻能够制作出不同的点、线、面的图案,以及以上部分或全部图像元素的多样组合。在这一点上,有一个方法论上的小难题:为破译这一操作链,采用的最相关的标准是什么?理想情况下,较为明显的基本分析单元是点刻工具一次打击形成的点。但在实践中,弄清楚绘制一条完美线条所需的点数,绝非易事。因此,这里所利用的标准,包括了方向较大变化之间相对直的线条。方向上的任何重大变化,都依赖于其与前一行的角度,这些变化需要工具的重新定位和手、臂膀乃至最终雕刻者整个身体的重新调整。由此,直线会被用来作为等同于技术序列的代理单位(图 4)。这些方法被用于不同遗址的岩画上——这些遗址包括季节性营地、小村庄、一般村庄、大型中心村庄,而这些方法根据一系列标准进行运用,其将主要表现的动物种类作为关键参数。

图　　像

　　达尔·蒂希特的小村庄布莱德·伊尼提的一个地方,长颈鹿、犀牛和种类不明动物为代表的野生动物被记录下来。它们都是"深铜锈色"（DP）图像，似乎未被组织为连贯一致的作品。不过，根据蒙森二人（Munson and Munson 1971：342）的研究，一些图像见于村庄内，大部分则散见于村庄周围不远。

阿克贺莱吉特是一个 12 公顷的村庄，坐落于达尔·蒂希特中部悬崖的顶部。有 119 幅图像，可分为两组。"深色铜锈"（DP）的一组有 65 幅，"浅色铜锈"（LP）的一组有 54 幅。名为齐格·哈伊尔（Chegg el Khaill）的村庄，有 109 幅图像，分布在 42 块石板上，可分为 4 组。在 21 幅牛图中，有 15 幅描绘了有乳房的奶牛。特里亚（Telia）遗址群的小村庄和营地共有 65 幅。27 幅分布于特里亚 I 号地点的 8 块石板上，22 幅分布于特里亚 II 号地点的 10 块面板上，16 块分布在特里亚 III 号地点的 4 块面板上（图 4 和图 5）。

达尔·蒂希特的图像传统：生成模型

迄今为止，对达尔·蒂希特图像制作所涉及的技术分析，在很大程度上仍依赖于刊布记录的准确度和质量——其至多算是参差不齐。尽管有这一困难，达尔·蒂希特岩画创作所用操作链的重构，却凸显了每一个采样遗址的特殊性。14 种操作链被重建起来（图 5）。结合技术、代表性图案、光泽性质来看，被记录下来的操作链可被分为两大类。一类包括了高度同质的小尺寸图像，描绘的是单个或成群的骑马者、骑骆驼者、单峰骆驼、野牛和鸵鸟。这些图像用点刻或锤击法制成，有"浅色铜锈"（LP），并可分为三个级别：LP0，LP1 和 LP2。另一类更加多样，主要由不同尺寸的"深色铜锈"（DP）图像构成，描绘的形象以牛为主。其可分为从 DP0 到 DP10 共计 11 个级别。

如果已知操作链的安排是依据其长度——创作一幅图像的

所需的时长,则 LP 图像所需的时间要少得多。除了布莱德·伊尼提,它们在其他所有采样遗址均有发现。而之所以未见于布莱德·伊尼提,可能是因为这一地区的考古记录进行了选择性描述(Munson 1971)。

就涉及岩画创作的时间维度而言,达尔·蒂希特的资料可分成 14 种操作链,这 14 种操作链可被勾勒为带有两个主要分支的树状结构。每个分支代表一种图像模式,其带有少量精选 ⁴⁶ 的图案和制图技术。九种复原的操作链,包括 LP0、LP1、LP2、DP0、DP1、DP2、DP3、DP4 和 DP5,可以对应时间要求范围的下限。DP6、DP7 和 DP8 这三种则需要更多时间,对应时间范围的中段。最后,DP9 需要在制作图像方面投入极多的时间和努力,其显然对应于上限。一些图像的创作活动范围可能从休闲的娱乐性活动到更具象征意义的活动都有。

调整图像:向大型作品学习

目前为止,讨论集中于涉及图像制作的技术过程的调查。这可能落入为刘易斯·威廉姆斯(Lewis-Williams)和卢伯瑟(Loubser)(Lewis-Williams and Loubser 1986:253 – 262)所指责的经验主义范畴。他们指出了一个所有研习史前艺术的学生共同面对的关键问题:"在毫无所探究文化相关知识的情况下,如何能将荒诞的关联与重要的关联区分开?"(Lewis-Williams and Loubser 1986:259—60)不过,对于这一关键问题,他们给出了所罗门式的回应和令人惊讶的回旋:"似乎没办法做这样的区分。"(Op. Cit. 260)

车布卡(Chebka)的赭红绘画

大型村庄车布卡的岩棚发现的赭红线绘在达尔·蒂希特的

考古记录中非常独特（MRPT 1980：70—71，Holl 1986：146，150）。图板上包括三幅图像，一幅是牛，两幅为人，其中一人拿着镰刀式的工具。他们是红色的，他们的轮廓是由笔刷绘出的。不幸的是，完整的面板没能被记录下来，没能留下三幅图像准确的相对位置。尽管如此，这三幅图像被画在岩棚中的同一面墙上，这一点却是清楚的。由于这些原因，图像中的 A 元素和 B 元素将会被分别处理。乍一看，两种图像似乎仅仅是未完成的更具雄心作品的草图。也许有人会说，绘者或许计划之后通过起草头部完成这一作品。是这样吗？对图像的细节分析可以澄清这一问题。

两部分图像的总面积为 4.2 平方米。人物形象所占面积超过了 2.21 平方米，大型牛和镰刀式的工具占据了 1.04 平方米的作品空间。按比例对作品不同元素更近距离的观察，揭示了一个近似数学规划的嵌套层级结构，0.24—0.38 的空间给工具和动物，0.5 的空间给人，最终，绘制的作品相对于其画框——岩棚的比例为 0.75。

这一研究可以在更好的层面上更加深入细节。在这里，分析聚焦于绘画的基本图像结构。这一结构由其画面部分比例来衡量。人物图像的严谨和平衡，是通过在腿长和躯干长之间运用严格的比例来实现的，比例的量级在 1.00＋/－0.16。很明显，牛的图像也使用了类似的模式，其四肢/躯干比例为 1。车布卡村岩棚的赭红色画像似乎是执行严密作图规则的结果。从这一视角来看，图像 A 中头部的缺失，更可能是有意为之的结果。这一作品涉及的主题，与达尔·蒂希特新石器时代晚期农牧经济的两个基本要素相关。或可提一个合理但仍显投机的推测：大型牛科动物，可能是一头牛，代表了畜牧业，而工具，虽然模糊,但可以代表谷物农业。岩棚中绘画的位置,可能对于"未经授权的"的个体来说是禁地,这一位置显示了其与礼仪活动相关的可能性。这一礼仪可能是孩子的成人礼。在这样的情形下,图像可能确实非常有效,"在一定程度上,它们有影响即便是(或特别是)最年幼观者的潜力,不仅是在情感上影响他们,而且是在长时段的行为结果上影响他们"(Freedberg 1989:5)。 *47*

阿克赫里吉特的"雄伟公牛"(**Monumental Bull**)

"雄伟公牛"长 4.6 米,高 2 米。其位于阿克赫里吉特的东南端,在一个干燥的深谷之上,位于长 10 米、最宽处 3 米的东西向自然走廊的墙壁上。据阿姆布拉德等人(Amblard et al. 1981/82:127)的说法,附近可能还有一幅牛的大型图像,遗憾的是,其可能过于残破,而无法被好好记录下来。这一图像可能是由蒙森二人(Munson and Munson 1971:348)刊布的,并被分到了与牛相关的图像组,而无更精确的遗址和位置信息。

对照片中可见的刻划线条交叉点的分析(Amblard et al. 1981/82:127)表明垂线是在水平线之后雕刻的。这允许我们复原涉及雕刻"雄伟公牛"的主要次序。线条最先是被点刻出来,然后雕刻,最后磨成 U 形刻槽。图像的位置高于地面,表明使用了脚手架。换句话说,每一个记录下来的公牛要素,都需要远比简单点刻线条更多的劳力,以及相应更多的时间。这一"雄伟公牛"似乎是分成六个主要"工作段"来创作的。这些"工作段"与步骤——本章中目前所用的操作链的基本部分——不同。它们是技术步骤重复率的集中,各"工作段"之间可能有很大不同。

审美评判是很难回避的。但这只是在旁观者眼中如此而已,这里并不打算处理这个问题。这一巨幅作品创作中投入的艺术家品味、技术、设施以及劳动量，使得其在达尔·蒂希特的考古记录中独树一帜。在没有支持证据的情况下，解释令人担忧。如果将石器时代晚期农牧生活方式纳入考虑，那么"放大"作为财富终极样式"发生器"的公牛，则是非常可能的。礼仪甚至宗教的考虑不必直接排除，但在关于这一题目的更多研究出现之前，最好先观察不作。

齐格·哈伊尔 B 地点的"牛主题壁画"

被称为"牛主题壁画"的作品位于齐格·哈伊尔 B 地点（Beyries and Boeda 1981：12—13），距最近的居住点约一公里。壁画被发现于最大直径 100 米的自然广场的墙壁上，向西方开口。这一开口为高 0.5 米、宽 1 米、由沙岩块砌成的墙所闭合，这样就创造了一个牲畜圈栏。在这一牲畜圈栏中，发现了一块磨石。这一地点可能是用作旱季营地。

牛主题壁画长 2.2 米，宽 0.5 米。它包括 7 幅图像，分成两层，六幅在上层，一幅在下层。创作这一壁画使用的操作链涉及 7 个步骤，可根据不同的原理进行分析。

如果这一案例所用操作链实施过程中涉及的连续步骤被纳入考虑，牛主题壁画可被解读为一幅练习草稿，因为每一个步骤都纠正了前一个步骤的错误。给牛主题壁画打草稿需要多长时间，仍是未知数。但是可以认为，它可能是某个在旱地营地牛栏里与牧群待在一起的牧民，在闲暇时间里对田园生活的沉思。

特里亚第 I 地点的狩猎场景

在特里亚第 I 地点记录了八块岩画石板。岩画点位于由六块带围栏场地构成的小村庄附近。小村庄则位于小而干的沟沿线上(Beyries and Boeda 1981:42)。其中一块石板,编号为石板5,在此将会详细探讨。"浅色铜锈"(LP)图像起草于水平的石面,且似乎是一整套里最精致的。不幸的是,其相对于其他石板的位置是不确定的。这块石板的面积是 6800 平方厘米。其由17 幅图像组成,这些图像的分布可分为两个子集,描绘了不同的狩猎方法。

探讨的这块石板描绘了三种不同的狩猎方法:子集 1 的图像中是拦截;子集 2 的主场景是包围;最后,子集 2 剩下的部分是追击。贾布斯(Gabus 1979)观察并描述了所有这些狩猎方法。奈马迪(Nemadi)是撒哈拉西南部一个已灭绝的文化群体,他们是以骆驼为坐骑的游牧猎人,在毛里塔尼亚的朱夫沙漠(Djouf Desert)追逐曲角羚羊和瞪羚。

描绘了骑骆驼者、骑马者和一些持矛者的"浅色铜锈"(LP)图像,被用来证明势不可挡的原始柏柏尔人入侵。在其他地方可能就是这样的情况。LP 图像传统的存在,无疑与撒哈拉南部和萨赫勒部分地区原始柏柏尔人的扩张有关。这一扩张远比"实施日入侵"和达尔·蒂希特考古记录中的 LP 图像复杂,这些图像多数涉及的都是平凡的生存活动。

塔斯里·恩·阿吉尔地区的图像

一种全新而稳健的图像学方法发展起来,用以探索撒哈拉中部史前图像的多重意义。提卡迪欧尼和伊赫仁(Iheren)图像的细节分析表明,它们是牧民生命周期的寓言。提卡迪欧尼的绘画概括并总结了牧民从童年到老年的社会生活中的关键阶段。绘画叙事的不同版本可以靠关联来解决,绘者可以在不同图像组之间绘制,以构成一个场景。提卡迪欧尼的叙事是由 7

49

50

个场景构成的，这 7 个场景呈螺旋状，始于整个作品的底部右端。场景 I 有四幅描绘行进中的牛（奶牛和牛犊）、绵羊的图像，显示出标准的放牧活动，是每个男孩所接受教育的一部分。场景 II 紧靠左侧，表现了姿态各异的野生动物和在右侧的两对年轻牧民；这是为必须学习对付野生动植物的年轻男性牧民提供的明确参考。一旦他们的知识和放牧技术获得认可，这些男孩就会经历社会蜕变的过程，即图像中心底部的场景 III 所描绘的成人礼。刚成熟的男孩成为社会中开始寻找妻子的年轻成人，这一追寻过程被描绘于顶端左侧的场景 IV 和顶端中央的场景 V 中。在场景 IV，三个同样年纪的年轻人和一只绵羊，应是在进行某种特殊的任务；而场景 V 则描绘了他们的目标，一个坐着怀抱孩子的年轻女人，面向年老的家长。由牛群和一头作为坐骑的牛组成的嫁妆，为完成婚姻事务、完全进入成人世界做好了准备。最后，一位成功年轻牧民的成人世界，是拥有独立的家庭，属于自己的牧群，这些被描绘在底部左侧，完成了从场景 III 中蹲下祝酒的年轻人到紧邻自己的墓群、拥有自己狗和弓的年轻人的转变。伊赫仁的宏大作品有更加复杂的设计，其有超过 500 幅图像，并被排列成若干画面。季节性游牧、聚集、打包、庆祝、守卫牧群防备野兽，全都展现在这宏大的寓言中（Holl 2004b）。撒哈拉岩画的精美作品似乎属于直白的叙述风格。

3. 南半球

在大陆的南部，重新释读的过程更加先进而彻底。刘易斯-威廉姆斯和他的同事、学生对南非桑人（San）岩画进行了深刻的重新阐释。这一重新释读基于两组不同而又互补的证据：（1）强调内视现象普遍性的神经学证据；和（2）19 世纪编撰的桑人活动和习俗的民族志证据。根据这一新的阐释,在处理灾祸(图 9)、治疗、天国和地狱时,史前桑人艺术在多个方面以萨满为特征(Lewis-Williams 2002,2003)。这一案例中采用的"阐释"方法,提供了通往古代桑人世界观和主流文化活动的入口。但是,这些世界观主导史前桑人活动的历史有多久远,这尚不清楚。如纳米比亚阿波罗(Apollo)11 号洞穴的彩绘石板所示(Lewis-Williams 1996),非洲南部岩画传统最早可追溯到距今27000 年前。在这么长的时间里,宗教活动是否未曾改变? 还是 19 世纪民族志的相关性可追溯到很久以前?

萨满教

在史前图像制作传统的解释和理解中,关于萨满教相关性的讨论非常有趣(Lorbalnchet et al. 2006)。在认识论的基础上,(1)它强调,在建立关于过去行为特征的合理解释时,利用多方面的证据。(2)它提出一个更严格的尺度,来判断什么可被当作"萨满行为"的图像,并假定并非所有的图像,而是只有一些图像萨满化了。(3)萨满论的时间顺序背景仍然模糊不清。最后,(4)困扰这一问题的语义学定义和术语定义,从未被当成一个研究问题。重要的是有效的定义。

有趣的研究问题并不是"是或不是萨满教"。刘易斯·威廉姆斯和他的同事在非洲南部古代桑人图像制作的理解上取得了重大突破。旧石器时代晚期洞穴艺术的萨满阐释,很大程度上取决于史前采猎人群的情况。赞同旧石器晚期洞穴绘画采用了萨满方法的作者数量耐人寻味,而距离定论尚早。仅举一个例子,在近半个世纪的时间里,反对达特(R. Dart)关于非洲南方古猿的发现的古生物学者数量惊人,但是最终他们成了争论中

51

错误的一方。关于非洲南部岩画,宗教的、象征的、解释的方法并不有助于理解觅食者生活的错综复杂。

> 在其极端的表达中,这种巫术-宗教范式不仅导致了岩画研究偏离轨道,而且在最坏的情况下,它将早期人群歪曲为脑子里装满神秘事物的迷信傻瓜。但是,旧石器时代艺术的证据讲述了一个截然不同的故事;它描绘了人们与复杂地球种种细节的密切关联。宗教图像可能确实出现了,但它们只是更广泛的经验拼图中的一部分。(Dale Guthrie 2005:10)

一幅图像还是所有图像

围绕着历史科学的核心,有一些有趣的议题——在这一案例中,就是证据的选择和时间维度。最引人注目的一个方面是图像的选择性利用。并不是所有的图像都是萨满教的,有些是,有些不是。在现在的主流方法中,非萨满图像被归入"无证据"的类别。人们可以围绕这一简单的想法建立复杂的论证网络。每个遗址图像数量的差别非常大。一种解释论方法主张,消除"成组作品"存在的可能性,则没有为更新"图像复合体"研究的更新留下空间。由于过分强调古代桑人图像制作的非叙事特征,研究者们没有任何可逆的方式观察史前洞穴墙壁上形成的"空间句法"。如乌科和罗森菲尔德(Ucko and Rosenfeld 1967)很久以前在其驳斥勒儒瓦-高汉/拉明-昂珀雷尔对法国西南部洞穴绘画所采用的结构方法中所提到,不同尺寸的关联是什么?为什么选择不同的颜色?那么物种选择呢?所有这些属性都有助于图像的形成和图像传统的生成(Lorbalnchet et al. 2006)。

撒哈拉的案例从独立的雕刻品到非常精致的组图都有,后者多数分布在撒哈拉中部,在塔斯里·恩·阿吉尔(阿尔及利亚)。这些精美组图中,有少量采用高度集成的图像学方法进行了分析(Holl 1995,2004;Holl and Dueppen 1999)。不同的方法也得到了提倡(Le Quellec 993;Smith 1993,2005)。史前画家必须被认真对待;他们可能对他们自己的社会有抵触的看法,他们自己对特定图像的解释可能随着时间空间而变化。作为过去的学生,考古学家从根本上讲是局外人。他们依赖于一系列研究工具、方法和技术,去破译史前图像的内容、主题和含义。

何时发生?

从理论上讲,在应对长时段社会变迁时,必须钻研年表这一难题。"罗塞塔石碑式"的 19 世纪的大量民族志材料,使得人们能够前所未有地探究古代桑人图像的含义,但这也带来了其自身的难题。来自 19 世纪民族志的发现可以往前追溯多远?我们在何地、在何时,在非洲南部岩画中能得到萨满活动的最早证据?欧洲最早洞穴绘画(肖维岩洞)的年代为距今约 35000 至 33000 年。撒哈拉以南非洲最老的案例,来自纳米比亚的阿波罗 11 号洞穴,距今 27000 年。这些绘画是否从一开始就已经是萨满活动的表现形式?还是在后来的适应性变化中这种活动才发展起来,以应对生活中的风险和危害?

实际上,除了狩猎-采集者共同的情况,旧石器时代晚期背景和古代桑人的背景之间有很强的共性:在大冰期晚期,欧洲西南部弗朗哥-坎塔布连(Franco-Cantabrian)地区的深切丘陵地貌很可能很难处理。在非洲南部,古代桑人在首次对抗扩张的班图(Bantu)农民(而非牧民)时,沦丧土地,从 18 世纪开始,对抗的则是欧洲移民。桑人被赶到了最荒凉的土地上。可以预见的是，文化活动将发生改变，转向"新意义的建构"。南非晚期岩画中的马、战车和枪支图像就是这样一个例子。它表明了当前实际社会生活危机对图像表达方式的渗透性。

总　结

当前非洲岩画研究的新潮流强调岩石表面图像特征的社会用途（Holl 2004b，Lewis-Wiliams and Pierce 2004，Smith 2005a）。在撒哈拉和非洲南部，有非洲史前图像中最精致的成组作品，它们似乎涉及思想和符号的世界，没有任何一幅是对觅食者或游牧者生活场景的"自然主义"表现。遗憾的是，寻求更深层含义的强烈动力往往有消除不完美之处的倾向。就好像所有这些史前岩画作品，都是生存这一简单事实的杰作。几乎没有即兴创作的余地、未完成的作品或是计划外的游戏之作（Holl 2002）。过分确定则会存在很大的风险；一切似乎都特别合适，没有失败的尝试、过失、灾祸或错误。在过去，情况肯定是更加多样、多变且不可预测的。在未来，考古学家将必须设计新的研究战略，以解决和记录图像在社会利用中的不稳定性。

第 5 章　冶金与技术革新

简　介

在 1830 年代，哥本哈根的丹麦国立博物馆的管理人员克里斯蒂安·J. 汤姆森（1788—1865）有满满一地下室的来自国内不同遗址的考古遗物。他打算整理这些藏品，但年代标识物并不精准，难以评估。他提出了一个绝妙的主意：为什么不依据人工制品的材质来作为最好的近似标准呢？众所周知，史前人群制造和使用石器，后来又出现了金属，先是青铜，之后是铁。由石器时代、青铜时代和铁器时代构成的"三期说"出现了。这是陈列博物馆展品极其有效的方式。"三期说"的潜台词和国家自然历史博物馆的永久展品显然是人类技术进步的代名词。人类对材质和工具的选择不断进步，旨在提高效率。自然历史博物馆是当时科学与文化的标志之一。它们对科学与文化有重大影响，特别是对史前考古、古生物学、动物学、地质学等学科有重大影响。进步思想——"启蒙"的时髦说法——本身并不是问题。当它在目的论导向的历史研究中被当成一个目的论的术语被提出的时候，它就成了对人类历史进行真正探索的障碍。

1. 实用原则

"RAND"是"研究和发展"（Research and Development）的缩写，这是我们对技术采用的现代方法。技能和资金用于改善几乎所有方面。无论在实践还是意识形态上，大多数当代技术研究无疑都是实用的。但是，国家利益可能与严格的材料与技术需要背道而驰，并成为某类技术研究的强大动力或障碍。例如，法-英超音速飞机"协和"（Concord）的失败，就是一个相关的有趣例子。

遵循实用原则，人类历史差不多是一个通过发明提升效率的工具，寻求更好的技术适应性的长期过程（Bisson et al. 2000）。从这个角度出发，技术系统往往被视为"自我驱动的自治"组件。但是技术本身并不是一个独立存在。它最好被看成一个交互领域（Adams 1996：277）。

对西非全新世晚期社会技术革新影响的评估，一般是基于对新工具与材料效率的直观评估。人们希望它们能够加强对更多能源的利用、简化生产过程、提高生产率、促动重要规模经济的产生等。在西非冶金考古的背景下，人们普遍认为冶铁是一项具有准革命性意义的技术创新。

在非洲的南半部，情况完全不同。在这里，铁的到来，是一剂催化剂，将半个大陆从石器时代的昏睡中唤醒。近东地区食物生产革命，为随后的青铜时代奠定了基础。但这一革命仅渗透到了北非、尼罗河谷和红海海岸。（Van der Merwe 1986：464）

55

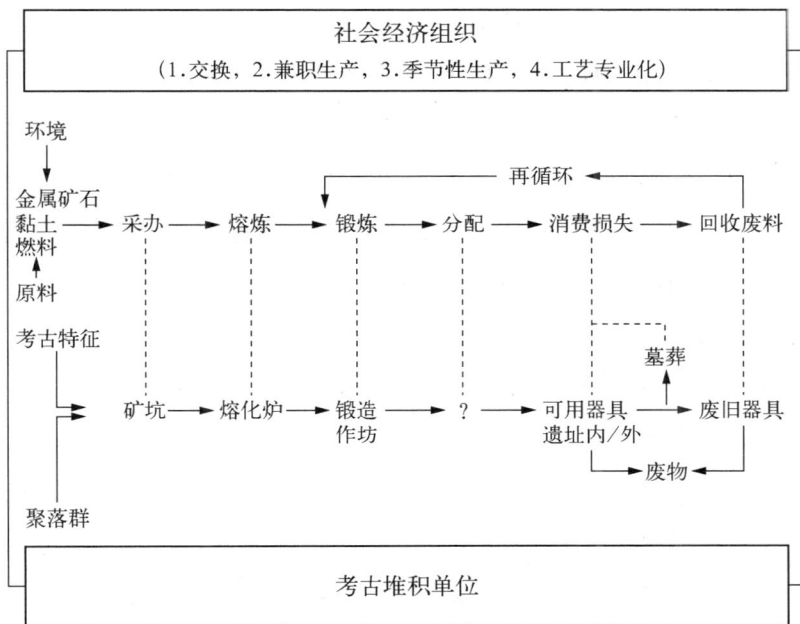

图6　金属生产流程图

　　这种实用原则的明确表述基于一系列假设,这些假设值得一提:(1)铁器在生产活动中效率更高,这是一个普遍而直观的特征。(2)这是一项具备真正"感染力"的技术,曾广为人知,很容易从一个社会传递到另一个社会,从一群人传播给另一群人。(3)任何人都可以轻松使用金属工具进行生产活动。这些假设至多值得商榷。早期伟大文明的考古记录并不支持这样一种观点。"早期文明中,农业工具一般仍然粗糙原始。印加人、阿兹特克人、商代的中国人依靠带踏脚的挖掘木棒来翻土,而他们的切割工具则是石头制成的。美索不达米亚人和埃及人使用轻便的牛犁来保持土壤水分,为种植备土。美索不达米亚人的犁装有钻子,以便播种。美索不达米亚人于早王朝时期就开始使用铜制锄头和镰刀,而埃及人迟至中王国时代,仍在用石片给切割

工具开刃。"（Trigger 1993：33）

就铁制品的使用而言，韦尔斯比（Welsby 1998：170）介绍了来自库什（Kush）王国的其他材料。他指出"库什人出于实用目的使用铁的最早证据可追溯到公元前 6 世纪早期。塔哈尔科（Taharqo）墓中出土的铁矛，最初是用金箔包裹的，这表明了它的特殊性质，以及其本身的重要价值"。内盖夫（Negev）铜石并用时代的数据表明，铜一开始本来是用于生产权杖、王冠之类的身份标志物，钉头锤头部之类的武器，而到了后来，才开始用于生产钻子之类的家用工具。

总而言之，尽管实用原则在普遍性和常识性方面具有"吸引力"，但在最早金属制品的案例中，它并不成立。罕见而珍贵的金属被制成身份地位的标志物——武器、私人装饰品、权力的象征，用来展示天生或赢得的社会地位。只是到了后来，几个世纪甚至更久之后，当技术被掌握并广泛传播，金属生产才开始涉及生产活动中使用的工具。

2. 非洲冶金术的起源

1952 年，R. 莫尼（R. Mauny）发表关于西非金属历史的论文，打响了西非冶金术起源讨论的第一枪。H. 洛特（H. Lhote）回应了那篇论文，并在《海外百科月刊》（*Encyclopédie Mensuelle d'Outre-Mer*）上提出了另一种观点。莫尼重新考虑了洛特的反对意见，于 1953 年在同一本期刊上做出了回应。这两位研究者（Lhote 1952；Mauny 1952，1953）为其成为极有趣的科学探讨奠定了基础（Bisson et al. 2000；de Barros 1990；Bocoum 2002，2006；Haaland and Shinnie 1985；Holl 1997，2004；Killick et al. 1988；Killick 2001，2004；Pringle 2009；Robertshaw 1990；

Schmidt 1997)。有趣的是,在 1950 年代早期洛特-莫尼的讨论中,少有令人信服的考古材料的运用。职业考古学家主持的考古发掘中出土了大量金属制品。铜器、合金铜器和铁器出土于杜舍芒上校(Captain Duchemin)和尤金(Jouenne)博士于 20 世纪上半叶发掘的塞内冈比亚的巨石遗址。讨论涉及两个关于西非冶金术起源的对立观点,即"单一起源"与"多点起源"。莫尼主张前者(1952,1953),而洛特主张后者(1952)。两个概念都基于建立在三段论结构上的相对严密的逻辑论证。

单一起源论

单一起源论源自 19 世纪一些学者的思想,如弗里德里奇·拉采尔(Friedrich Ratzel)在其两卷本著作《人文地理学》所述。拉采尔建立了一套连贯的文化变迁理论,阐明了两个基本要素:传播和迁移。他设计的方法论基于特征比较和分布地图,被广泛采纳,影响力很大。他对于非洲历史发展的立场简明直接。他所撰写的每一个重要文化革新,无论是农业、畜牧业、制陶术、冶金术、石质建筑等,均来自近东地区。这一假说,后来被称为"东方之光",在殖民时期占主导地位。之后非洲被认为是"落后"大陆的心脏,一个几乎所有文化和技术创新均是从更先进的中东文明接收而来的大陆(Arkell et al. 1966,Huard 1960,1964,Shinnie 1974,Treinen-Claustre 1982,Tyle-cote 1975,Van der Merwe 1980)。

"单一起源论"是基于冶铁发明活动独特性的信念。这一发明据说在公元前第三千纪末、前第二千纪初发生于西亚的亚美尼亚和安纳托利亚之间(Van Grunderbeek 1992:72,Wartime 1973,Wertime and Muhly 1980)。比如沃泰姆(Wertime)认为,

"冶炼-铸造冶金术可能只发现于单一中心，亚洲西南部……次级中心则通过寻找矿物的过程发展到数千英里之外。"换句话说，一旦被发现，并在发现的核心区域周边传播，"铁便迅速流传，在公元前 7 世纪到达了东南亚和中国，约公元前 750 年到达了哈尔施塔特（Hallstatt）、罗马尼亚，公元前 500 至前 400 年到达了英格兰。它从未跳跃至西半球；但是在非洲，这个青铜时代顶多算得上是'分布不均'大陆，它找到了自己的史前家园，于公元前 300 年到达了努比亚的麦罗埃，在公元前 1250 至前 1000 年通过腓尼基人抵达了非洲西北部的沿海聚落。它很快传播到了加纳，但是向非洲西部和南部的传播要慢得多"。（Wertime 1973：885）

因此，冶铁技术从核心区域传播到了邻近地区和社会，如上所述，后来传播到了撒哈拉沙漠以南的非洲。莫尼（Mauny 1967）和菲利普森（Phillipson 1985）以几乎相似的措辞阐明了排除同时独立发明可能性、对此不予进一步考虑的技术原因："因为关联技术太过复杂，且在较早期的非洲社会中，没有其他的进程涉及把材料加热到如此高温，我们必须考虑撒哈拉以南非洲冶铁知识的北部来源，而非重复的独立发现。"（Phillipson 1985：149）沃泰姆（1973：885）强调同样的选择："安纳托利亚的部落人群拥有长时间的冶金传统，只有拥有这种传统的人群才会有知识和耐心用铁来做实验。"

以上展开的推理逻辑严密。它可以被梳理为三段论：

前提 1：当且仅当一个社会先拥有涉及高温加热材料的复杂而高级的用火技术时，冶铁术才能发展起来。

前提 2：撒哈拉以南沙漠没有这样高级的用火技术系统。

结论：撒哈拉以南非洲所见的冶铁术，一定是通过传播或迁徒从其他地方带过来的（Grebenart 1985，1988；Kense 1985；
Van der Merwe 1980；Wertime 1973）。

从这一视角来看，西非冶金考古应致力于为整个大陆铁技
术传播的中心和路线标注地图和断代。有两条传播轴线被认为
是最相关的：一条北方路线，始自北非迦太基，一条东线，始自努
比亚的麦罗埃。

麦罗埃假说基于直观印象。20世纪初，大量炼渣、熔炼铁
矿的副产品，被发现于尼罗河谷的努比亚城镇麦罗埃内外。参
照伯明翰重工业在英国工业革命中的重要作用，麦罗埃被冠以
"非洲的伯明翰"的绰号。麦罗埃位于撒哈拉以南非洲和冶铁技
术发源地亚美尼亚-安纳托利亚之间，它被认为是冶铁术关键的 57
东部站点。它经过调适并适应于热带环境，然后由此传播到大
陆的其他地区。这一观点被特里格（Trigger 1969）证伪，也通过
希恩尼尔（Shinnie 1985）主持的发掘证明是错误的。

迦太基假说成了唯一的选择。范·德·莫维（Van der
Merwe）给出了"迦太基起源"最为简洁连贯的论文表述。

> 迦太基人肯定拥有铁和生产铁的知识，因为他们起源
> 于地中海东部，而地中海东部是当时冶铁术的中心地区。
> 北非沿海的腓尼基遗址中未发现金属加工的直接证据，但
> 在石碑上有很多关于铁炉、铜炉的记载。金属生产可能发
> 生于内陆的其他地区，沿海城镇更可能是因为其他原因而
> 出现的，而非金属工业。这一地区的冶铁业很可能是实用
> 性质的，其重点在于生产战争工具。腓尼基人与柏柏尔人
> 有广泛的贸易往来，柏柏尔人则和沙漠南部的新石器人群
> 进行实物交易。在用盐交换西非黄金和奴隶的贸易中，柏

柏尔人在货物中也加入了来自腓尼基人的商品，其中就包括铁。（Van der Merwe 1980：477）

有趣的是，以上总结合并了 1000 多年的材料和大事。其中提到的石碑来自杜加（Dougga）遗址，年代为公元前 200 年。在过去二十年中，考古研究在迦太基方面取得了足够的进展。最近的大量考古工作使人们对迦太基的历史有了更好的理解（Aubet 2001）。其城建于公元前 8 世纪，于公元前 7 世纪面积达到了 55 公顷。其建于高出海平面 1.7 米的海滩上，内有街道、广场、花园和用晒干砖头建造的大型独立房屋。"考古证据表明，年代为公元前 8 至前 7 世纪的最早的殖民地，为城墙外的一种'工业带'围绕。这种工业带包括作坊、冶金炉等专门用于加工骨螺以获取染料，并用于陶窑。"（Aubet 2001：219）迦太基冶铁的最早证据由此可追溯至公元前 8 至前 7 世纪，与撒哈拉以南非洲的部分地区同时或比之稍晚。

多点起源论

按照 1850 年代和 1960 年代最初的表述，"多点起源论"是对当时撒哈拉以南非洲冶金起源主流的传播论解释的重要反映（Diop 1968，Lhote 1952）。这一推理是基于两个主要变量：撒哈拉以南非洲铁矿的普遍存在，金属生产技术、技巧和设备惊人的多样性。

前提 1：在撒哈拉以南非洲几乎所有地方都发现了不同种类的铁矿。

前提 2：铁器生产传统、设备和操作模式存在着惊人的多样性。

结论：当且仅当兴起的工艺来自本地发明时，如此广泛的铁器生产传统、设备和操作模式才是可能的。

　　M. L. 迪奥普(M. L. Diop 1967:27)对这一探讨的总结非常有趣:"因此,传统冶铁工业非常古老、传播广泛且起源于非洲,这一点如今已经被证明;但是这一冶金术的起源地仍然有待确认,其年代序列对于描绘铁在非洲大陆的假定路线更加扎实有效。"换句话说,非洲冶铁术的早期出现已经确定,但尚不具体。这些早期冶金术传播广泛,且是非洲原产,但是其起源的摇篮和扩散路线仍不清楚。简言之,研究难题已被解决,但是我们仍一无所知。

　　总而言之,基于当前研究的情况,"迦太基起源"论,似乎并 58 未得到北非腓尼基城市迦太基考古记录的支持。公元前 500 年是用来说明撒哈拉以南非洲冶铁术出现时间的人为"基线",这一基线适合用来挽救"迦太基起源"模型。实际上,问题的核心似乎是围绕着用来理解已有考古记录的进化模型。支持撒哈拉 59 以南沙漠引入冶铁术的时间是公元前第一千纪中期的研究者明确地依赖于技术渐进论,他们强调事先熟悉先进用火技术的必要性。另一方面,间断平衡模型令突发、意外和不可预测的创造力爆发更有意义,而这种爆发可能导致了多处冶金技术的独立发现。

3. 有争议的年代序列

　　毋庸置疑,非洲是一片未被充分研究的大陆。深入过去的调查极少,通常规模小,零散,且对过去的技术变革覆盖范围有限。话虽如此,但这一显而易见的事实值得重申:根据定义,对任何研究领域的技术水平进行科学评估,都是临时的结合体,这种结合体被认为是进一步的伪造。虽然如此,西非的不同地区

或多或少还是经历了深入探索。相关结果总结如下，从撒哈拉-
萨赫勒以南开始。

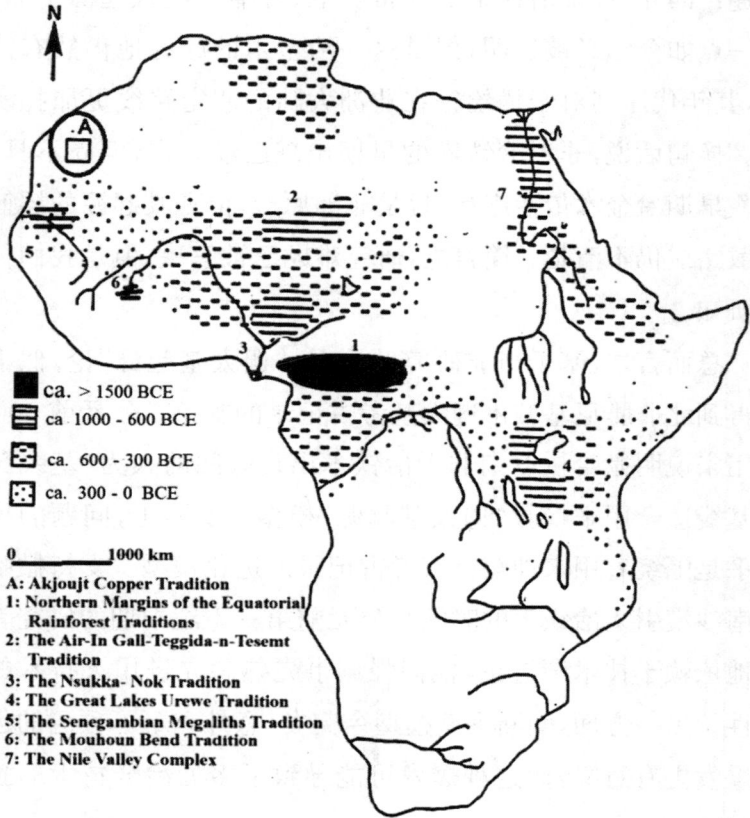

图7 冶铁术扩张年表

非洲很多地区都有金属制品早期生产和使用的证据（图7）。
毛里塔尼亚阿克茹特地区和尼日尔伊格哈兹尔盆地的情况便是
如此。后者为冶铜术和冶铁术提供了广泛的证据。格雷贝纳特
（D. Grebenart 1985，1988）将这些传统分为早期铜 I 期，公元前
2200 年至前 1500 年，铜 II 期，从约前 850 年到前 100 年，与早期
铁 I 期有重叠。泰内雷以东的特米尔特山（Termit massif）于

1970 年代经过了调查。1972 年在多·迪米（Do Dimmi）发掘的炉底，年代在距今 2630±120 年，附近有铁、铜工具的地表遗址，年代在距今 2925±120 年（Quechon 2002：108）。其他更近期的研究证明了所有这些放射性碳元素读数，表明了冶铁的出现甚至更早，年代范围在加拉·特赤亚铂 48 的距今 3265±100 年到特尔米特西部 8b 的距今 2880±120 年（Quechon 2002：109）。

塞内加尔中部山谷的瓦拉尔德有早期炼铁传统，年代为约公元前 800 至前 550 年（Deme 2003，Deme and McIntosh 2006）。此地未发现熔炉遗存，但是采集到了 47 块鼓风口的碎片和 19 千克炼渣。据基利克博士（Dr. D. Killick）估计，熔炉的温度峰值可达 1200—1300℃（Deme and McIntosh 2006：336）。

沿曼达拉（Mandara）山脉北缘在尼日利亚-喀麦隆边界两侧进行的研究，令人惊讶地揭示了早期使用铁器人群的面貌。很多其他文化遗存、铁制品、炼渣被记录下来，但是发掘出土物并未包含炼铁迹象。格瓦·基瓦（Ghwa Kiva）的第 24 层，碳 14 测年结果为 Cal BC 805（公元前 1130—前 390 年）【TO—4791】，多罗·伊戈扎瓦（Ghwa Kiva）I 号点第 6 层，测年结果为 Cal BC 760—555（公元前 800—前 400 年）【TO—4422】。马克伊其恩（MacEachern 1996：494）坚持认为"多罗·伊戈扎瓦 I 号点和格瓦·基瓦出土的铁制品，来自最底层或其下的地层，体量较大，不太可能在沉积物内明显移动"。保守地讲，曼达拉山北缘从公元前第一千纪前半阶段起，曾有使用铁器的人群定居。在尼日利亚，最初在塔鲁加（Taruga）和萨穆姆·迪库亚（Sammum Dikuya）的诺克文化区，之后在赤道雨林边缘的恩苏卡地区，早期炼铁炉的年代为公元前 750 年左右（Okafor 1993，2002）。在恩苏卡地区，奥皮（Opi）、乐加（Lejja）、阿库（Akku）记录有炼铁

生产的早期阶段。铁矿在直径在 0.85—1.25 米的自然风炉中
进行熔炼。熔化的炼渣通过浅槽排到收集坑，收集坑中的巨大
炼渣块可重达 43 到 47 千克。操作温度估计在 1155℃ 到
1450℃之间（Okafor 2002：37）。这一早期冶金遗迹组合年代为
公元前 765 年至公元 75 年（Okafor and Phillips 1992）。伊兹-
尤佐玛卡（Eze-Uzomaka 2008，2009)披露的新数据，使恩苏卡
地区的冶铁术年代更早。一方面，乐加两个坑的炼渣中提取的
木炭样品证实了之前的测年。坑 1 提供了两个碳十四测年数
据——Cal BC 520—410 和 Cal BC 370—266。另一方面，坑 2
的样品给出一个极早的数据——Cal BC 2571—2491。这些早期
冶铁遗址的炼渣主要包含铁橄榄石、铁尖晶石和方铁体。来自
奥皮的炼渣包含高达 22.47% 的铁尖晶石，而铁尖晶石这一成分
的熔化温度高达 1780℃（Okafor 2002：38）。

　　最近在多哥中北部戴克帕桑瓦尔（Dekpassanware）进行的研
究发现了意外存在的早期炼铁遗址。这一发现让主要研究人员
大为惊讶（de Barros 2003，2006）。相关遗址面积约为 30 公顷，有
1.8—2.1 米厚的文化堆积，文化堆积由大量炼渣、铁矾土层、埋葬
坑、烧过的枝条和粗灰泥碎片构成。这一前铁器时代的堆积年代
为公元前 800—公元前 400 年，位于遗址占领序列之下。其上叠
压晚期铁器时代的堆积，年代为公元 1300—1600 年。中间的文化
堆积包括了早期铁器时代的遗存，这些遗存有炼渣、铁矿和鼓风
口。这表明炼铁活动是在公元前 400—公元 100 年之间进行的，
"或比以往设想的早 1000 年"（de Barros 2003：75）。

　　过去 30 年在喀麦隆南部进行的考古研究彻底地改变了我
们过去对于非洲东北部和中部的理解（Essomba 1992，2002；de
Maret 2002）。很多遗址都为铁制品的生产和使用提供了证据。

公元前第二千纪，来自奥林加（Olinga）的炼铁炉被彻底放弃。
艾索姆巴（Essomba 2002：137—138）重新探讨了奥林加的放射
性碳元素测年系列，有两个实验室共做了 12 个放射性碳元素测
年。里昂（Lyon）组测年得到的时间范围是从距地表 1.3 米处的
公元前 770—前 210 年（Ly-4978），到距地表 0.7 米处的公元前
831 年—公元 560 年（Ly-4979）。贝塔公司（Beta Inc）组得到的
时间范围是从距地表 0.5 米处的公元前 1300—前 800 年（Beta
31414）到同一深度的公元前 334—0 年（Beta 31412）。放射性碳
元素读数在地层上的矛盾，造成了严重的难题。炭样的采集贯
穿发掘炉内堆积的过程，但不清楚在这一案例中被测年的是什
么样品（Essomba 2002：139）。

据记载，早期使用铁的人群于公元前第一千纪定居于加蓬
雨林。其遗址分散在整个国家，主要是沿河分布；中部有洛普
（Lope）和奥图姆比（Otoumbi），北部有科阿莱西斯
（Koualessis），东北有马可叩（Makokou），东南有莫安达
（Moanda），南部有莫伊拉（Mouila）。奥图姆比的两个炉提供了
两个放射性碳测年数据，分别是公元前 883—前 691 年（Beta—
14834）和公元前 690—前 432 年（Gif-7130），表明为公元前第一
千纪中期冶铁术进入加蓬雨林（Clist 1989：71）。经过发掘的炼
铁遗址呈现出大量共同特征：炉坑内抹黏土，熔炼后黏土会变成
砖一般的硬块。未发现盛放铁水的坑。不过，加蓬雨林早期铁
生产的规模和强度尚不足以进行准确的环境评估（Clist 1987）。
将早期森林砍伐与用于炼铁操作的木炭生产联系起来的观点，
明显是一个"学术式的猜测"。

马雷（P. de Maret）对包括尼日利亚北部诺克文化区、喀麦
隆、加蓬、中非共和国、部分卢旺达在内的非洲中北部冶铁遗存

的年代研究进行了总结。据他所述，"冶铁是从公元前 9 世纪开始出现的"（de Maret 2002：125）。他也提到，由于存在旧碳污染的可能性，一些研究者对早于公元前第一千纪中期的放射性碳元素测年结果有共同的态度，那就是成系统地排斥。

从这个简短的具有时间顺序的摘要中可知，考古研究取得了令人惊讶且具有挑战性的成果，正在稳步推进（Pringle 2009）。对这些新成果的批判性评估，对于理解世界这一地区的技术史至关重要。考虑到西非考古研究的强度较低，研究者应当秉持开放态度。

4. 西非的冶铜术

最初，关于非洲冶金术的讨论是建立在技术转变的基础上。这一转变是指，石器时代晚期技术，在尚未掌握复杂用火技术的情况下，便突然接纳了冶铁术。这种情况，使得源自中东"发明中心"的传播显得似乎更加合理。毛里塔尼亚阿克茹特地区（Lambert 1975，1983）和伊格哈兹尔盆地（Grebenart 1985，1988；Bisson 2000）铜冶金术的发现，其年代为公元前第二千纪和公元前第一千纪早期，这些发现部分动摇了传播论的基础。不过，在本文回顾的所有其他地区，石器时代晚期混合农业和园艺社会直接采用了冶铁术。

毕森（Bisson et al. 2000）对非洲冶铜术的起源进行了概述。天然铜被开采了 1000—2000 年。"公元前 5000—前 4000 年之间，铜矿的开采和熔炼似乎是在小亚细亚、东欧和埃及等地独立发生的。"（Bisson et al. 2000：88）他描绘了大量因素，这些因素表明毛里塔尼亚冶铜术、西欧青铜时代早期和腓尼基人占据的北非地区之间存在联系。首先，大部分实用器具倾向于表明，铜技术是作为一整套技术被引入这一地区的，与之形成对比的是，在所有早期冶金术发展的例子中，身份标志物作为主导的情况占了大多数。其次，毛里塔尼亚的铜器和北非、伊比利亚半岛的铜器在风格上惊人相似。"因此，毛里塔尼亚文化序列上最初较平常的铜器，表明这一技术可能源自别处。"（Bisson et al. 2000：90）伊格哈兹尔盆地的例子表明，第三期晚期-公元前第二千纪早期，仍然充满争议（Bisson et al. 2000；Grebenart 1985，1988；Holl 1997，2000；KEnse 1985；Killick et al. 1988）。埃及被认为是伊格哈兹尔冶铜术最有可能的初始来源。

尽管间接且存在周期性，但尼罗河谷和撒哈拉内部地区之间的长时间交流、金属知识（特别是铜）沿众多路线向西、向西南和向南的传播，并非难以想象。铁技术可能就是在公元前第一千纪之交沿类似的网络被引进的，尽管新的联系给北部海岸带来了更多刺激。（Kense 1985：24）

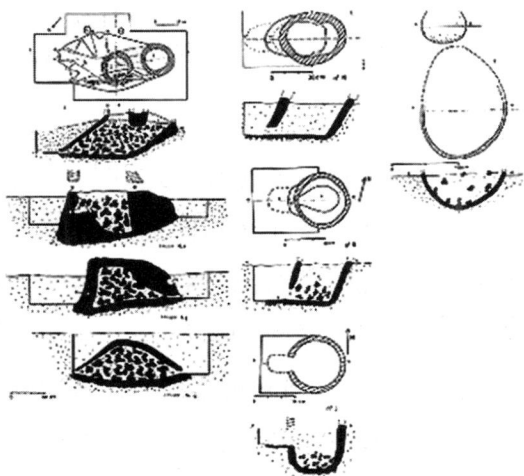

图 8　早期炼铜炉

5. 作为社会媒介的技术

值得在本节开头提出的关键问题是，技术发明和创新是如何发生的？为何会发生？遥远的过去的情况，可能是由不同的因素驱动的。对自然界"转换"情况的最初发现，很可能是偶然的，是其他活动的副产品。这样的"事故"可能会引发一些人的好奇心，参与连续的"试验"，最后失败或成功。不过，发现与创新必须有"社会意义"，并在社会运转中找到一个"职业"，才能存续和传播。在很多情况下，最初的发现和其衍生品普遍使用之间有长时间的间隔。

卡尤努·泰佩斯（Cayonu Tepesi）有［土耳其尔嘉尼（Ergany）附近］出自公元前七千纪文化堆积中出土的带有少量铜矿石的重要早期试验证据。铜矿开采与石槌、桦树树皮篮子一并见于公元前第五千纪的上大湖地区（upper Great Lakes），与石锤和鹿角一并见于公元前第四千纪的塞尔维亚东部的鲁德纳·格拉瓦（Rudna Glava）。（Wertime 1973：879）

在这些时间间隔中，发生了什么？这些技术创新很可能是在一种试错的基础上进行的，并在不同的社会文化背景中独立进行。在此列举三种可能：（1）出于各种原因——政治原因或意识形态原因，推迟对创新成果的采用；（2）一项创新，可能被忽视、拒绝和放弃；（3）一项创新可能会在短期内试错后，被迅速掌握、广泛采用。一项发现和（或）创新的全部社会经济价值在其初始阶段往往是无法预测的，甚至在当代先进的技术社会中也是如此（Adams 1990，Latour 1993，Lemonnier 1993）。技术系统永远是嵌套在社会系统中的。新技术的到来可能会创造新的社会需求或满足之前存在的社会需求。

"从技术对事物具体效果物质适应性的立场来说,技术似乎非常主观。这种主观的一个非常重要的方面似乎是,其在生产所谓'意义'(或许有更好的术语)上找到了自己的逻辑。通过对构成其社会和物质环境的事物分类、解释,和与其他个体、人群保持的关系,人们赋予他们所生活的世界以意义。人们将意义置入技术的生产中,并从现存技术要素中获取意义。"(Lemonnier 1993:17)

总而言之,随着社会需求的不断反馈,工艺专门化不断发展。最初,在几乎所有情况下,这样的需求是狭窄而具体的,旨在满足社会的一小部分。在相对长时间的停滞之后,它随时间发生了变化,从而涵盖了整个社会。在冶金术的例子中,在最后阶段,实用主义模型是适用的。

6. 模式化的金属生产和使用

金属生产,可被认为是由稳定而模式化的互动过程中的各种成分构成的技术系统。物质环境提供了原材料、金属矿、黏土和燃料。气候限制了生产的日程,并影响了金属生产次序的安排和时间选择。社会安排与劳动配置的不同形式,可能会形成兼职或全职的专业化,可能会为生产金属产品维持最低限度的社会需求,可能会或多或少地支持广泛分布的网络系统,可能会满足不同的消费模式。金属生产的简化线性模型,可以帮助为鉴别关键考古特征和堆积单位奠定基础。

生产金属要用到三种基础的原材料——金属矿石、黏土或其替代物、木炭或其替代物。每一种所需要的原料,其采办阶段均可分为三个部分。寻找和鉴别高质量的金属矿，是一个艰苦的过程。金属矿可作为地下矿脉被发现，通过通风管道和地道构成的复杂系统找到并获得，也可以通过地表鹅卵石或沉积矿床获得。采集的矿石经过处理，以促进其以特别构建的特征进行熔炼。它会被碎成小块，烘烤去除多余水分。黏土和其他耐火材料——比如高岭土或循环利用的铁炼渣——被用来建造熔炉，燃烧在熔炼时起重要作用。黏土同样也可以从特殊的地理沉积物或沉积面中采集。木炭的生产同样也是劳动密集型的，它涉及选择最佳的木材品种，砍伐树木以及在特别制造的设施中生产木炭。一次成功冶炼所需的对燃料总量的准确评估，对于操作的成果绝对必要。

冶炼工作在建有熔炉的特殊地点——冶炼遗址——进行。这些燃烧室的规模、形状和技术特征各不相同。它们一般是圆柱体，或多或少，都有细长烟囱。有些用鼓风管和风箱操作，还有些是利用风能的自然通风设施。它们从顶部交替填满矿石层和木炭层，在底部出口点燃，根据其性质和规模，可由工人们交替操作数日。在每次冶炼结束时，可获得由金属（铜或铁）和炼渣构成的金属坯子。然后大块坯子被转移到锻造作坊，在作坊中金属被用于生产器具。锻工可按需工作，"顾客"将坯子带来，用于生产所需的器物。锻工也可以是"老板"，其生产器物用于售卖，通过分部网络向外输送。金属制品的消费和使用有不同的形式。有些丢失了，有些被丢弃了，有些和自己的主人一起埋葬了，视情况而定，有些破旧残片还可回收利用，以节省珍贵的原料。

总而言之，金属生产本质上是一项有经验的手艺人"传帮带"年轻学徒的团队工作。以上所述模型的考古相关因素很简单:景观中可以发现矿井和矿坑。制造木炭的设施——燃烧炉——不甚明确,难以辨认。熔炉、锻造炉和其他设施是比较容易辨认的。与墓葬和特殊窖藏相比,房屋、庭院之类的堆积较难精确定位。不过,一般而言,冶金政治经济的区域性方法有助于检索一部分以往文化景观的主位结构(Emic Construction)和分配给金属制品的相对价值,如以下精选的案例研究所示。

7. 尼日尔伊格哈兹尔盆地的游牧社会

伊格哈兹尔盆地,现在尼日尔境内,位于东边的阿伊尔高原、南边的提吉迪陡崖(Tiguidit Cliff)、西边的阿扎瓦克河上游(Azawagh Headwater)之间。它是相对平坦的冲积平原,资源丰富。这些资源包括生长野生高粱(Sorghum eathiopicum)、黍(Panicum laetum)的优良牧场、咸水泉和盐分富集的区域、沿断层线分布的铜矿,以及提吉迪陡崖的铁矿(Grebenart 1985,1988;Poncet 1983;Holl 1997,1998,2004)。从有利的角度看待这"一整套"资源,在这个案例中,有土壤、牧场、野生谷物、盐、水、猎物、鱼、铜和铁等,人们希望地点的选址策略,能有利于对伊格哈兹尔盆地的潜能进行理想而适时的开发。最理想的开发可能是以内部采办的方式进行的,其根据关键资源的可利用性和时机,在盆地中进行季节性移动。伊格哈兹尔盆地资源的丰富性和总体可预测性,同样也会引发利用墓地和纪念碑式墓葬来垄断一些关键资源的尝试。冶铜术和冶铁术的发明或采用,发生于流动牧民精英出现的背景下。出现精英的区域拥有富饶高产土地,盛产高粱和黍。有令人信服的证据证明以牛为牺牲的活动的存在。有些个体以羔羊随葬(Paris 1984)。伊格哈兹尔盆地全新世晚期居民的游牧性质并无异议。石器时代晚期、铜 I 期、铜 II 期,铁器时代早期和巨石墓地的组合区域分布,呈现出许多惊人的规律性。大型墓地均位于盆地的最佳地带。希恩·瓦萨丹(Shin Wasadan)、吐鲁克(Tuluk),和安约坎(Anyokan)距离相等,彼此之间的距离为 50 公里。西北部的阿萨库鲁(Asaquru)和东南部的阿萨瓦斯(Asawas),前者距离希恩·瓦萨丹为 15—20 公里,后者距离吐鲁克为 15—20 公里。遗存至今的墓地,可分为第 II 等(20—99 座墓葬)、第 III 等(5—19 座墓葬)、第 IV 等(1—4 座墓葬),这些墓地不同程度地分布在第 I 等墓地(100 座墓葬以上)周围。伊格哈兹尔盆地文化景观的建立是一个累积的过程。其开始于石器时代晚期(距今约4000 年),持续至公元第一千纪后半段古代图阿雷格人(Ancestral Tuareg)和伊斯兰教侵入时。巨石墓葬和墓地分布所勾勒的区域范围,可能是处于不断变化的状态。虽然如此,它们可能标志了五个相对大型的互动游牧联盟的存在(Holl 1998:155 - 157, 2004b)。

由此,墓地被用来在景观中"锁定"这些不断变化的人群。五个"部落网络"中,属于每个部落网络的最大规模的中心墓地,被视为分散社群的焦点。在石器工具群未发生明显变化的情况下,新的材料,如铜和后来的铁,开始被人们使用(Grebenart 1985)。伊格哈兹尔盆地记录有 309 个遗址,其中 148 个为石器时代晚期,26 个为铜 I 期和 II 期,19 个是早期铁器时代,103 个是巨石墓地,还有 13 个不能确定。各时期居址和冶炼遗址分布情况多样。石器时代晚期遗址主要位于盆地中央黏土洼地的边缘。13 个石器时代晚期的遗址经过了调查。除了大型墓地(Anyokan,Asaquru),它们通常规模较小,面积在 0.12—2.4 公顷之间(Holl 2004:129)。其中三个遗址——阿范凡(Afunfun)

161、阿范凡 176 和秦·塔非代特（Chin Tafidet）距今约 3400—3000 年，它们有动物牺牲和人、牲畜共葬的证据（Paris 1984）。这样的资料表明了普遍牧民观念的存在。

大多数有铜的证据的遗址集中在伊格哈兹尔河西北。其中 10 个经过调查的铜 I 期和 II 期遗址年代范围为距今 4100 至 2000 年。它们分布在小型营地和村庄，通常稍大，规模在 0.03—20 公顷。其中 4 个遗址——阿范凡 162、阿范凡 175、伊卡瓦滕（Ikawaten）和赛奇莱特（Sekkiret）是冶铜遗址，有数百座成组排列的熔炉。铜 I 期的熔炉，年代为距今约 4000 至 3000 年，其尺寸和形状非常多样（图 8）。这些早期熔炉中，有一些因包含铜炼渣而被认为是熔炉的，被证明是烧毁的树墩子。无论如何，这样的多样性会给类型分类带来困难和误导，但是如果将其视为不稳定长时段的反复实验的"标志"，则颇有意义。这一"试验"阶段带来了铜器熔炼设备最佳组合的发展。铜 II 期的熔炉表现出一定程度的变化，但它们大体上都是圆柱形的，有些底坑很小，令人联想到非洲大陆不同地区频频提及的药罐（Schmidt 1996，1997；Schmidt and Mapunda 1997）。金属的熔炼是通过或伴随着激烈的仪式活动与禁忌进行的（Childs 2000，de Barros 2002，Herbert 1993）。罐或炉底小坑中的"药物"堆积，是用来保护熔炼免遭不利"恶意"的侵害。

有冶铁遗存的遗址见于南部，主要沿提吉迪陡崖分布。9 个经过调查的地点，其年代范围为距今约 2600 至 2100 年。其面积为 0.5 至 3 公顷，其中艾克恩·万·阿塔拉姆（Ekne wan Ataram），因·忒拉伦 II 15（In Taylalen II 15）和泰格古艾夫·恩·阿加（Teguef n'Agar）等三个遗址有炼铁炉。

巨石墓地显然是文化景观的重要组成部分，遍布于盆地各处。金属制品见于居址、冶炼遗址和巨石墓葬。出土于居址和金属生产遗址的器物组合更加多样和混杂。石器仍用于日常活动。在所研究的组合中，几乎没有用于生产活动的金属工具。这一缺位是模棱两可的；这样的工具应当精心置办，并在用坏后进行回收利用。无论如何，被记录下来的金属器具组合，是被丢失或被遗弃的人工制品，它们源于多种工作使用后具有多重意义的事物。墓葬部分展现的制品种类较少，主要是个人装饰品和武器。前者主要是铜器，后者偏好用铁。记录中金属"消费"的模式表明了一贯且长期持续的金属制品等级制度，这一等级制度通过社会需求的微妙模式而发生并存续。从这个角度来看，在社会区分的战术和战略中，个人饰品和铁制武器似乎已被熟练操纵（Bourdieu 1979）。

8. 毛里塔尼亚阿克茹特地区的流动牧民

N. 兰伯特（N. Lambert，1975，1983）在毛里塔尼亚阿克茹特地区主持了一项深入研究项目。她对吉尔伯·穆格赖因（Guelb Moghrein）金属生产和使用系统的三个不同节点进行了调查和发掘。她研究了格罗特·绍夫-索利斯（Grotte aux Chauve-souris，意为"蝙蝠洞"）的洞穴遗址的铜矿开采。洞穴的形成乃至随后的扩展，可能都是开采铜矿的结果。由此获得的铜矿在莱姆德纳（Lemdena）冶铜遗址的小型碗式熔炉中进行处理。莱姆巴台特-艾尔-克比尔（Lembatet-El-Kbir）墓地为常规生产并用于随葬的这类制品提供了证据。莱姆德纳的小型熔炉和格罗特·绍夫-索利斯的材料，年代范围为公元前826±126年（Dak 25）至前400±110年。

年代为约公元前800至前300年（若非更早）的冶铜术的确

凿证据,见于毛里塔尼亚的阿克茹特地区。值得注意的是,从同
一区域取得的较老的放射性碳读数指向公元前 1100 至前 810
年(距今 2776±126)和公元前 990 至前 790 年(距今 2700±110
年),这一由威利特(Willet 1971)刊布的年代范围被发掘者否
定,"因为其和遗址出土其他相关材料相比,太早了"
(Woodhouse 1998:173)。阿克茹特地区的冶铜术专门用于生
产小型器具:武器——矛、箭头;工具——錾刀、钻孔器、斧头、
针、棍、色板;以及个人饰品——臂环和指环。大多数矿坑、冶炼
场所和特征都位于阿玛特利希(Amatlich)沿线。阿克茹特的铜
制品见于毛里塔尼亚西部、努瓦克肖特北部和达尔·蒂希特-瓦 68
拉塔砂岩悬崖沿线东南部的聚落(Vernet 1986:36-7)。开特·
莱麦特格(Khatt Lemaiteg)(Bathily et al. 1992)一个沙丘遗址
的发掘,在年代为公元前 1890—前 1390 年(距今 3310±200 年)
的 2 号居址出土早期铜制品。这些铜制品包括尖头器、臂环、缠
绕线圈的石珠,据说都"与阿克茹特器物风格相同"(Woodhouse
1998:173)。但发掘者认为,这些人工制品是外来的(Bathily et
al. 1992)。在毛里塔尼亚,铜制品与石器时代晚期材料——陶
器、磨石、研磨具和斧头——的密切关联,长期困扰着研究者。
与"实用原则"的预期相反,冶铜术的发展,在阿克茹特地区全新
世晚期居民的物质文化组合中,并未引起任何根本性的明显变
化。一些研究者认为(Vernet 1986:37)"阿克茹特的冶金人群是
未知的"。

阿克茹特地区的个案研究极具启发性。在公元前一千纪之 69
初,甚至更早,在其他物质文化没有明显平行变化的情况下,铜 70
生产的新技术被采用。这一新工艺填补了特定的社会生态位并
发展出广泛分布的铜制品网络。公元前 300 年左右,整个系统

崩溃，且在考古记录上消失得无影无踪。在严格意义上的生产区域——记录中有矿坑和带矮炉的冶炼作坊的地区——之外，大多数铜制品是从所谓"新石器时代"的堆积单位中采集的。

"遗物通常被记录出土于新石器时代的文化堆积中：稀少的铜制品散布于岩屑、陶片、磨石、石箭头中。铜制品在发现遗物的地点绝非主流。更具体来说，它们常常较为孤立，或处于性质不同的堆积单位中。使用铜的人口从未大规模聚集。在一个已经很干旱的环境中，我们不得不假设当时存在着一群半游牧的牧民，他们沿着河谷排水沟，主要是在封闭的、平行的、位于阿德拉以南的阿克茹特（Akjoujt）和布提利米特（Boutilimit）之间的、东北—西南走向的沙洲间洼地，从事机会主义的雨水灌溉农业。因此，铁匠可能是一群根据特定需求进行生产的手工艺专家。"（Vernet，1986：37）

"准确认识阿克茹特'冶金人群'的问题与两个主要因素有关。"一方面，所研究的定居点具有重写性质，这些定居点主要是浅表遗址，散布着物质文化的碎片。另一方面，用于理解考古记录的分类系统是基于一系列时代的。从这个角度来看，石器属于"石器时代"，铜器属于"铜器时代"。石器和铜器不会混合，如果发生这种情况，后者在前者的背景下是侵入性的。上述伊格哈兹尔盆地的数据有效地驳斥了这种类型学观点。

在石器和陶器的背景下，铜器的系统性出现很可能是对过去的准确再现。随着铜冶金技术的出现和采用，阿克茹特地区全新世晚期的流动牧民见证了模式化分工的发展，从而产生了工艺专家。这些手工艺人可能是兼职，通过广泛的交换网络制造高价值的铜制品。矿石采购、冶炼、锻造和分销可能嵌入了地区游牧民族的生存定居系统。可以推断，铜矿的采购和冶炼是在阿克茹特和比尔·穆格赖因（Bir Moghrein）地区的季节性逗留期间进行的。在从一个营地到另一个营地的休息和补充季节性移动期间，组织了锻造、手工艺品生产和分发。文物可能已经通过相邻群体之间的在线交换传播开来。如果从上述角度来看，"冶金人群"和"新石器时代人"之间的区别就失去了所有的显著性；这些是阿克茹特地区全新世晚期牧民游牧社区活动谱系的不同方面。

9. 喀麦隆、中非共和国阿达马瓦高原北部和东部的园艺学家

最近，在乍得-喀麦隆之间管道断面的考古学调查，证实了公元前一千纪早期钢铁冶炼的特点（lavachery et al. 2011）。乍得传播项目考古报告的作者似乎很难应对他们自己的发现，这些发现事实上没有他们想得那么孤立。这些数据为赞加托（Zangato 1999，2007）主持的中非共和国西北部调查提供了一种全新而有力的观点。这些铁熔炉大概出土于公元前 836—前 782 年至公元前 513—前 430 年的巴比里工区和巴维安。遗址都是一个两公里的区域，前者出土有一套共 6 个炉，后者出土 3 个（Zangato 1999：101 - 109）。炉子底座直径 1—1.5m，且均与底部相对较大的炉渣、风口碎片、散落碎渣以及铁器有关。这些挑战公认智慧的最初结果充其量只是不冷不热的接受和被忽视。持续的实地工作不仅证实了先前的发现，而且在奥布伊（Oboui）还发现了更古老的铁加工设施，位于北纬 6°30'、东经 15°20'的阿达马瓦高原东部海拔 1048 米处，可追溯至约公元前 2200—前 1965 年（Zangato 2007，Saliege 2007：135）。奥布伊是一个在 1992 年被暴雨侵蚀了大部分表层沉积物后"发现"的用

铁小型聚落遗址（Zangato 2007：11）。到目前为止，从发掘中获得的数据为铁器生产链运营的各个方面研究都提供了有意义的见解，但最初的采矿和铁矿石冶炼在公元前2340—前2058年到公元346—544年很可能是断断续续的。本次讨论的考古学特征包括铁炉、炉膛、灰坑、窖穴、铁砧，或多或少地排列在连贯的锻造坑中。这些锻造单位的尺寸为6 m×8 m，粘结在中央铁炉上，周围是木炭储存坑（St. 6e和6d）、一个洒水壶（St. 6g）、坑（St. 6f、6i和6j）、一个铁砧、一个炉膛（St. 6h）、爆炸碎片，最后是散落的铁制品碎片。所有这些特征的历史可以追溯到公元前2343—前2058年到公元前2135—前1921年，也揭示了它们是同时期使用的。记录的早期铁制品从针到刀片不等，以及未判定的铁器碎片。炉渣样品的分析证明了高性能冶炼装置使铁的损失量非常少。铁素体结晶的树枝状图案显示炉温可能达到1536℃（Fluzin 2007：60）。制造铁制文物主要技术是捶打、淬火（Fluzin 2007：72）。巴比里（Gbabiri）工区遗址位于奥布伊北部五公里，大约海拔1080米的地方。它占地约8公顷，使用了两个挖掘探头，各占200和300平方米，埋于遗址的南部和东部（Zangato 2007：67）。这个未被覆盖的锻造坑可以追溯到公元前902—前794年到公元前895—前773年。在这种情况下，还保留有一个锻造炉、一个洒水壶、一个木炭储存坑、炉渣、黏土烟斗及一些铁制品（Zangato 2007：69）。在调查期间共收集有141件铁制品样品。武器基本上占主导地位，在18个分类中占11个（Zangato 2007：118）。它们包括刀、矛、箭头、鱼叉、斧头以及各自的碎片等。针可能用于手工艺，戒指则是个人装饰品。中非北部的冶金传统，有一部分表现在喀麦隆，但在中非共和国西北部表现得更好，出现在公元前两千纪初/三千纪末。

10. 布基纳法索黑沃尔特河的河曲区域的混合农业居民

在布基纳法索西北部黑沃尔特河的河曲区域(Mouhoun Bend)的 Tora-Sira-Tomo 1(TST-1)[①]发现并发掘了一个早期的炼铁场(Holl and Kote 2000)。它的年代可追溯至(ISGS-4349,距今约 2360 ±70 年)公元前 501—前 386 年(1 标准差)或公元前 761—前 212 年(2 标准差),数据来自在距离炉口不到一米的烧结面上收集的大型木炭样品。TST-1 炉所包括的概念、建造和操作所涉及的技艺令人震惊。

TST-1 是 17 个土丘大集群的一部分,直径约为 50 米。它包括一个 1 米厚的炼铁废料矿床,由炉渣、风口和炉壁碎片制成,以及一系列倒放的黏土器。这些罐子可能由炼铁工使用,排列在遗址的东半部。在遗址中心地下 0.45 米处发现了一个相对较大的炼铁炉的底部。沿着沟槽部分发现的一排红砖表明,揭露在外的炉子的高度可能至少为 2/3 米。炉口朝东北的东侧露出烧结面。炉子的其余部分直径为 1.8 米。它的墙壁厚 0.2 米,由不规则形状的黏土块叠加而成,有内、外层,残高 0.25 米。在熔炉的北侧暴露了一组较为完整的通风口,在东侧的烧结面上发现了一组三个黏土容器。

炉渣、砖块碎片和破碎的风口堆满炉子的内部。该层沉积物堆积在相对较薄的底部炉渣上距地表 0.6 米的风口顶部。这八个保存相对完整的风口汇聚到炉子的中心,中间是大量红烧

72

[①] 由于布基纳法索使用莫西语、迪尤拉语和富拉尼语等多种语言,在此无法确定原作者使用的是哪一种语言,根据莫西语中"tora"之意"石头、山丘",迪尤拉语中"Sira"之意"道路、路径",富拉尼语中"Tomo"之意"聚集地、集会"综合翻译,"Tora-Sira-Tomo"可能指代某处富集石头的小路或村庄。——译者注

土、砖块和炉渣，上面覆盖着 5 到 10 厘米厚的白色的圆形粉笔质地沉积物。八个风口的保存部分大致两两对应。它们长 30 至 40 厘米，近端直径 10 厘米，远端直径 5—6 厘米。风口有意的平衡布置加上炉口的方向表明，这种装置是自然用水装置。

炉中心白色的粉笔质地圆形沉积物可能是在冶炼过程中使用助熔剂材料的残留物形成的。目前尚不清楚是故意添加到熔炉中，还是用作燃料的木材所沉积。无论如何，助熔材料通过降低铁矿石开始熔化的温度来优化燃料使用（Schmidt 1996）。令人惊讶的是，底部炉渣的尺寸相对较小，炉子的结构最终显得比以前想象的要复杂和有趣得多。炉子的其余部分仍然在地下 1.2 米处，比平铺设风口低约 0.6 米。在天然棕灰色粉砂黏土层中挖出一个圆形的地下室。它的底部直径为 0.6 米，底部和墙壁有破碎的红土砾石和黏土的混合物。在炉子装置的这一部分发现了 14 个垂直但略微倾斜的风口，排列成两组，西部有 6 个，东部有 8 个，中央空间充满了蚁巢结构材料。该材料足够坚硬但多孔，它可以通过操作炉有效地传递热量。在炉子底部发现的风口与燃烧室并无直接联系。西部 6 个标本长度为 14 至 26 厘米，最大直径为 10 至 13 厘米。东部的 8 个则更长，从 26 到 40 厘米，直径范围为 11—12 厘米。对这些风口的进一步检查以及内部易于清除的沉积物表明，它们尚未用于实际操作。这也表明当地的炼铁厂已经发明了一套简化的熔炉操作系统，旨在产生可靠且持续的即用型吹管供应，实现重要的规模经济。利用铁矿石冶炼过程中产生的炉温，在燃烧室下方点燃新风口。该过程完成后，将炉子冷却，火势降低，并回收烧制的风口的新路径以便下次使用。

TST-1 发现的熔炉结构是一个相对复杂的工程。在西非冶金学、考古学和民族学方面没有已知的案例（Bisson et al. 2000，Bocoum 2002，Coulibaly 2006，Herbert 1993，Kiethega 2006）。整个装置的烟火技术性能尚未得到详细评估。该炉是自然通风炉，在没有鼓风机的情况下，依靠旱季时期东北风（Harmattan，哈马坦）的强度和持续运行。另一个有意思的遗址是布基纳法索西部布瓦穆（Bwamu）的莫宏河（Mouhoun River）排水沟中的发掘，位于北纬 12°04'05″/西经 4°11'02″。它由半地下天然气流炉组成，可追溯到公元前 360—前 220 年（Kiethega 2006，Coulibaly，2006）。TST-1 和贝纳（Bena）都位于莫宏河流域。布基纳法索的这一地区可能见证了约公元前 700 至公元前 300 年之间早期冶铁业的出现。

73

总　结

西非的金属加工传统非常多样化。实际上有三种主要情况：公元前一千纪，在今天的毛里塔尼亚的阿克茹特地区出现了游牧民族的铜器生产传统，并持续到公元前 400—前 300 年。在尼日尔的特米尔特-阿伊尔-伊格哈兹尔地区发展起来了游牧铸铜和铁加工传统。最后，铸铁传统在次大陆的其他地区发展起来，从西部的塞内加尔中部山谷到东部阿达马瓦高原的东端，其时间从公元前三千纪末到公元前 800—前 700 年。

铜被开采并用于制造尼日尔共和国伊格哈兹尔盆地和特米尔特地块以及毛里塔尼亚的阿克茹特地区的知名文物、个人装饰品和武器。铁在次大陆的其他地方也扮演着类似的角色，最初用于武器和彰显地位的物品，后来应用范围更广。在过去的二十年中，由于研究项目和放射性碳年代的倍增，冶金实践出现的年表发生了很大变化。最早的铁器冶金实例可追溯到公元前三至二世纪末，发现于赤道森林的北部边缘，是很可能不断变化的森林-稀树草原交错带。西部尼日利亚恩苏卡（Nsukka）地区的乐加，阿达马瓦高原东部边界中非布阿尔地区的奥布伊以及喀麦隆的乔洪（Djohong）均为这种情况（Zangato and Kouti 2008）。尽管碳14测年法很受欢迎且价格合理，但它应该以其他技术作为补充，例如炉壁的热释光探测。与金属产地相关的居住地和墓地如果仔细研究，可以开展对金属制品消费和使用模式的研究。这将使人们对金属功能有更合理的解释，并更好地了解古代技术的发展变化。

74

第6章 丧葬

简 介

尽管这是一个很明显的悖论,但是墓葬为过去和现在的生活都提供了很有意义的见解(Crubezy et al. 2000;Chapman et al. 1981;Holll 1994,2002b;Humpreys and King 1981;Met-calf and Huntington 1991;O'Shea 1984)。事实上,墓葬对现代人来说比对死者来说更是一个问题。在人类进化的几百万年中,应用考古学证据发现了原始人化石和人类遗骸。然而,刻意约束的方法使考古学发展得相当晚。导致墓葬"制度化"的认知突破在石器时代中期/旧石器中期时代形成,最早发现在欧洲和中东。这种认知"分叉"包括更强的"自我意识",与更强的对"近亲和自我社会群体"其他成员的同情相平衡。在非洲,这种转变似乎发生在晚更新世的后期,距今大约5万年开始。正如前面在晚更新世觅食者部分的总结那样,在北非、西非和尼罗河谷的许多地点都发现了单个的人类墓葬。它们的年代从距今50000年到9000年不等,在塔拉姆萨工区、舒姆·拉卡、姆比·克雷特(Mbi-Crater)、库巴尼亚河谷(Wadi Kubbaniya)、阿美克尼(Amekni)、提-恩-哈那卡腾(Ti-n-Hanakaten)、伊沃·厄雷努(Iwo Eleru),有一些重要的发现。

正式墓地出现在北非伊比毛里时期（Iberomaurusian）的后期，如梅查阿尔比（Mechta el Arbi）、阿法卢-布-胡梅尔（Afalou Bou Rhummel）、克鲁曼塔（Columnata）、贝尼-萨福（Beni Saf）和塔夫尔特（Taforalt），以及努比亚的萨哈巴山（Jabel Sahaba，Balout 1955a、b，Wendorf and Schild 1968）。从那时起，丧葬习俗和墓地的建立成为人类文化不可分割的一部分。本章将通过一些重要的案例研究，描述出非洲从晚更新世到全新世末期的丧葬习俗的演变过程。在埃及和努比亚的尼罗河流域发掘了大量密集的墓地。全新世末期在尼罗河沿岸定居的小型混合农耕社区逐渐发展成为规模较大的定居点，并拥有广阔的墓地，特别是在晚期的纳迦达王朝 II - III 期（Bard 1994）。全新世中期出现了一种用碑纪念的趋势，旨在"纪念"某些人的成就。不同地区和不同时期的纪念碑建造方式各不相同，一般都是使用石块和泥沙等笨重的建筑材料。埃及古王国时期的金字塔和努比亚近代的金字塔、凯尔迈统治者和精英成员的大型墓葬以及阿克苏姆石碑，都是这一趋势最壮观的表现。规模较小的巨石纪念碑同样是为了纪念逝者（Joussaume 1985）或将抽象的宗教概念具体化而建造的。它们主要分布在北热带非洲的一些地区：东部的埃塞俄比亚（Anfray 1990，Joussaume 1985）、撒哈拉沙漠（Di Lernia and Manzi 2002，Mori 1998，Paris 1996，Bernus et al. 1999）、中非共和国西北部（Zangato 1999，2000）、尼日利亚东南部的跨河地区、马里的湖区（Person et al. 1991）和塞内冈比亚（Holl and Bocoum 2007，Holl et al. 2007，Gallay et al. 1982，Martin and Becker 1984，Thilmans et al. 1980）。

1. 晚更新世的狩猎者墓葬

迄今为止,非洲考古记录中最古老的正式墓葬很可能是靠埃及基纳附近的塔拉姆萨工区。一具估计有 5.5 万年历史的儿童坐姿骨骼被埋在一个大坑中,后来被一层未受破坏的鹅卵石层保护起来(Vermeersch et al. 1998)。骨骼保存较差,目前仍在对其进行研究。尽管如此,它"被描述为解剖学上的现代人","与伊比毛里人人骨有一些共同特征,与斯库勒(Skhul)和卡夫塞(Qafseh)以及伊胡德山(Jebel Irhoud)的早期现代人也有一些共同特征"(Willoughby 2007:182)。在非洲北部热带的三个不同地区,即喀麦隆西部草场的姆比·克雷特、北非从突尼斯到摩洛哥的伊比毛里遗址以及埃及尼罗河谷的库巴尼亚河谷,都有年代为公元前 25000 年至前 15000 年的晚更新世墓葬的记录。

来自库巴尼亚河谷的受伤战士

位于 E-82-6 号遗址的库巴尼亚河谷墓葬是在 1982 年的调查和绘图活动中在河口附近发现的,是一处保存相对完好的旧石器时代晚期遗址,年代约为公元前 20000 年。骸骨本身是在钙质沉积物中发现的,由手臂碎片、脊椎骨和头骨组成,全部因风蚀而暴露于地表。死者原来的位置并不容易解释。根据温道夫和希尔德(Wendorf and Schild,1986:1)的说法,"尸体被面朝下埋葬,可能是头朝东,手臂放在两侧,直肢葬于粗糙的黄土层沙土坑"。

库巴尼亚河谷的骸骨提供了大量有关尼罗河谷旧石器时代晚期生活的信息(Steward and Tiffany 1986)。死者是一名 20—25 岁的男性,身高 169—176 厘米,年轻时肌肉发达,但并不魁梧或高大,是一名强壮的右手投掷者(可能是矛或标枪?)。未患有严重的童年疾病，年轻时总体营养状况良好。他的右前臂有一陈旧且已愈合的伤痕，可能是被击打而骨折。在左肱骨外侧髁脊上发现的一块燧石或玉髓碎片表明，"仅在死前几天或几周"，手部伸展肌受过伤（Angel and Kelley 1986：55）。

最终的死因证明，在非洲的这一地区，旧石器时代晚期的暴力程度是前所未有的。"在 2 号腰椎骨和 3 号垂直体的左侧分别发现了两片锥形的砾石和玉刃片，它们向下指向 T12（12 号胸椎），向上指向 10 号和 11 号肋骨旁边。"（Angel and Kelley 1986：62）至于他是在跑向安全地带时被箭射中，还是在近身搏斗时被刺中，就不得而知了。无论如何，"玉刃位于腹部主动脉的位置，砾石刃位于左肾和主动脉的位置附近；两者导致的大出血都可能是致命的"（Angel and Kelley 1986：62）。

20000 年前的尼罗河谷地区麋鹿的生物量相当低，由于资源普遍不可估计（Gautier and Van Neer 1989：159），这可能引发了旧石器时代晚期狩猎部落之间的冲突。库巴尼亚出土的"年轻人"的骨骼表明他可能是一名训练有素的投矛手，擅长狩猎和捕鱼，"可能还擅长与敌人徒手搏斗"（Angel and Kelley 1986：61）。他是部落的重要成员和资产。这也许可以解释为什么他的尸体会得到最"体面"的处理，并被埋葬在库巴尼亚河谷"有争议的"狩猎区域。

萨哈巴山墓地的伤员

117 号遗址是旧石器时代晚期的墓地，位于尼罗河东岸阿尔钦岛的纬度上，努比亚萨哈巴山以南约三公里处。其特征是，它与标准住宅遗址相对孤立，这表明它是一个专门用于埋葬晚更新世采食者群体成员的特殊地方（Wendorf 1968）。该墓地的历史可以追溯到大约13000—12000年前,由58个埋葬婴儿和成人的坟墓组成,包括男性和女性。发掘面积约113平方米,呈扇形,最大半径为12米。葬式主要是单人土坑墓,也有些是两到四人一组。死者被埋葬在浅椭圆形的坑里,为侧身屈肢葬,左侧卧位,东西朝向。

西部的1号、2号和3号墓葬,中间的49号,北边的16号墓葬以及东边的38号墓葬等六座墓葬位置相对独立。其余52座墓葬均以2到12人的直线状排列。这样的空间排列是偶然形成还是有意为之? 如果是有意为之,那么决定这些定位的原因是什么? 他们是否有意强调亲属关系、性别、死因和/或已取得的地位? 对材料的详细分析将有助于解决其中的一些问题。

77

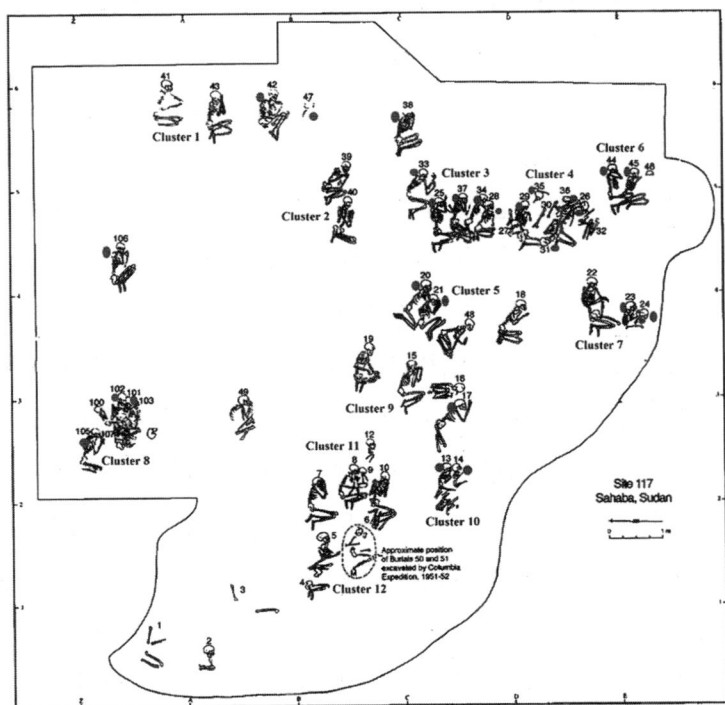

图9 努比亚萨哈巴山(Jebel Sahaba)旧石器时代末期墓葬(图片来源:Wendorf 1968:956)

　　墓地西端的个别单人墓葬保存较差，侵蚀严重（图 9），但还是保存了一些数据。1 号墓中留下了几块来自左侧的成人长骨。2 号墓中有一具 11 岁儿童的遗骨。3 号墓中有一具成人的左肱骨和腓骨。中间的 49 号墓中埋葬着一具中年女性遗骸，中央偏北的第 106 号墓中埋葬着一具年轻男性遗骸。在后一个人的骨盆右侧发现了一块带背薄片（Wendorf 1968:981）。位于墓地东部的 38 号墓的空间"地位"不明确。距离它最近的一具骸骨在其以东不到 1 米处，可能是该墓葬群的一部分。在考虑到这种可能性的同时，我们也将其作为一个孤立的实例来处理。一名中年男性被埋葬在 38 号墓，上面覆盖着一块砂岩板。在他的右侧股骨和骨盆之间的关节附近发现了一块经过修饰的薄片。总之，在相对孤立的墓葬中发现的五个个体中有两个（38 号墓和 106 号墓）髋部有外伤痕迹。这种创伤对青年和中年成年男性来说都是致命的。

　　10 个墓葬群（C）已被确认，并由东向西编号（图 9）。东北部的 C-I 由四座几乎相等的墓葬组成，分别是 41 号、42 号、43 号和 47 号墓。位于北端的 41 号墓用砂岩板覆盖，是一个年轻男性的墓葬。43 号墓位于南面不到 1 米处，也有砂岩板，埋葬的是一名成年女性的遗骸。42 号墓位于前一个墓葬的南面，属于一个中年女性。在左侧股骨和骨盆之间的关节附近发现了一块未经修整的原始石片（Wendorf 1968:977）。最后，在南端的 47 号墓中发现了一个六岁儿童的肋骨和头盖骨。在该儿童的头盖骨中发现了一块未经修整的薄片。总之，C-I 有三个成年人（两男一女）和一个孩子，其中两个有外伤痕迹。所制定的殡葬计划、布局以及对墓葬的处置都表明了这一做法的明确意图。这些人可能属于一个紧密的亲属群体。

位于中东部的 C-Ⅱ由 39 号和 40 号墓组成。这两个墓葬都覆盖着砂岩板。前者位于东侧,是一个中年男性的墓葬,后者位于西侧,属于一名仰卧的年轻男性。将这两座墓葬集中在一起的原因可能有很多,包括亲属关系、活动关系或死亡原因。没有发现与这些遗骸相关的石器,但这并不排除这些遗骸是因受伤而暴毙,但没有伤及骨骼。

东部的 C-Ⅲ分布呈南北走向,长 3.5 米,可分为两个子墓群。北半部的 C-Ⅲa 包括 25、28、33、34 和 37 号墓。南半部的 C-Ⅲb 包括 26、27、29、30、31、35 和 36 号墓。位于 C-Ⅲa 北端的 33 号墓属于一名中年女性。在墓葬附近或墓葬内记录到的 8 件石器表明她的胸部被击中。这些石器被发现的位置分别是:下肋骨内;靠近左肋骨中心,紧靠椎骨左侧,可能是从后方进入的;在椎骨前方的肋骨之间;与股骨头一起楔入骨盆窝内;紧靠胸椎;以及靠着右髂骨(Wendorf 1968:974)。在骶骨附近的填土中记录了一块与任何特定骨头都没有直接联系的带背微小石片。下一个墓葬是 25 号墓,葬有一具成年男性遗骸。在腿骨附近发现了一块未经修饰的硅化木片,具体位置不详。第 37 号墓位于该子墓群的中心,是一具中年女性的遗骸。在骶骨附近的填土中发现了一块带背薄片。第 34 号墓葬与前一个墓葬相邻,埋葬的是一具年轻成年女性的骸骨。在腰椎骨的腹面发现了一块截断的带背薄片,在邻近的填土中还发现了一块小石片。

最后,28 号墓位于子墓群的南端,埋在 34 号骸骨之上,埋有一具中年女性遗骸。在她面部后方的头骨内发现了一块未经修整的薄片。

来自 C-Ⅲa 的这群遗骸包括三名中年女性、一名年轻女性和一名老年男性。33 号妇女的胸部和臀部被一支从背后射来的带倒刺的箭射中。位于子墓群中心的 25 号成年男性和 37 号中年女性的情况"无法确定"，但他们与邻近填土中的石器有关。34 号年轻女性腹部受致命伤，28 号妇女头部受重击。该子墓群墓葬的紧密聚集显然是有意为之。即使 33 号墓的位置略显模糊，但所有个体都与石制品有关。这一墓葬群将有可能被视为努比亚晚更新世时期觅食人群的一个家族群体。他们是先后被埋葬的，还是整体被埋葬的？28 号和 34 号个体很可能被埋在同一个坑中。腿骨没有被破坏的重叠现象表明他们是同时或相继被埋葬的。

乍一看，C‐Ⅲb 群体的骨骼似乎属于集体埋葬（Wendorf 1968：992）的一个长方形的坑中，长 1.75 米，最大宽度 1 米（图 9）。该墓群由 8 个墓葬组成。北部的 27 号个体是一个 6 个月大的婴儿，放在 29 号个体上方的砂岩板上。29 号个体也在墓群的北侧，是一个面朝下的老年男性。他身上多处受伤，正如采集的 7 件石器所暗示的那样："在破碎的蝶骨内部"表明该点从下巴下方进入；靠在骨盆附近的腰椎上；在右肩胛骨和肱骨之间；在肩胛骨下方胸椎的左侧；对右股骨远端；靠在髂骨的背面；最后，头骨内部（Wendorf 1968：973）。由两个脱节的股骨和一个腓骨代表的小型墓群中心的 30 号个体是性别不明的成年人。这种不完整的埋葬特别有趣。有人认为，它"可能是先前埋葬的残余物，在集体埋葬期间受到干扰"（Wendorf 1968：975）。然而，没有发现其他任何骨头，甚至没有牙齿，这都表示选定的骨头与完整的原始埋葬聚集在一起可能是故意的。这一系列长骨可能是故意选择并放置在墓群的中心，为在 117 号萨哈巴山遗址实施的殡葬计划提供了另一种程度的阐述。东部的 35 号个体是性别不明的成年人，有多处受伤。在骨骼的不同部位发现了六件碎石器：下颈椎的一个微小石片；右股一个带背石片；三个截短的薄片，一个在颅骨旁边，第二个在胸腔，第三个在颈椎之间；最后，左手腕附近有一个未经修饰的薄片（Wendorf 1938：976）。31 号个体朝向为西北—东南，面朝西南。他是一名老年男性，有一部分埋葬在 26 号之下，但在 36 号之上。从骨骼的不同部位收集了 17 块碎石器，在胸腔、左眼眶、右肩胛骨和肱骨的关节、左右髂骨、左肱骨近端、左胫骨和腓骨之间，腰椎就在骨盆上方。发现两块石片嵌入胸椎和右侧耻骨联合中。下面的 36 号方向相反，为水平的东北—西南方向。她是一名年轻的成年女性，没有任何创伤证据。小型墓群东南端的 26 号为中年个体。她身上有几处受伤，胸椎和肋骨有烧灼伤的痕迹。在颈椎右侧的肋骨中发现了 5 件石器，位于右胫骨和腓骨之间的近端以及左脚踝。最后，32 号，一个性别不明的成年人，由脱节的腿骨代表，被埋葬在集体墓葬的南端。

子墓群 C - Ⅲb 由两个相同空间结构建成的小型墓葬群组成。每个墓群包括四个墓葬，即三个主要墓葬和一个次要墓葬。主要墓葬沿墓群的北侧或多或少地重叠排列，次要墓葬位于对面的南侧。在性别，年龄和相关遗物方面，北部子墓群包括一个6 个月大的婴儿（B-26），两个性别不明的成年人（B-30 和 35），其中一个（B-35）有 6 个碎石器，最后，一个成年男性（B-29）有7 个石器。南部的子墓群包括一名有 17 件碎石器的老年男性（B-31），一名有燃烧证据和 5 件石器的中年女性，一名年轻成年女性（B-36）和一名性别不明的成年人（B-32），两者都没有发现任何石器。埋葬在集体坟墓 C - IIIb 中的人的死亡可能是由于他们的大本营被突袭，这种情况可以解释在中年女性成年人（B-26）骨头上发现的燃烧痕迹。这些人可能属于同一群体，

79

彼此之间有一些亲属关系，正如一个 6 个月大的婴儿发现所表明的那样。来自 30 号和 32 号的腿骨，可能是"卡丹（Qadan）"晚更新世觅食区的近亲，盟友或朋友，可能是从其他地方的主要墓葬中收集，并与其他亲密的成员一起放置在集体坟墓中。

墓地东南部的 C‑IV（图 9）由三座墓葬组成。北部的 44 号是年轻的成年女性；在整个她的骨骼中发现了 22 件碎石器，是整个遗址中最大的样本：下颌骨之前，内部和后部，腰椎附近的腹腔，骨盆腔，胸腔，右股骨远端。其中两块被发现卡在骨组织中；"脊柱顶部腰椎之间的背衬和截短薄片；以及椎骨附近右第四肋骨的带背薄片"（Wendorf 1968：978）。这名年轻女子显然是被一阵射弹击中下颌骨和膝盖之间而被杀死的。

墓群中间的 45 号是手臂受伤的成年女性；在她的右臂远端附近，桡骨和尺骨之间发现了一块未经修饰的薄片（Wendorf 1978：978）。最后，南端的 46 号是一个性别不明的成年人，没有任何相关的碎石器。死者仅由头骨碎片代表。目前尚不清楚这是由于保存和侵蚀不善，还是有意如此。上述 C‑IIIb 的数据表明了二次葬的可能性。从这个角度来看，一个以前的原始墓葬中的头骨被选择用来与亲属或盟友"团聚"。

总之，C‑IV 主要是女性墓群。与 45 号相比，44 号成为受害者的暴力程度和强度是惊人的。她可能试图逃跑，但被来自不同方向的箭击中。

C‑V 位于墓地的中南部（图 9）。它由四个沿东西轴线延伸 2.5 米的墓葬组成。位于墓群北端的 20 号和 21 号似乎同时被埋在同一个坑中。它们以朝南的标准弯曲位置埋葬，21 号的腿向前弯曲（图 9）。20 号是一名中年男性，有六件碎石器记录了几处伤势，在前髂骨左侧、右桡骨和尺骨之间、下胸骨、右肩胛骨旁边和肱骨下方(Wendorf 1968:965 - 6)。21 号,也是一名中年男性,被弹丸击中,在他的骨骼中发现了 19 件石器。他的头骨、颈部、胸腔、骨盆和腿部被击中。墓群南半部的 16 号和 48 号与任何石器无关。前者是老年女性,后者是成年个体,可能是男性。

　　总结来说,一个有父母和儿子的家庭的成员可能被埋葬在 C - V 中。两名中年男子被几枚导致他们死亡的弹丸严重伤害, ⁸⁰ 被埋在同一个坑里。剩下的两个,老年女性,或者是母亲和也可能受伤的成年男性,在不同的时间被分开埋葬。

　　C - VI 位于墓地的中南部(图 9),由三个墓葬组成。22 号是埋葬在墓群北端的中年女性,没有任何相关的碎石器。23 号和 24 号被同时埋葬,可能是母子。前者,一个中年成年女性抱着后者,一个十岁的孩子。两个骨骼的下部都丢失了,可能被风蚀作用暴露并被破坏。23 号胸部受伤,记录了三件碎石器。24 ⁸¹ 号,被下颌骨下发现的微小石片击中上颈部,靠在颈椎上。这位母亲和她的孩子可能在外敌突袭他们的大本营时受了致命伤。

　　总之,C - VI 受到沉积过程的严重干扰,但核心信息仍然可以获得。两名中年女性,其中一名怀里抱着一个 10 岁的孩子,被埋葬在萨哈巴山墓群的南部范围内。母亲和孩子可能沦为袭击者的受害者。

　　墓地西北偏北的 C - VII 是一个集体墓葬群,有六个墓葬。这些人可能是突然袭击大本营的受害者,因为死者包括妇女和儿童(图 9)。100 号和 101 号分别为 7 岁和 5 岁的儿童。没有一个与任何碎石器有关。103 号和 105 号分别是 18 岁和 17 岁的青少年女性。前者可能死于致命伤害,在她的上腰椎和胸椎的神经弓上留下了碎石器(Wendorf 1968:981)。最后,102 号和

107 号所代表的成年人都是女性。其中一名中年人腹部受伤，在那里发现了一件石器，"靠在腰椎的腹侧"（Wendorf 1968：979）。另一个（104 号墓葬）是一个老年人，在地表以下 0.9 米处发现，她的头骨在墓群的南侧，似乎属于"一个相当古老的拘留所"（Wendorf 1968：981）。

令人惊讶的是，尽管 104/107 号墓葬可能是较早的殓葬方式，但它与后一组五个人的联系似乎并非偶然。C－VI 中概述的成年女性和儿童之间的关联在 C－VII 中再次发生，C－VII 个体的人口统计资料表明了突袭的致命后果，其中该群体中最年长的成员，中年人和 18 岁的女性受伤。

3－VIII 位于墓地的中南部。它由四个墓葬组成，沿南北轴线延伸 2 米。埋葬在墓群北端的 19 号是一个老年男性，没有任何相关的碎石器。15 号，在南边不远处，也没有任何碎石器，是一个中年女性。墓群南半部的 16 号以不寻常的紧密弯曲姿势埋葬，朝向南北，膝盖被带到下巴的位置。她是一个没有创伤证据的老年女性。最后，南端的 17 号个体，是一个中年男性。他与一个未经修饰的微石片有关，该薄片是从颈部区域的沉积物填充物中取出的，其确切位置未知（Wendorf 1968：964）。

C－VIII 在性别和年龄方面有明显一致性，中年男性和女性（墓葬 15 号和 17 号）和老年男性和女性（墓葬 16 号和 19 号），可能会产生误导。但是，很难抗拒将他们视为属于卡丹伙伴的诱惑。16 号腿部的紧绷向上弯曲可能被用来省去埋葬 15 号。从这个角度来看，16 号在 15 号和 17 号之后被埋葬。

位于墓地西南偏南的 C－IX 包括埋在同一个墓坑中的两个孩子。13 号是 12 岁的孩子，左手交叉在 14 号墓葬上，后者 7 岁，下肢骨头缺失。在 13 号的骨骼中发现了两件碎石器。一个

"楔在头骨底部的椎骨上"（Wendorf 1968：963），另一个在颈部区域，其确切位置未知。另一方面，发现了 14 号与三件石器。一个像前一种情况一样楔在颅骨底部的椎骨上，另一个在口腔后部，第三个在颅骨中。两个孩子在颅底呈现相同的致命原因。他们被箭射中嘴巴/脖子并埋在一起。

墓地西端的 C－X 是一个东西长 3 米、南北长 2 米的菱形墓群。它包含八个骨架，似乎分为两个不同的小组。东部子墓群（C－Xa）由四个墓葬中的五个骨骼组成，西部子墓群（C－Xb）有三个。

C－Xa 包括 7、8、9、10 和 12 号。该墓群东端的 12 号墓地包含一名 7 岁儿童。另一名 3 至 5 岁的儿童在沿同一东西轴线的 9 号墓葬中被发现。成年个体沿南北轴线排列。北端的 7 号是成年女性。8 号，居中，是一个老年女性，与 3—5 岁的 9 号埋在一起。这很可能是一个母亲带着孩子的坟墓。最后，南端的 10 号，是一个中年男性。C－Xa 子墓群呈现出卡丹觅食者带的连贯家庭单位的所有外观。这个墓葬群显然没有石器。死因不明。

墓群西端的 C－Xb 更难划定；哥伦比亚大学考察队在 1961—1962 年挖掘的三座墓葬——C－1、C－2 和 C－3 在墓地地图上没有出现。如果将它们添加到子墓群中，埋葬的数量将达到六个，而不是三个。因此，C－Xb 更可能由六个墓葬——4、5、6、C－1、C－2 和 C－3 组成（图 9）。在 4、5 和 6 号墓中暴露的骨骼中，没有一个包含任何碎石器。关于哥伦比亚大学考察队挖掘的墓葬的信息是粗略的，其中包括两个成年人的碎片，[一个男性]和一个 6 岁的孩子（Wendorf 1968：979）："一个成年人在左侧，头朝东，面朝下，手臂半弯曲，手在前面，腿半弯曲，脚后跟靠近臀部。其他人的位置[是]未知的。"

4 号和 5 号同时埋在一个细长的坑中。前者，4 号，为中年女性。她的骨骼中央部分受到侵蚀，导致胸腔和上肢受损。后者，5 号，是一名中年男性。他的骨盆和腿放在单独的 4 个头骨上。最后，在子墓群南侧的 6 号是成年男性。他的骨架受到后来叠加的 50 号和 51 号墓葬的干扰。

总之，C-Xb 由两个多重墓葬组成，即北侧的 4 号和 5 号，南边的 C-1、C-2 和 C-3，中间的 6 号部分。C-1、C-2 和 C-3 骨骼与碎石器、J 形几何碎片、三个未经修饰的薄片和一个核心碎片有关。然而，它们的确切位置尚不清楚。C-1、C-2 和 C-3 有一个成年男性，一个性别不明的成年人和一个 6 岁的孩子，可能是同一个核心"家庭"的成员。4 号和 5 号，或多或少是同龄人，可能是配偶。随着微小的变化，C-Xa 记录的模式在 C-Xb 中重新出现，使其偶然性越来越小，而且特别重要。

很难估计晚更新世的卡丹觅食者使用萨哈巴山墓地埋葬死者的时间。一些线索表明，墓地可能已经使用了相对较短的时间。"描述详细"的殡葬计划相对紧凑的实施表示或多或少地直接从一代传到下一代。埋葬的顺序可能包括：(1) 墓坑的准备；(2) 死者尸体的准备；(3) 尸体按规定的方式放置在坟墓中，略有变化：死者应放置在左侧，东西朝向，脸朝南；腿弯曲到紧紧弯曲；(4) 墓坑封闭，用砂岩板保护。

萨哈巴山墓地的 59 人中有 24 人（40.7%）与碎石器有关（表 1）。许多人受伤并因伤势过重而死亡。同时安葬的集体埋葬可能是由于对卡丹觅食者的大本营进行不经常但致命的袭击。人们很容易将萨哈巴山墓地的材料记录视为卡丹觅食者生活的快照——充满冲突和暴力的生活："许多人的死亡表明，情况比导致邻近群体之间偶尔发生摩擦的情况更严重。"(Wendorf [83] 1968:993)这种暴力可能是由觅食者生存基础的广泛退化引发的,受到晚更新世气候恶化的严重影响。

表 1 萨哈巴山的人口概况

婴儿	儿童	青少年	年轻人	成年人	中年人	老年人
27	2(11 岁)	103(18 岁)	34(女)	1—	4(女)	8(女)
	9(3—5 岁)	105(17 岁)	36(女)	3—	5(男)	16(女)
	12(7 岁)		40(男)	6(男)	10(男)	19(男)
	13(12 岁)		41(女)	7(男)	15(女)	25(男)
	14(7 岁)		44(女)	30—	17(女)	29(男)
	24(10 岁)		106(男)	32—	20(男)	31(男)
	47(6 岁)			35—	21(男)	104—
	100(7 岁)			37—	22(女)	107(女)
	101(5 岁)			43(女)	23(女)	
				45(女)	26(女)	
				46—	28(女)	
				48(男)	33(女)	
					38(男)	
					39(男)	
					42(男)	
					49(女)	
					102(女)	
总数 1	9	2	6	12	17	8

备注:一,性别未知。 [84]

然而,殡葬计划数据可以有不同的处理方式,这取决于人们希望依赖的墓地的"使用寿命"。上述"灾难选项"是基于对墓地的短暂但未指明的使用。让我们考虑一下萨哈巴山墓地已经被分散的卡丹晚更新世一代人之间，大约 25 年。所有抽样人口的平均死亡率为每年 2.36 人，受伤部分的平均死亡率为每年 96 人。如果墓地被两代人使用，大约 50 年，如果考虑到所有抽样人口，每年将有 0.18 人死亡，每年有 48 人受伤死亡。如果使用期限延长到四代或一个世纪，每年将有 0.59 人死亡，每年将有 0.24 人受伤死亡。一般来说，在整体和平互通的背景下，竞争群体之间会遭遇孤立的暴力。

萨哈巴山墓地提供了对卡丹儿童、妇女和男人生活的不寻常的一瞥。有了适当的弹道专业知识，就可以重建一些人在遭受突袭或逃离敌人时是如何被箭击中的。坟墓的聚类可能部分地阐明了以萨哈巴山墓地为"公共"墓地的不同卡丹觅食者群体中的亲属关系。墓地的出现，在现阶段至关重要。墓地成为景观中的新焦点，通常分散和散开觅食者群体。

晚更新世见证了非洲北部和东北部的末旧石器时代觅食者的墓地出现。来自北非的伊比里亚人墓地没有暴力的痕迹，但有充分的证据证明牙齿修饰的做法可能是一个身份标志（Balout 1955）。暴力死亡的证据，从大约公元前 20000 到 13000 年，在尼罗河谷的库巴尼亚河谷和萨哈巴山有记录。令人惊讶的是，与渐进模式中的预期相反，墓地的使用并没有持续存在；它们从考古记录中消失了几千年。

2. 全新世觅食者墓葬

除了尼罗河谷和北非，非洲大陆其他地方很少记录到晚更新世和全新世早期的觅食者墓葬。就北半球而言，这种特征的数量达到三次，分别在阿哈加尔（Ahaggar）的阿梅克尼（Amekni）、塔德拉尔特·阿卡库斯（Tadrart Acacus）南端的提-

恩-哈那卡腾和尼日利亚雨林的伊沃·厄雷努。

来自伊沃·厄雷努的被遗弃成年男性尸体

来自伊沃·厄雷努的被遗弃成年男性尸体可追溯到约公元前 9450—前 9050 年。该遗址本身是一个相当大的岩石庇护所。位于尼日利亚西部 70°25′N 和 50°20′E。在平台的考古堆积中挖掘的一系列相交的探沟揭示了厚度为 1.5 米的地层顺序，"没有明显的地层断裂"（Shaw 1972：190）。间歇性，可能是季节性地占据伊沃·厄雷努，从公元前 9450—前 9050 年（I 1753）持续到公元前 1580—前 1450 年（Hv 1512）。由石英和玉髓制成的物品，钻孔器、刮刀、吊架、梯形、尖形和截断刀片组成的微石工业在矿床的下部占主导地位。陶器和磨碎的石斧在地层顺序的上部被发现。保存不佳的人体骨骼暴露在岩石悬垂且最干燥的探沟底部。死者紧紧地蹲伏在基岩上的两个塌陷的大块石头之间。没有明显的墓坑痕迹，"石器时代的地层穿过骨骼上方，没有任何中断"（Shaw 1972：191）。死者很可能被放置在两块大石头之间，用树叶、草和/或树枝保护免受食腐动物的侵害。随着侵蚀岩石庇护所产生的沉积物后来蔓延到伊沃·厄雷努人的墓地。死者为中年男性，年龄在 35 至 45 岁之间，牙齿严重磨损。根据唐·布鲁斯威尔（Don Brothwell）的说法，牙齿"以向不同方向延伸的大斜曲线磨损到牙龈，仅在较高部分留下小块月牙形牙釉质"（quoted in Shaw 1972：191）。伊沃·厄雷努人身上记录的磨损模式可能是由于剥离和食用生的或有时是沙质纤维状热带块茎而产生的撕裂效应（Shaw 1972）。

阿梅克尼的祖母和孙子

阿梅克尼位于阿哈加尔山脉的西南部，位于花岗岩巨石区，在一块大石头的脚下。从公元前 7 世纪到公元前 6 世纪，该遗址被一群制作陶器的觅食者占领。阿梅克尼的发掘揭示了三个全新世早期墓葬(Camps 1969,1978)的存在，其中有一个有两个孩子的妇女。妇女 40—50 岁，小孩子 2—3 岁，年长的 5—6 岁。孩子们用兽皮包裹着，以蹲踞的姿势埋葬。这位 40—50 岁的女性不太可能成为两个孩子的母亲；她可能是外祖母，也可能不是。

提-恩-哈那卡腾的孩子

提-恩-哈那卡腾是一处岩石遮蔽物，位于塔德拉尔特·阿卡库斯河(Tadrart Acacus)和塔希里-恩-阿贾尔(Tassili-n-Ajjer)交汇处，距地加奈特(Djanet)东南约 150 公里，拥有厚达 5 米的考古学堆积，令人印象深刻。遗址被占领的时间序列长达 2 万多年，其中有松散的阿切莱(Acheulean)物质文化痕迹。起始年代最长的部分形成于陶器出现前后的旧石器时代。发掘发现了一座儿童墓葬，年代约为公元前 6000 年，没有任何随葬品(Aumassip 1978)。死者的尸体呈蹲踞式，用兽皮包裹，躺在一个圆形的坑里，坑里铺满了草和秸秆，坑口用一块涂满红赭石的石板封住。

图 10　撒哈拉中部"钥匙孔"遗迹（图片来源：Di Lernia 2013）

小 结

在晚更新世末期和全新世早期的大部分时间里,单一的原始墓葬是标准的做法。从全新世早期后期开始,随着生存系统的深刻变革,殡葬习俗发生了重大变化,导致墓地的普遍化和广泛使用。从公元前 7000 年开始,有关埋葬地点的习俗越来越多样化(Bard 1984;Bathily et al. 1992;Di Lernia and Manzi 2002;Paris 1384,1996;Bernus et al. 1999)。根据具体情况,死者被埋葬在定居营地内挖掘的墓穴中,或被运到附近的小型墓地进行土葬,或被运到带有"纪念碑墓"的特殊大型墓地。在撒哈拉沙漠及周边地区记录到的大小墓地大多属于全新世早期中期的流动牧民和游牧社区。

3. 中全新世牧民和牧民墓葬

在整个北热带非洲,从尼罗河谷到摩洛哥阿特拉斯、地中海沿岸以及热带草原萨赫勒地区,所有牧民和游牧社会都在使用带有简单或复杂墓葬的墓地。这些墓地大多位于撒哈拉山脉边缘的低洼地区。它们的集中程度因地区而异;在塔希里-恩-阿贾尔山脉北侧的法德农(Fadnoun)有小规模的分散(Holl 1989,Savary 1966),在撒哈拉中部的主要山谷沿线(Di Lernia and Manzi 2002,Gauthier and Gauthier 2006,Paris 1996),在阿尔及利亚东部分布着令人印象深刻的墓地(Camps and Camps 1964)。位于阿尔及利亚君士坦丁以南和以东的布欧-莫佐格(Bou Merzoug)河流域的杰贝·马泽拉(Djebel Mazela)墓地面积超过 400 公顷(Camps and Camps 1964:7-8),包含多达 4000 个石室墓。

大多数北非巨石葬传统都包括单人或多人主要埋葬和多人

次要埋葬。在后一种情况下，遗骸被放置在用不同大小和形状的石块建造的墓室中。撒哈拉和环撒哈拉古迹传统的特点是，墓穴从浅到深都有（图 10），在墓葬结构的中心或多或少有一个或多个圆形或椭圆形的墓坑。它们的大小和形状差异巨大，但都没有墓室。墓葬和墓地的地区分布因地区而异。在某些地区，人们发现了使用时间较长的特别大的墓地。这些墓地可能是为流动牧民和游牧群体的广泛网络提供服务的，也可能是其实际文化景观中的关键节点。通过对一个发掘得较好的墓地——伊维伦——的详细分析，我们可以了解到全新世中期牧民和游牧民族的生活。

87

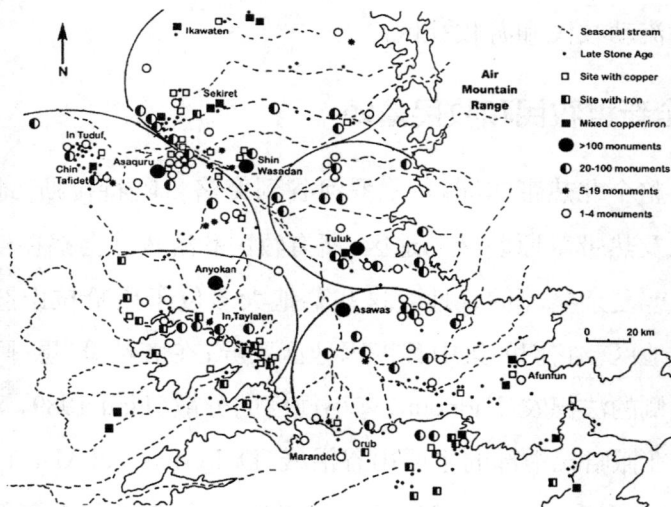

图 11　全新世晚期尼日尔伊格哈兹尔盆地（Eghazzer Basin）游牧范围

伊维伦：新石器时代中期北阿伊尔游牧墓地的形成

伊维伦位于尼日尔共和国北阿伊尔，北纬 190°46′，东经 80°26′（原文：190°46′N latitude，80°26′E longtitude），是一个牧民-游牧民墓地。大部分墓葬集中在中部偏东的地方，占地约

62.50公顷,有四个相对孤立的新月形纪念碑沿着一条间歇性溪流的北岸、西北岸和西岸延伸。主要墓葬集中在一个宽约 500 米、长约 1250 米的长方形内。该墓地的放射性碳年代从公元前 5020±250 年(Pa837)到公元前 1175±80 年(Pa766)不等,使用时间长达近 4000 年(Paris 1990：68 - 9)。它与河谷两岸的岩画板和两个不同的居住遗址有关。伊维伦是撒哈拉大面积墓地遗址中罕见的完整发掘案例之一。从 1980 年到 1987 年,共发掘了 64 座不同大小和形状的墓葬。这些墓葬纪念碑都是用石块砌成的,都是围绕墓穴模式变化的,被分为五类:(1)环形墓(33 座);(2)平顶砾石墓(16 座);(3)简单的土墩(10 个);(4—5)新月形和圆盘形土墩(5 座)。

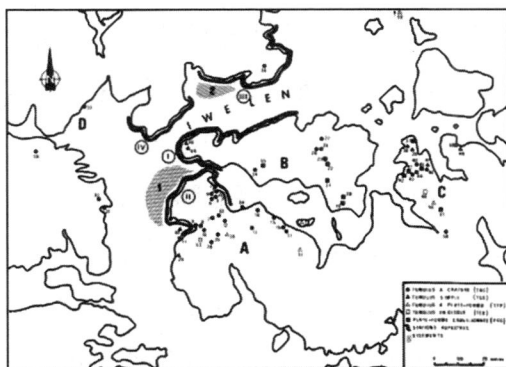

图 12　尼 日 尔 阿 伊 尔 北 部 伊 维 伦
(Iwelen)墓地(图片来源:F. Paris 1990)

乍一看,如果将伊维伦墓地视为一个连贯的整体,它被划分为三个区域,其密度和墓葬空间布局各不相同。东区有 17 座墓碑,分为五个变体,南北长 500 米,东西最大宽度 300 米。中部有一个由 8 座墓葬组成的墓葬群,北部、南部和东部两侧是由 2 至 4 座墓葬组成的墓葬群。北部区域东西长 800 米,南北最宽

400 米。属于三个变体的 12 座纪念碑墓葬分布在东部、中部和西部，有五对和两座相对独立的墓葬。最后，南部区域包括 27 座纪念碑墓葬，分布在东西长 600 米、南北宽 350 米的区域内。它们被排列成一个由 6 座古墓组成的重要的北部集合体，以及一系列成对、三胞胎和相对孤立的墓葬，分布在一个宽阔的西-东带中。

第一阶段：约公元前 5000—前 4000 年

上述空间格局是墓地至少四千年来不规则递增的结果。由于当地纪念碑的能见度很高，因此在确定墓葬位置时很可能会受到已有纪念碑的制约。从这个角度看，墓葬的位置和聚集是有意为之的。可以从更精确的非同步角度来分析墓地的形成。平顶砾石墓和新月形土墩是墓地最早的墓葬特征。前者的年代约为公元前 5020 年至公元前 2810 年，后者的年代约为公元前 4750 年至公元前 4000 年(Paris 1996：215)。

这些平顶砾石纪念碑的表面范围为 10 到 40 米，由两个结构部分组成，即墓坑和石质上层建筑。墓坑一般位于石碑中心，呈圆形或椭圆形。最深的标本挖到了地表下 2 米处，里面有一到两个人的遗骸。石质上层建筑也呈圆形，由三至四道低矮的石墙划定，并用砾石填充。平顶砾石碑墓葬的埋葬程序可概述如下：(1)用牛皮裹尸布紧紧包住的死者遗体被安放在一个狭窄的圆形或椭圆形坑中，坑内没有随葬品。(2)用红赭石涂抹死者的尸体和/或裹尸布。(3—4)填平并封闭墓坑，在地面上建造 0.50 至 0.75 米高的上层建筑。

伊维伦墓地的建立是一个非常缓慢的过程，从现有的放射性碳年代来看，七座平顶砾石纪念碑建于公元前 5000 年至公元前 4000 年之间。最早的 20 号纪念碑位于"岛山"(Inselberg)的东南部,年代约为公元前 5020 年(图 12),里面有两个人的遗骸。最初埋葬的是一名成年女性,坐东朝西,左侧卧。大约 1000 年后,即公元前 4280 年左右,该纪念碑被重新使用,埋葬了一名儿童,也是左侧卧,但葬向为坐北朝南。第二座墓葬是 41 号纪念碑,年代约为公元前 4980 年,位于东北方向 300 米处的间歇性溪流右岸。死者是一名年轻的成年女性,左侧卧,坐北朝南。第三座墓葬,22 号纪念碑的年代约为公元前 4015 年,位于 20 号墓葬以北 150 米处。其中有一具青壮年男性遗骸,尸体右侧卧,坐北朝南。第 55 号纪念碑是第四座墓葬,建于约公元前 3970 年左右。位于 20 号墓葬西北 400 米处。它属于一名成年男性,右侧卧,坐东朝西。在 1000 年的时间里建造了四座墓葬,这说明伊维伦墓地的建设在最初阶段异常缓慢。新出现的墓地的空间布局特别有趣。它分布在全新世中期撒哈拉中部牧民游牧族群的一片广阔的"文化景观"上,这片"文化景观"被分配给这些高度流动的族群中已故的成员。最初的 41 号和 55 号墓葬纪念碑相距 700 米之远,20 号和 22 号纪念碑位于南北轴向分界线的中间(图 12)。其中三座平顶砾石纪念碑没有直接标注年代。不过,在大约公元前 5000 年至公元前 4/3900 年的 1000 年后,该地区被闲置了三到四个世纪(Paris 1996:215)。在第一阶段,墓葬仅限于墓地的北半部,所有墓碑都属于平顶砾石墓。

第二阶段:约公元前 3600—前 3000 年

埋葬活动在公元前 3600 年左右在伊维伦恢复,且拥有更广泛的纪念碑。从公元前 3600 到 3000/2900 年的出土纪念碑中有六个分布在三种变体中。

19 号纪念碑位于墓地的中央部分，是一个额外的平顶砾石平台，其中包含一名成年男性，右侧卧位并呈东西方向。其中四座纪念碑是"火山口坟墓"，呈龙锥形，表面范围从小于 10 至大于 40 平方米不等，高度从 0.5 至 1.8 米不等。一种粉质黏土状砂浆被用来建造纪念碑的墙壁。在大多数情况下，死者被放置在地面和墓葬上层建筑上，其火山口状的中央凹陷建在尸体周围和上方。在 31 次中有 8 次被挖了一个坑或浅凹陷作为死者遗骸的容器。其中三个"火山口古墓"位于墓地的西部。它们沿着南北轴线设置，北面有 52 号纪念碑，南面有 28 号纪念碑，南半部有 25 号纪念碑。52 号纪念碑可追溯到约公元前 3420 年，包含一名年轻的成年女性的遗体，埋葬在一系列黏土容器中。她处于右侧卧位，东西朝向。25 号纪念碑可追溯到约公元前 2980 年，属于成年女性。她被埋葬时，她的石唇塞在左侧，朝西东方向。最后，28 号纪念碑，可追溯到公元前 2935 年，属于一名年轻的成年男性，处于右侧卧位，朝向东西方。

其余两座纪念碑——43 号和 66 号，位于墓地的北半部，彼此相距约 900 米。前者位于东部，是所考虑的第四个火山口形墓葬，可追溯到约公元前 2935 年，其中包含保存不佳的婴儿遗骸。后者在西部，是一个简单的圆顶形坟墓，在最初的埋葬之后几个世纪被重新使用。一名年轻成年女性的最初埋葬时间约为公元前 3305 年。她处于左侧卧位，呈东西向。后来埋葬的是一个婴儿的遗骸，呈左侧卧位，朝向南北，时间约为公元前 2520 年。

大约在公元前 3000 年，伊维伦墓地被东西向的溪流谷分为两个主要部分。纪念碑密度较高的北半部有两组不同的墓葬，相距 300—350 米，东边有四座纪念碑，中间有四座；西边有两个相对孤立的墓葬,相距约 300 米。南半部的墓葬以线性南北排列的形式限制在西南。令人惊讶的是,从最近邻的角度来看,值得注意的是,孤立和聚集的纪念碑设置在从一个到最近的邻居 350—400 米的距离的位置。仿佛专门埋葬这些中撒哈拉牧民游牧群体已故成员的区域被分配给了不同的社会阶层(氏族?)。三个纪念碑变体、平顶砾石平台、火山口形坟墓和简单的圆顶形坟墓,都代表了单一的原始墓葬实例。

第三阶段 公元前 3000—前 2000 年

从公元前 3000 到前 2000 年,伊维伦墓地的使用在第三阶段经历了相对加速。大多数"火山口形"和"圆顶形"的坟墓似乎是在这个阶段建造的,也伴随着随葬品的实践。三种纪念碑以截然不同的频率呈现:35 座墓葬中有 12 座"火山口形"墓葬,11座墓葬中有 3 座"圆顶形"墓葬,最后,17 座墓葬中有 2 个"平顶砾石平台"。墓地明显分为三个区域。北区有两座新墓葬。21号墓葬是一个平顶砾石平台,葬有一具成年女性的骸骨,左侧卧,坐南向北,是东部线形墓群的新增墓葬。66a 墓葬已经提到过,其中有一具婴儿骸骨,左侧卧,坐北朝南,位于以前使用过的66 号圆顶形墓葬中。

随着墓葬空间向东扩展,东部地区又增加了五座纪念碑。它们被排列成两对类似的纪念碑,在该区域的最北端有一个孤立的纪念碑。37 号纪念碑是一个平顶砾石平台,上面有一具成年男性的骸骨,呈东西走向,右侧卧。有趣的是,这两对记录在案的古墓由两个不同的石碑组成,一个是圆顶形,另一个是火山口形。西侧的 46—47 号墓葬由成年男性墓葬组成。前者是一个火山口形的墓碑,尸体坐西朝东,右侧卧,年代约为公元前

2520 年。后者是约公元前 2415 年出土的圆顶形墓葬，死者也为右侧卧，坐北朝南。东面的 49 号和 50 号墓葬位于前一个墓葬的 150 米处，由两个成年女性墓葬组成。49 号墓葬是一个圆顶形的土坑，年代约为公元前 2795 年，埋葬着一具年轻成年女性的骸骨，坐北朝南，左侧卧。50 号纪念碑位于北面几米处，是一个火山口状的土坑，年代约为公元前 2415 年。其中有一个与一个成年女性遗骸有关的贝壳，遗骸呈东西走向，左侧卧。

在西南部地区，墓葬活动的速度明显加快，共发现了 11 座新的纪念碑，另有一座火山口形墓葬。它们呈两种不同的模式：在北部，5 号和 6 号墓葬密集地分布在一起，而在南部，则沿着西—东轴线相对分散地分布。5 号墓葬的年代约为公元前 2485 年，墓主是一名成年女性，东西向，左侧卧。6 号纪念碑位于其西侧，年代约为公元前 2480 年，埋葬的是一名婴儿的遗骸，坐东朝西，左侧卧。其余六座纪念碑沿东西轴线排列，11 号墓葬位于西端，16 号墓葬位于东端。

11 号和 60 号纪念碑位于墓地边缘的季节性溪流岸边。前者被使用过两次，先是埋葬了一个成年人，后来又埋葬了一个婴儿。大约在公元前 2305 年，最初为成人修建了墓葬，墓主人是一名女性，左侧卧，坐西向东。稍后埋葬在上面的婴儿也是左侧卧，但朝向南北。后者，即 60 号墓葬，是位于悬崖凹陷处的一个圆顶形纪念碑。其年代约为公元前 2200 年，埋葬着一具婴儿遗骸，婴儿右侧卧，坐北朝南，还有一块未确定的铁片。第 8 号纪念碑位于前一个纪念碑东北方向约 100 米处，年代约为公元前 2600 年，成年女性，坐东朝西，左侧卧。

7 号墓葬和 12 号墓葬位于西南区中心，是三个墓葬群的一部分。前者的年代约为公元前 2675 年，包含一具左侧卧的年轻

90

成年女性遗骸,方向为东西向。后者的年代约为公元前 2410 年,属于一名成年男性,坐东朝西,右侧卧。

13、14、15 和 16 号纪念碑位于西部区域的东部。它们呈三角形排列,彼此相距 100 至 150 米。西部的 13 号纪念碑可追溯到约公元前 2550 年。死者是一名成年男性,东西向,右侧卧。三角形东端的 16 号纪念碑属于一个性别不明的成年人,左侧卧,东西向,可追溯到约公元前 2395 年。前一个墓地西北部的 15 号墓葬包含两个人的遗骸。为之建造纪念碑的性别与年代都不明的成年人呈右侧卧位,并坐西朝东。后来埋葬的婴儿,年代约为公元前 2480 年,也为右侧卧,但坐东朝西。最后,三角形顶点的 14 号纪念碑,可追溯到约公元前 2710 年,属于一个可推测的成年女性。她坐东朝西,右侧卧。特征是,除了一个纪念碑外,墓群中的所有纪念碑都具有相似的坐东朝西的方向。

在第三阶段结束时,大约公元前 2000 年,根据年代测定的特征,西部地区点缀着十三个墓葬,都是火山口形状的墓葬变体。它们以三种不同的排列方式分布,11 和 8 号纪念碑在西部范围内相对孤立;13、14、15 和 16 号纪念碑在东部呈三角形排列,中心的一组两到三个纪念碑墓群沿南北轴线延伸:北部是 5 和 6 号墓群,7、12 和 52 号墓群在中心,最后是南部的 25 和 28 号墓群。

总之,大约在公元前 2000 年,伊维伦墓地被划分为三个不同的墓地,其强度不同。葬礼和埋葬事件很可能很少发生,大约十年一次,但墓地空间的渐进式发展肯定留给了随机过程。具有聚类和/或分散模式的实际空间结构实际上是有意和信息良好的社会决策的结果。换句话说,在伊维伦墓地景观上似乎没有任何计划的空间设计。但是,在几千年中做出的一系列位置决定形成了墓地的布局,随着时间的流逝和墓葬数量的增加,墓地的布局变得越来越受到限制。宗族关系、政治和/或婚姻联盟以及血统可能是限制个人埋葬相对地点的一些社会力量。在第二阶段(约公元前 4000—前 3000 年)出现的墓地划分为三个子墓地,可能是为了容纳在年度游牧周期中汇聚到科里·伊维伦排水沟的牧民游牧部落单位而设计的。

第四阶段:约公元前 2000—前 1000 年

在第四阶段,大约公元前 2000 至前 1000 年,伊维伦墓地的使用发生了重大变化。西北墓地未被使用,大多数(如果不是全部)新纪念碑都建在东部和西南部。然而,在这个时间段中,有四种出现频率较低的纪念碑变体:一些圆顶形的坟墓,一个平顶的砾石平台,但主要是平顶和圆盘形的坟墓。其中两座新的 48 和 56 号纪念碑位于东部墓地区的南部。前者是一个相对较大的圆盘形坟墓,面积超过 40 平方米,包含一个婴儿的遗骸,坐北朝南,左侧卧位。后者是平顶墓,也是婴儿墓葬,坐南朝北,右侧卧。

西南墓地区新建了 3、18、36、53 和 57 号五座纪念碑。其中,53 号墓地位于西南墓群的中心,是一个 40 多平方米的大型圆盘形结构。其余四个属于平顶坟墓变体。被加到北墓群的 3 号纪念碑包含一个坐东朝西的婴儿遗骸,左侧卧,墓葬内有两个黏土容器。36 号,设置在一串南北向墓葬的南端,属于成年女性,坐北朝南,左侧卧。18 和 57 号纪念碑设定了西南墓地区的东部界限。前者位于东北部的岩石海角上,包含两个人的骨架:一个成年女性和一个婴儿。这座纪念碑最初是为成年女性建造的。她呈右侧卧位,坐东朝西,随葬一件装饰着她身体的红玉髓

91

唇塞。后来埋葬的婴儿同样为右侧卧位,但坐北朝南。后者是位于东南部的 57 号纪念碑,距离最近的邻居有一段距离,同样是一个婴儿墓葬,呈右侧卧位,坐东朝西。

45 号纪念碑是一个可追溯到约公元前 820 年的平顶砾石平台,是在伊维伦挖掘的最新特征,是位于东部墓区中央墓群中心的婴儿墓。死者遗骸保存得很差,无法确定尸体的位置和方向。

考虑 9 个墓葬的小样本,从对第四阶段纪念碑的分析中出现了一个惊人又惊喜的模式。它们主要是平顶和圆顶形坟墓中的婴儿墓葬。18 和 36 号纪念碑中有两例成年女性存在。没有成年男性埋葬令人费解,但也很有趣。墓地的使用可能再次转移到一个特殊的社会类别,主要埋葬非常年轻的人,很少与他们的女性亲属在一起。

小 结

对北部阿伊尔伊维伦田园游牧墓地的长期建设的审视揭示了这个"社会认可"空间使用的更有活力的画面。墓地从其核心发展而来,具有不同的纪念碑变体。它最初局限于中北部和东北部,有平顶砾石平台状墓葬。它在第二阶段和第三阶段向西、西南和东部蔓延,结合了平顶砾石平台、火山口形和圆顶形坟墓。在最后的第四阶段,从大约公元前 2000 年到前 1000 年,达到了它的南部最大极限,增加了两个新的纪念碑变体:平顶和圆盘形坟墓。

这些案例制定的殡葬计划大致遵循类似的路线。死者的尸体被放置在或多或少的浅坑中,或躺在地面上,以弯曲到紧缩的姿势。处理死者尸体的方式各不相同,男性通常为右侧卧,女性为左侧卧(Paris 1990,1996)。一般而言,随葬品数量很少,也没

132

有创伤和受伤的证据报告。之后建造了墓葬上层结构,用于平顶砾石平台,火山口形,圆顶形,圆盘形或平顶坟墓,以隐藏和保护死者的尸体。

4. 赤道园艺家

非洲赤道雨林集中在刚果盆地,分布在非洲中北部的几个国家。它的北部边界从西北部的比夫拉湾(Bight of Biafra)延伸到苏丹/乌干达的南部加扎勒河(Bahr el Ghazzal)。其西部边界沿着大西洋海岸,从北部的喀麦隆到南部的刚果共和国。其东部边界沿苏丹西南部、乌干达和刚果民主共和国延伸。最后,其南部边界与刚果民主共和国的南部边界重合。它四面环绕着草原和稀树草原森林由于全新世晚期的气候波动而扩大或收缩。在喀麦隆南部,加蓬、刚果、刚果民主共和国、乌干达、卢旺达、布隆迪和中非共和国挖掘了几处赤道园艺遗址。在这个阶段,在赤道雨林本身的范围内还没有发现任何墓地(Lanfranchi and Clist 1991)。沿北部和南部进行了考古学的重新搜索,提供了过去 5000 年间在刚果民主共和国东南部的乌彭巴盆地(Upemba Depression)和中非共和国西北部的布阿尔地区不断变化的埋葬习俗的丰富记录。(De Maret 1985,1992,1999;Misago 1991;Zangato 1999,2000)。

乌彭巴盆地

在乌彭巴盆地记录了超过 50 个考古遗址,乌彭巴盆地是扎伊尔河(Zaire)、洛沃伊河(Lovoi)和卢菲拉河(Lufira)交汇处的沼泽地,有许多小湖泊(图 13);北部是卡班巴湖(Kabamba),中部是基萨莱湖(Kisale)和乌彭巴盆地。调查区域位于南纬

70°50′—90°30′,东经 250°55′—270° 03′。从 1957 年到 1988 年,挖掘了六个记录的地点——桑加(Sanga)、卡同果(Katongo)、卡米兰巴(Kamilamba)、卡托托(Katoto)、基库鲁(Kikulu)和马伦巴-恩库鲁(Malemba-Nkulu),提供了 300 个坟墓的样本。挖掘的材料允许重建与卢巴(Luba)的出现有关的当地定居点顺序(Maret 1999,Misago 1991)。定居点证据通常保存得很差,但墓葬及其相关的随葬品被用来揭开了重要的文化里程碑。当地的文化序列始于公元 600 年,当时一小群使用铁的农民和渔民定居在乌彭巴盆地沿河的分散的小宅地中。它分为五个连续的传统——卡米兰巴人(公元 600—700 年)、早期基萨莱人(公元 700—900 年)、古典基萨莱人(公元 900—1200 年)、卡班巴人 A(公元 1200—1500 年)和卡班巴人 B(公元 1500—1700 年),每个传统持续 100 至 300 年。

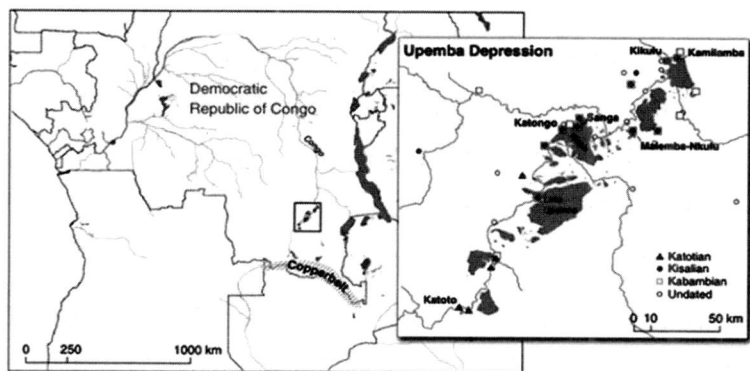

图 13 乌彭巴盆地(Upemba Depression)的考古遗址(图片来源:O. D. Oyedokun 2024)

卡米兰巴人的定居点位于盆地的北端。他们的殡葬习俗记录在卡米兰巴发现的一个墓葬中。死者埋葬在一个细长的坑中,坐东朝西,头朝向河流。墓葬里有一个重要的金属文物堆,全部由铁制成，由十四个铁工具和武器组成（de Maret 1999：152）。

　　早期的基萨莱定居点位于基萨莱湖周围，位于南部的卢菲拉河和北部的洛沃伊河交汇处之间，但也更北。埋葬方向和死者的位置与卡米兰巴人没有区别，但来自赞比亚铜带的铜的随葬品更为丰富。有几件器皿，但铁器和武器、铜珠和手镯更常见，此外还有两把礼器斧。来自卡米兰巴的一座基萨莱坟墓有一个特别令人印象深刻的随葬品组合，包括一把礼器斧和一个铁砧，放在死者的头骨旁边（Maret 1999：155）。后一项是指铁冶金与政治权力之间的象征性联系，暗示着社会等级的出现和领导制度的存在。因此，从以前的早期铁器时代传统中产生的早期基萨莱人标志着主要政治和经济进程的开始，例如长途贸易联系，财富、权力和声望的不平等分配，以及更高的人口集中度。

　　从公元900年到1200年的古典基萨莱人是通过在基萨莱湖西岸的卡同果和桑加发现的130个墓葬样本记录下来的。文化遗迹的数量、多样性和精致性表明了社会等级和性别和地位方面的分层区别。金属、象牙、骨头和陶器文物的精致工艺表明了工艺专家的存在。铜制品和贝壳表明与"铜带"和印度洋沿海城镇的长途贸易正在加强。一些文物是针对性别的，在女性身上发现了贝壳和牙齿项链。男人被埋葬时腰带上有人类的颚骨（de Maret 1999：157）。从陶器的累积数量可以看出，产品的汇集清楚地表明了财富差异。有19座墓葬，每个坟墓有20多个容器；更有7座墓葬汇集了30多件随葬品。最丰富的墓葬还包含最有价值和不寻常的文物：铜饰品、铁器、铁铃铛、豹牙、人类的下颚、玳瑁、贝壳以及象牙吊坠。在古典基萨莱时期出现了一个政治精英,并可能将其意识形态扩展到整个乌彭巴盆地。

在接下来的卡班巴 A(公元 1200—1500 年)和 B(公元 1500—1700 年)期间,情况发生了很大变化,从马伦巴-恩库鲁和基库鲁发掘的墓葬中可以看出。死者相对于水道的方向是不同的。随葬品的平均数量较低,铁较少,但铜器较多。来自印度洋贸易网络的贝壳、圆锥和玻璃珠仍然存在,还有来自铜带的非标准化和后来标准化的铜十字架。在卡班巴 B 期末期,墓葬仪式有所改变,随葬品总量大幅减少,只剩下非常小的铜十字架和少量厚重的红泥器。没有证据概述地方子墓群演变的一般趋势。尽管如此,马雷(De Maret 1999:158)认为,"盆地西北部稀树草原的王国……的出现逐渐制服了乌彭巴盆地的居民,加速了他们文化同质性的消亡"。

小 结

乌彭巴盆地 1100 年序列中记录的丧葬程序相对简单。简单的初次埋葬显然是当时的文化标准。死者被埋葬在靠近河道的长坑中。他们一般都处于伸展姿势,周围摆放着墓葬用品。[94] 在古典基萨莱时期之后,尸体的朝向以及墓葬物品的数量、多样性和丰富程度都有一些变化。在卡米兰巴时期(公元 600—700 年),乌彭巴盆地使用铁器的园艺家定居在分散的小宅院/小村庄里。在成功适应了沼泽、富饶和肥沃的洼地环境后,人口不断增长,从而在早期基萨莱时期(公元 700—900 年)发展出了规模更大、结构更紧凑伴随初现的社会等级的地极和达加村落。社会和经济的分化过程在古典基萨莱时期(公元 900—1200 年)达到顶峰,一小部分政治精英与远距离贸易网络相连,汇集了大量的"财富"。在卡班巴 A 和 B 时期,出现了权力下放的现象,不同地点之间的矿石差异可能表明被一个更大、更强的地区国家所吞并，也可能表明恢复了地方自治。事实上，重建公元 600 年至 1700 年乌彭巴盆地社会的演变几乎是基于对丧葬习俗的分析（De Maret 1985，1992）。关于聚落规模和地区分布的数据难以捉摸，因此很难用来支持或证伪上述演变轨迹。

第7章 石上的纪念物

简 介

从全新世中期开始,大型石块(巨石)被开采、塑造、运输并以或多或少的复杂结构竖立起来,成为非洲食品生产社区文化表达的一部分。最古老的案例出现在纳布塔·普拉亚(Wendorf et al. 2003)。在摩洛哥北部、阿尔及利亚东部和突尼斯发现的带走廊或不带走廊的石墓,是公元前二千纪祖先柏柏尔人在北非建造的(Joussaume 1985)。埃塞俄比亚高地也有类似的古迹,主要位于哈拉尔省。西南部的西达莫(Sidamo)主要有斯泰勒(Stellae)和其他立石。最早的标本似乎可以追溯到公元前三千纪中期,但对埃塞俄比亚高地巨石传统的发展和扩张的年代学研究仍然很薄弱。尼日利亚东南部克罗斯河地区的立石(稍后讨论)尚未成为考古调查的对象。马里湖区发现了立石遗址(Person et al. 1991),已经绘制了20多个地点的地图。通迪达鲁(Tondidaru)[tondi=石头,daru=矗立,马里语]是马里最重要的巨石遗址,年代约为公元660—765年,位于北纬 16°00′50″,西经 04°06′25″。它由三组由细粒砂岩砌成的巨石组成,并与三个低矮的聚落丘陵相连。其中两个主要石群在殖民时期遭到破坏,一些阴茎状的石碑被掠夺并运往马里不同的行政长官官邸

（尼亚丰克和巴马科）以及达喀尔黑非洲基础研究所（IFAN）的博物馆和巴黎人类博物馆。第三组石碑群发现于 1979 年，由 15 块线性排列的石碑组成，石碑倾斜并被流沙掩埋。其中一些石碑上雕刻着人的特征，包括面孔、肚脐或一系列沟纹。殖民时期广为宣传的阴茎状标本实际上只是通迪达鲁建筑群的一个次要组成部分。尽管如此，这些标本还是被用来进一步解释该遗址是一个用于举行奇顿人（Chtonian）和人类生殖仪式的地方。大石头体积庞大、引人注目且经久耐用。它们可以用来庆祝辉煌的社会成就和纪念文化事件。在某些情况下，大石头被用来标记墓葬；而在另一些情况下，大石头遍布整个景观，为实际的社区成员绘制了一幅易于"阅读"的文化地图。在撒哈拉以南非洲，在两个巨石纪念碑密度异常高的地区进行了或多或少持续的考古研究，即中非共和国西北部的"布阿尔地区"和西非最西端的塞内加尔。下文将更详细地介绍这两个地区的材料。

1. 中非巨石的传统

P. 维德（Vidal，1969）对中非西北部的巨石进行了第一次系统的考古研究。这些有趣的纪念碑是用遍布整个地区的大型花岗岩块建造的，似乎遵循相对严格的位置要求，位于当地主要河流的许多小支流的源头或附近——北部的瓦姆河（Ouham）、东部的洛巴耶河（Lobaye）和南部的娜娜河（Nana）（图 14）。令人惊讶的是，10 公里长、2 公里宽的巨石建筑区域几乎完美地坐落在乍得和刚果流域的交汇处。从 20 世纪 80 年代年代初开始，E. 赞加托（Zangato 1999，2000）启动了一项长期考古项目，旨在了解中非巨石的结构、多样性和空间模式。他的研究一手改变了我们对该地区定居历史的理解，并揭示了出乎意料的复杂和多层次的文化现象,使该地区在撒哈拉以南非洲考古学中脱颖而出。中非共和国西北部的史前占领分为两个主要的相当长的时期,大约公元前 2000 年至公元前 1000 年的巴林贝时期和约公元前 1000 年至公元 1600 年的巴比里时期,后者由三个阶段组成(Zangato 1999,2000)。

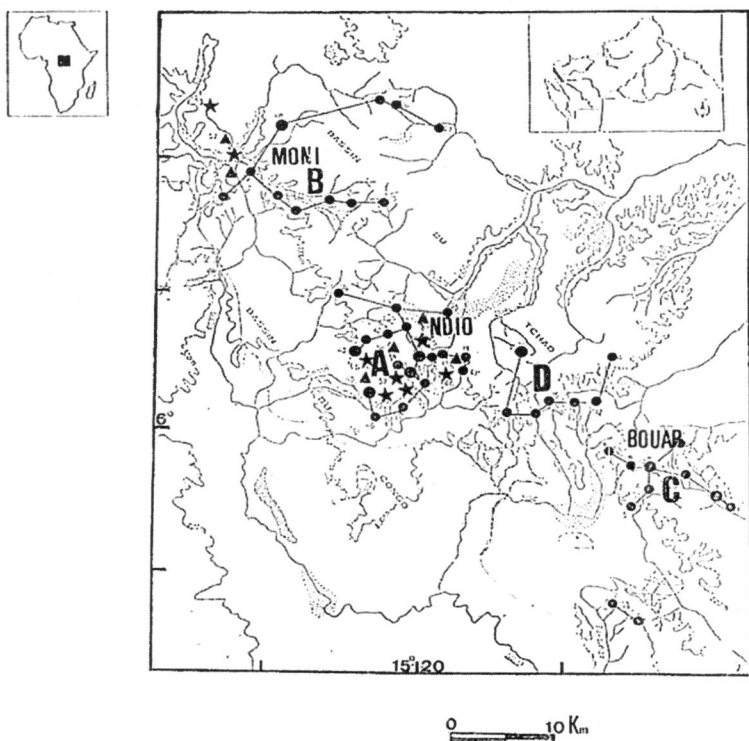

图 14　中非共和国西北部考古遗址的区域分布(图片来源:Zangato 1999:26)

巴林贝时期(约公元前 2000 年—公元前 1000 年)

巨石建筑发展的先驱时期发生在石器时代晚期经济的背景下,小村庄拥有石器工具包和烧制的黏土容器。七个考古遗址,包括位于海拔 1000 米的高原上的中央 2 公顷的巴林贝村庄，被记录在巴林贝时期。该村庄由四个 25 至 50 平方米的小场地组成，用作生产石器的作坊，以及两个巨石纪念碑——塔祖努·巴林贝 Ⅰ 号（Tazunu Balimbe I）和塔祖努·贝图美（Tazunu Betume）。前者的表面积为 214 平方米，后者表面积为 288 平方米，二者都具有一系列横向壁龛，由大石板制成，毗邻细长的低矮石墓，并有多排站立的巨石。令人惊讶的是，从挖掘出的纪念碑中没有发现人类遗骸。纪念碑内完整的黏土容器的存在表明这些石头结构的不同用途，也许是为这些小规模的晚期石器时代园艺家协会的成员提供祭品和进行仪式的地方。小规模石器时代晚期园艺家社会，沿着高原的森林走廊狩猎，收集野生山药以及枸杞的果实和棕榈坚果（Elceis guineensis）的果实，并从当地河流和溪流中开发水生资源。

巴比里时期（约公元前 950 年—公元 1600 年）

巴比里时期持续了两千五百多年，分为三个阶段：巴林贝-巴比里 Ⅰ 期（早期巴比里，约公元前 950—前 200 年）、巴林贝-巴比里 Ⅱ 期（巴比里晚期，约公元前 200 年—公元 500 年），最后是布布恩（约公元 500—1600 年）。每个阶段所调查的聚落样本相对较小，却提供了哪怕是对文化变化的模式和方向的有趣一瞥。

两个村庄遗址，七个巨石纪念碑，包括一个墓葬，两个锻造厂和八个炼铁设施可以追溯到早期巴比里阶段。在 78 号遗址和巴林贝村遗址周边的两个发现允许在铁冶金出现的早期阶段涉足丧葬实践。巨石纪念碑的建造很可能是针对定期的仪式表演，其中一些例外地用于埋葬目的。在几乎所有测试的纪念碑中发现的一些小炉膛表明了这种仪式活动。它们或多或少呈椭

圆形,表面积为 575 平方米至 132 平方米(Zangato 1999:118),
高度为 1.98 米至 1.1 米,有 3 至 45 块立式花岗岩巨石。在塔祖
努·多科科 I 号(Tazunu Dokoko I)记录了五座巨石墓葬,并进
行了一次测试。发掘的墓葬结构由五个直线墓室组成,长 2 至 5
米,宽 2 米,用采石花岗岩块镶嵌在黏土砂浆中,并用相对较大
的石板封闭。在两个墓室中发现了炉膛,其中一个包含最早埋
葬在巨石纪念碑中的证据。死者处于伸展的姿势,仰卧,坐西朝
东,手臂贴着身体。在死者的右侧发现了一个被三个完整的普
通黏土容器包围的炉膛。有趣的是,左侧的随葬品由一块便携
式磨石、一把铁刀刀片和一个黏土管杆组成(Zangato 1999:
140)。

　　在巴林贝村遗址周边发现的简单坟墓形状细长,坐南朝北,
长 2.2 米,宽 1.5 米,深 0.5 米。墓坑相对较窄,宽度为 0.4 米, ⁹⁸
周围是三排石块,支撑着一个低矮的石丘。虽然保存得很差,但
死者似乎处于伸展的姿势,仰卧,坐南朝北,手臂贴着身体,面部
朝东(Zangato 1999:135)。在遗骸的右侧发现了一个完整的黏
土容器。

　　在早期巴比里阶段实施的殡葬计划包括上述两种变体。事
实上,处理死者的模式显然是相同的,但伴随着有趣的变化。身
体以延伸的姿势进入最后的安息位置,仰卧,手臂贴着身体,右
侧有一个或多个完整的管杆。随葬品的方向、数量和多样性各
不相同,巨石墓葬比简单的土坟更丰富。

　　巴比里晚期(公元前 200 年—公元 500 年)的材料记录在巴
林贝和巴比里村遗址,贝祖戈(Bezongo)和姆比里 I 号(Mbili I)
炼铁作坊、8 座非墓葬巨石纪念碑、塔祖努·卡朋贝利(Tazunu
Kpogbere)1、2 和 3 号的 3 座巨石墓葬、5 座墓地(其中 1 座具有

火葬特征,4 座具有简单的土墩葬特征)(Zangato 1999：146)。

这些巨石仍是双重用途的纪念碑;在已发掘的纪念碑中,有 8 座(分别位于贝宾特,姆比里,巴林贝 12、13、14、15 号,达雷 1 号和梅厄)专门用于祭祀目的。它们呈细长形或圆形,面积从 23 到 312 平方米不等,立石碑数量也不等。其中五座石碑上有圆形炉灶,炉灰和木炭沉积很厚。在塔祖努·达雷 1 号(Tazunu Dare 1)和塔祖努·贝宾特(Tazunu Bebinte) 发现了重要的文化遗物,这些遗物被丢弃在这些炉子的周围。前者所记录的遗物包括一个坑道中的两件陶器和一把铁制刀刃,另一个坑道中的相同数量的陶器、一根陶制烟斗杆和一把磨制斧头。后者的炉膛周围有四个陶器、两把地轴和两个陶管柄。有记录的灵床直径从 0.7 米到 1.65 米不等,很可能是用于火葬的。在这种情况下,死者的尸体可能被包裹得严严实实,放在垫子或篮子里,然后在巨石遗迹范围内的火堆上焚烧。火化仪式结束后,剩下的骸骨可能会被收集起来,装入骨灰盒,埋葬在专门的瓮田墓地。

除了可能使用非埋葬的巨石纪念碑来举行火葬仪式,在晚期格巴里期还实施了两个(如果不是三个的话)准殡葬计划。一个与巨石埋葬有关,另一个涉及死者的火葬,最后一个与单人主葬习俗有关。塔祖努·卡朋贝利 1、2 和 3 号巨石墓葬包括一个或两个墓室,呈西北—东南走向,每个墓室长 8 米,宽 3 米。在这些墓室中均未发现人类遗骸,但在塔祖努·卡朋贝利 1 号墓室中采集到三根黏土管茎。人类遗骸的缺失削弱了将这些遗迹认定为墓葬的可能性。正如壁炉所表明的那样,它们很可能被用于举行精心制作的仪式,或多或少与焚尸仪式有关,而不是真正的人葬。

调查了四个墓地,地表范围从 195 到 352 平方米不等,墓地数量从 8 个到 19 个不等。每个墓地都发掘了三到八个墓葬。墓穴呈圆形,直径平均为 1.2 米,深度为 1 至 1.5 米,墓穴上盖有花岗岩石块。遗骸保存得很差。死者以坐姿被埋在一个长凳状的装置上,背部略微倾斜,面朝北方或东北方向。随葬品很少 100 见,20 座墓葬中有 7 座墓葬内只存有一件陶器。

在研究区域的不同地方,在尼亚姆(Niem)、布巴-努美珂 (Bouba-Noumea)、巴比里村庄遗址和 94 号遗址记录了用黏土容器盛放部分火化人类遗骸的瓮场。在第 94 号遗址发掘了 30 平方米,发现了一个由 20 个骨灰瓮组成的建筑群,这些骨灰瓮与三个大型炉灶和一个用途不明的马蹄形装置相关联(Zangato 1999:185)。这些瓮排列成四条松散的南北线,每条线有四至六个特征。每个瓮都包含一个头骨和数量不等的颈椎骨、一个小罐和一个盖皿。正如巴比里村遗址的证据所示,头骨和附着的脊椎骨可能是在火化尸体的其他部分后收集起来,埋葬在专门的墓地,或埋葬在村子里。

在巴比里后期,实施的殡葬计划似乎包括两种变体,一种是主要以坐姿在狭窄的圆形坑中,死者朝北/东北。另一个是装有死者头骨和颈椎的火葬瓮,在这两种情况下,都添加了黏土容器作为祭品容器。这种变化是显著的,尽管可能性很小,但巨石纪念碑似乎在这一阶段发挥了独特的象征和仪式作用。

布布恩(Bouboun)阶段(约公元 500—1600 年)记录了所讨论的发展顺序,记录在四个村庄遗址,布布恩、布布恩-克珀格贝雷、姆比里 1 号和欧洛洛(Ololo),两个非埋葬巨石纪念碑和三个炼铁厂。冶金活动似乎在这一时期达到顶峰,建造了更重和更大的炼铁炉。从巴林贝 9 号和多科科(Dokoko)挖掘出的巨石纪念碑尺寸相对较小,圆形,具有一系列同心圆的站立巨石。没有人类埋葬的记录，但在这个漫长的阶段，纳纳-莫德（Nana-Mode）附近的遗址所表明的乡村生活似乎是常态。

小　结

布阿尔（Bouar）地区考古项目提供了一个不同寻常的纵向视角，即使是不连续的视角，也能窥见 3500 年间丧葬习俗的变化。那里部分或全部发掘了 48 个遗址，包括村庄、冶铁和石器生产车间、巨石纪念碑和墓地。记录在案的丧葬习俗提出了许多有趣的问题，这些问题目前还无法得到圆满解决。巨石纪念碑作为地标性建筑的仪式和象征作用，可以从它们紧邻河流和溪流源头的位置得到佐证。在这些建筑中进行的祭祀活动包括在炉膛中点火，并放置"充满意义"的手工艺品，如黏土烟斗杆、磨制斧头、铁制刀片和完整的陶器标本。在巴林贝先驱时期，巨石遗迹是象征性和仪式性文化领域的一部分。中部非洲西北部巨石传统兴起时期的埋葬方式尚不清楚。在早期巴比里阶段，巨石遗迹的作用首先仍然是象征性和仪式性的。不过，它的作用已扩大到包括丧葬习俗，当时丧葬习俗包括两种平行的变体：在村落周边的浅坑和长坑中的主要埋葬方式，以及在巨石墓室中的主要埋葬方式，两者具有相同的"沉积语法"。在巴比里晚期，巨石遗迹恢复了其独有的原始象征和仪式功能。在建造塔祖努-克珀格贝雷 1 号、2 号和 3 号巨石阵时，很可能有意建造了墓室，但没有一个墓室用于有效地埋葬任何已故的族群成员。在这一阶段出现了墓地，其埋葬方式有两种：在狭窄的圆形坑中以坐姿进行初次埋葬，以及有选择地将头骨埋入瓮中。头骨可能是在火化尸体的其余部分时被保留下来的，它们得到了特殊的处理，可能是在精心制作的仪式表演中进行的。在布布恩阶

101

段的遗址中没有发现任何有关停尸习俗的证据。巨石纪念碑仅用于象征和祭祀目的。值得注意的是,中非西北部的巨石古迹只是偶然用于埋葬死者。这些巨石碑在举行葬礼和其他与有资格的社区成员死亡有关的仪式时当然发挥了重要作用,但并没有被视为最后的安息之地,这与塞内加尔的巨石传统形成了鲜明对比。

2. 塞内加尔巨石传统

塞内加尔巨石传统记录在西非最西部的塞内加尔和冈比亚。相距 120 至 150 公里的冈比亚河和萨卢姆河标志着巨石带的南部和北部边界。它沿着东西向延伸 25 公里,大约从考莱克(Kaolack)到坦巴坤达(Tambacounda)(Gallay 1982;Holl 2012;Holland Bocoum 2006,2014;Holl et al. 2007;Lawson2002;Martin et Becker 1984;Thilmans et al. 1980)。面积约 33000 平方公里,巨石纪念碑集中在水道上。这些纪念碑在殖民时期吸引了许多非职业考古学家的注意(图 15)。其中一位是医学博士P. 尤金(Jouenne)博士,他提出了一个复杂而有趣的理论来解释他所调查的纪念碑的存在和结构。根据尤金(1930)的说法,塞内加尔巨石只是史前"太阳崇拜"的另一个方面,旨在构建农业年。从 20 世纪 60 年代开始,现代研究方法标准更加严格。P. 欧赞(Ozanne 1965)在冈比亚发起了盎格鲁-冈比亚石圈探险队,并在凯尔-巴奇(Keur-Batch)和瓦苏(Wassu)发掘了一些古迹。V. 马丁和 P. 贝克(Becker 1984)进行了系统调查,并绘制了一系列重要遗址的地图。G. 希尔曼(Thilmans)和 C. 德坎普(Decamps)在 塞恩-恩加彦(Sine - Ngayene)、科迪亚姆(Kodiam)、迭科内-布索拉(Tiekene-Boussoura)和萨尔·迪乌尔德(Sare Dioulde)挖掘了一些纪念碑(Thilmans et al. 1980)，并对这一现象的年代发展进行了有益的概述。加莱等人(1982)专注于姆波洛普·托贝(Mbolop Tobe)的一个单一地点，挖掘了许多考古特征，并概述了大型土墩墓的形成。A. 罗森(Lawson 2002)在冈比亚的瓦苏地区进行了系统调查，发现了大约 250 个考古遗址，包括巨石纪念碑遗址、居住地、防御工事以及炼铁车间(Lawson 2002：177)。2002 年启动的一项新的研究计划，即塞恩-恩加彦考古项目，为调查塞内加尔巨石传统带来了一种更加全球化的景观方法(Holland Bocoum 2006，Holl et al. 2007)。现在很明显地看到，塞内加尔巨石的建造者生活在小型农庄社区。捕鱼和种植粟很可能是主要的生存方式。此外，他们还从事牛、绵羊/山羊的畜牧业，以及狩猎和采集野生资源。这些分散的小社区似乎过分强调他们的"最后安息之地"——墓地。

建造和使用巨石

塞内加尔巨石特征的形状和大小各不相同，但建筑中使用的原材料到处都是一样的，红土是一种铁含量高的表层岩层，也用于生产铁。这些圆柱形和四角形巨石是按照两种同样劳动密集型的技术从采石场雕刻而成的。其中，最近在恩加彦 II 区记录了，并且在冈比亚的瓦苏已经得到认可，一个天然悬崖的前部被逐步修理，移除的块被雕刻并塑造成所需的形状和大小。在另一种情况下，例如在塞恩-恩加彦和科尔·班巴(Keur Bamba)(Thilmans et al. 1980)，在平坦的地形上，要移除的石块的轮廓是按照天然裂缝的线条开槽的。这些裂缝在石块周围和下方被拓宽，所使用的各种技术至今仍鲜为人知。然后，用杠杆将"基

图 15 塞恩–恩加彦（Sine-Ngayene）的巨石景观

座"石碑倾斜、移除、修整和塑形。 *102*

在长期耕作的地区很难找到第二种类型的采石场，但最近几年也有一些记录。越来越有可能的是，大多数石碑都是从距离使用地点不远的采石场开采的。将开采出来的巨石运送到"最终目的地"，与其说是靠人力，不如说是靠巧妙的劳动组织。因此，巨石纪念碑的建造需要精简不同的工作团队：（1）石雕工；（2）搬运工；（3）巨石安放工等。有些地貌（如土墩）只有一块立石，而有些地貌则有数十块立石。总的来说，塞内冈比亚巨石传统是从社会记忆中发展起来的，是社会记忆的体现和颂扬。

"巨石纪念碑"的可变性

在目前的研究状态下，在塞内加尔巨型石器传统区域内挖掘的所有纪念碑都与纪念死者有关。大多数是不同类型的墓葬。其他是墓地空间布局的"庆祝石"部分。塞内加尔巨石纪念碑分为两大类，一方面是坟墓，另一方面是巨石圈，有一定程度的重叠。

坟墓是一个简单的圆顶形土丘，大小不一。土堆的原始高度未知，部分原因是几个世纪的侵蚀和农业、畜牧业的密集土地使用。一些坟墓的底部环绕着红土块，矮墙由几条石道组成。其他石坟墓完全被大致圆形的岩石块覆盖，成为一个低矮的岩石圆顶。

在"巨石圈"和"石圈"这两种遗迹中，红土材料的使用更为广泛。前者更恰当的名称是"巨石圆环"，由一系列大小和形状各异的立石组成，划出圆环的周边。后者则是用石板划出一个圆圈。这些石块有时会堆砌成几道矮墙。这种变体在一定程度上是模糊的。不知道"石基"最初是否被一个现已被侵蚀的土墩所覆盖。

总之，塞内加尔巨石区记录了五个纪念碑变体：（1）土墩墓，（2）石环墓，（3）石顶墓，（4）石圈，最后（5）巨石圆环。在整个研究区域内，这些纪念碑变体的总体分布存在有趣的变化。在西部发现的巨石圈浓度较高，特别是在冈比亚河的两个支流大宝博隆（Grand Bao Bolong）和尼亚尼加博隆（Nianjia Bolong）沿线。土墩墓主要分布在北侧和西侧，石顶土墩墓和石圈遍布研究区，而东部地区则没有发现。

在殖民时期已经探索了许多纪念碑（Thilmans et al. 1980：14-25），但大多数结果并没有公开发表。下文的讨论基于20世纪70年代以来在迭科内-布索拉、塞恩-恩加彦、科迪亚姆、萨勒-迪欧德（Sare-Dioulde）和姆波洛普·托贝开展的最新研究（Gallay et al. 1981，1982；Holl and Bocoum 2006；Holl et al. 2007；Thilmans and Decamps 1974，1975；Thilmans et al. 1980）。

巨石圈

在研究区域的中部和西部的不同地点挖掘了 13 个巨石圆环。欧赞(1965，见 Thilmans et al. 1980)在冈比亚、科尔·巴奇和瓦苏挖掘了四座这样的纪念碑。在科尔·巴奇测试的标本之一是一个由两个同心环形红土巨石组成的双圆环。盎格鲁-冈比亚石圈考察队进行的发掘只是小规模的探测，并没有获得重要信息。他们发现了人骨、铁矛碎片、铜环和陶器的痕迹。一些冈比亚巨石阵的中央墓坑呈长方形，四面都有横向铺设的巨石。从年代上看，瓦苏六号巨石阵的年代为公元 750 年，其他已发掘的巨石阵的年代仍未确定。

在巨石区中部的迭科内-布索拉挖掘了五个巨石圆环，位于北纬 14°00′，西经 14°35′。墓地包含 9 个巨石圆环，6 个石顶墓，[103] 10 个石圈和数量不明的土墩墓(Thilmans and Descamps 1974，1975)。它分布在东北—西南 250 米和西北—东南 100 米的范围内。在迭科内-布索拉巨石阵中，一次埋葬显然是常规做法。该遗址包含塞内加尔地区最早的巨石纪念碑，1 号纪念碑的木炭样本显示其年代约为公元前 175 年。挖掘出的地层中埋葬的人数从 1 人到 6 人不等。大多数经测试的圆形石碑似乎都有一个低矮的土墩，上面覆盖着红土块。

1 号纪念碑位于墓地的西侧，直径 8 米，由 35 块巨石建造。死者被埋葬在纪念碑的中心，地表以下 0.9 米处，在一个坑中，该坑沿其南北两侧由两条平行的短巨石线划定。墓主人是一名老年男性，仰卧，呈或多或少伸展的姿势，坐东朝西。

4 号、6 号和 8 号纪念碑较小，直径为 4.4 米至 5.25 米。它们由 15 至 27 块巨石和 3 至 5 块正面石组成，每块巨石上都埋有两个人的遗骸。每座墓葬的格局和排列都非常相似,只是略有不同。在 1.75 至 2.15 米深的地方发现了一个中央较低的墓葬,死者的朝向和位置在每个记录的案例中都是特定的。在 4 号纪念碑中,死者是一名成年男性,右侧卧,面朝北方,双腿和双臂弯曲,朝东西方向。6 号纪念碑中的死者是一名成年男性,仰卧,呈东西向伸展姿势。最后,8 号纪念碑中的死者也是一名成年男性,仰卧在地,朝东南—西北方向,双腿弯曲。

上部墓葬的深度从 1.15 到 1.5 米不等,通常偏离中心,仿佛避开了纪念碑的中心。在 1.14 米处发现的 4 号纪念碑的上层墓葬位于毗邻巨石线的东北象限。死者为左侧卧,朝向东南—西/西北,腿略微弯曲,比下部个体年轻。在 6 号纪念碑中,在圆圈东北区域发现的上部骨架,位于地表以下 1.5 米处,属于一个年轻的青少年(Thilmans and Descamps 1975:271),左侧卧,面朝西,坐北朝南。最后,在 8 号纪念碑中,位于西南象限 1.2 m 处的墓葬是一个成年人的墓葬,左侧卧,面朝南,东南—西北朝向,双腿略微弯曲。

9 号纪念碑是整个巨石区的 12 个双同心圆之一。它由两个巨石圆环组成,直径 6.75 米的外圈有 26 块立石,直径 4.8 米的内圈有 13 块立石,此外,还有 8 块正面石排列成两条平行线。纪念碑主要包含六个人,分为两个不同的组。下组记录在 1.5—1.7 米处,包括两个成年男性和一个 11 岁儿童的中央双人墓葬。两个成年男性同时被埋葬,身体朝向东南—西北方向,双腿略微弯曲。一个仰卧,另一个右侧卧。暴露在 0.6—0.8 米处的上组也由三个个体组成,他们都被限制在纪念碑的东南方向。它们似乎被安排在下层墓葬的头部周围,遵循不同方向的组合。南方个体面朝下埋葬,双腿弯曲,朝向东南—西北方向。东南个体

躺在左侧,面向西北,双腿沿西南—东北轴线弯曲。最后,东部
个体沿着东南—西北轴线左侧卧,面向西方,双腿略微弯曲。

在迭科内-布索拉巨石圈实施的丧葬计划是直截了当的。
值得注意的是,(1)下层墓葬和上层墓葬之间似乎存在 0.6—
0.7米的"标准"或"规定"深度差异。(2)上半个体为左侧卧或
腹侧卧。(3)这些上层墓葬安排在下层墓葬的死者的头端。
(4)下层墓葬的死者几乎都是老年男性。(5)中央墓葬的死者
全部仰卧或右侧卧。(6)它们均沿东/东南—西/西北轴线取
向。身体的位置,中心与外围,解剖部分的详细排列表明社会差
异的精心分期。来自中央墓地的人,似乎一直是高龄男性,可能
与他们的一些家属一起埋葬。然而,很难弄清楚这是如何完成
的。活人祭祀的实践(Thilmans et al. 1980:144)是一种可能
性,值得更系统地研究。然而,在现阶段,用来说明情况的数据
要么模棱两可,要么没有说服力。

在位于研究区域中部的巨石墓地科迪亚姆挖掘出了巨石
圈。它有 64 个纪念碑,分布在 210 米西南—东北和 100 米西
北—东南朝向的区域内,共分布有 11 个巨石圈,8 个石顶墓,40
个石圈和 6 个受侵蚀或干扰的特征而无法判断性质的墓葬
(Thilmans et al. 1980)。17 号纪念碑位于墓地的中央部分,直
径 3.8 米,由 14 块立石组成,其中 12 块为圆形,2 块为正面。它
的年代是公元 600—750 年,包括一个低 L 形墙,由 9 至 10 个石
道组成,建在内圈。17 号纪念碑中埋葬了四个人。在南侧边缘
地表下 0.35 至 0.65 米处发现的最上层遗骸属于一名儿童,包
括一些牙齿和几根长骨。在同一区域 1.3—1.35 米处发现了另
一具非成人骸骨,该骸骨保存得也很差,只有 10 颗牙齿和一些
长骨。在纪念碑中心 1.6—1.7 米处发现了一个双人墓葬,两具

骨架重叠在一起(Thilmans et al. 1980：86)。死者右侧卧,东西朝向,面朝北方,双腿微屈。与迭科内-布索拉的情况一样,在科迪亚姆,下层墓葬的中央也有上层墓葬的陪葬品,这些陪葬品或多或少可能是眷属或仆人。这种共同的文化模式是显而易见的。

塞恩-恩加彦墓地中部的三个巨石圈由希尔曼和德坎普(1980)挖掘。这个令人印象深刻的遗址位于北纬 13°41′和西经 15°32′,包含 52 个巨石圆环和 100 多个土墩墓。采样的纪念碑平均直径为 3—3.5 米,巨石的数量从 18(32 号纪念碑)、20(25 号纪念碑)到 29(28 号纪念碑)不等。这些立石通常是两个互补结构的一部分,一个由 13(32 号纪念碑)、18(25 号纪念碑)和 22(28 号纪念碑)块巨石组成的圆圈,以及"前线",总是位于东侧,分别由 5、2 和 7 个石柱组成。塞恩-恩加彦的所有巨石圈都是集体坟墓,根据头骨数量,埋葬个体的数量最少,从 10(32 号纪念碑)、28(25 号纪念碑)到 56(28 号纪念碑)不等。相关的物质文化包括不同数量的完整黏土容器,用于供品、铜和铁环、铁矛头和刀刃。来自 25 号纪念碑的木炭样本可追溯到公元 1038 年,死者在集体坟墓中的处置模式极难理解。对于希尔曼等人(1980:28 - 71)来说,从采样的巨石圈中挖掘出的人类遗骸指向了原始埋葬的做法。从这个角度看,一个死者只被埋葬一次,在同一地貌中连续发生的多次埋葬造成了叠加的埋葬现象。在这些地貌中出土的遗骸错综复杂,唯一合理的解释就是万人坑。然而,人们系统地忽略了二次葬的做法,这体现在清晰划分的长骨群、孤立的沙坑和骨骼元素的奇特排列上。二次葬是一种特别复杂和仪式密集的做法。按照实际的文化习俗,死者的尸体首先被"埋葬"在一个临时性的地方,同时也是为了让尸体的腐烂过程顺利进行。根据当前使用的仪式日历，死者的全部或部分骸骨被收集起来，埋葬在"最后的安息之地"，与亲属和/或其他重要的社区成员葬在一起。最近从塞恩-恩加彦挖掘的两个巨石圆环（Holl 2012；Holl and Bocoum 2006，2014；Holl et al. 2007）都指向了二次埋葬的做法。从图（Thilmans et al. 1980：49 and 64）中可以看出，在 25 号和 28 号遗迹中发现的骨骼排列方式表明，埋葬的是圆形至长圆形的人类遗骸堆。这些遗骨可能是从数量不等的第一步初级墓葬中收集而来，用兽皮或编织垫包裹，然后埋在石碑圈中。28 号纪念碑中连续两米厚的人类遗骸堆积（包括 56 个头骨）并不是由连续 56 次的原始墓葬造成的。事实上，人类遗骸群的东侧还有一个狗头的祭祀堆积（Thilmans et al. 1980：64），这种模式在其他巨石墓地也有记载。

加莱等人（1981，1982）在巨石带西部边界的姆波洛普-托贝挖掘了位于北纬 13°44′27″和西经 15°38′19″的单石圆的正面区域。这块墓地西南—东北走向长约 280 米，东南—西北走向长约 180 米，包括 19 个巨石圈，30 个土墩墓和 11 个石圈。出土的 15 号纪念碑位于墓地的北部。它有一个低矮的 0.5 米高的土丘，由 18 块巨石界定，直径为 5 米。它由四块正向的石头组成。

总之，依靠现阶段可用的年表，在初始阶段，巨石圈用于少数人的土葬。其中一些人可能与他们的一些家属一起埋葬，这表明了活人献祭的做法。在公元一千纪的下半叶，在塞恩-恩加彦（Holl et al. 2007）发生了向二次埋葬占主导地位的转变，每个挖掘的纪念碑的最低人数从 10 到 59 不等。然后，巨石圈成为较大社会单位的最终存储库，这些社会单位可能属于分散在整个景观中的独特小型混合农业小村庄（图 15）。

石　圈

在迭科内-布索拉发掘了两个石圈——18 和 19 号纪念碑 (Thilnans and Descamps 1975,Thimans et al. 1980:79)。两者都位于墓地的西北部,相距约 15 米。它们的直径为 5 米,由一个低矮的圆形两道 1 米厚的墙划定,每道墙的东侧都由一系列正面立石补充。18 号纪念碑主要包括位于纪念碑中心地表以下 1.4 米处的成年个体。死者埋葬在左侧腹位置,朝东—东南/西—西北,朝南,双腿伸展。来自 19 号纪念碑的骨骼遗骸,也在地表以下 1.35 米的中心发现,属于一个年轻的成年人 (Thilmans et al. 1980:79)。他/她被埋在右侧背位置,朝东南—西北,面朝北,一条腿紧绷弯曲,另一条腿伸展。

这两座纪念碑在结构上相似,包含单个主要墓葬。坟墓中尸体的处理方式略有不同,但地表以下 1.35～1.4 米的埋葬深度相同,表明实施了相同的丧葬计划。

巨石圈的强大吸引力使其他类型墓葬的考古研究相形见绌。在迭科内-布索拉、萨勒-迪欧德和姆波洛普-托贝挖掘出了属于两种变体的三座墓葬(Gallay et al. 1981, 1982, Thilmanst al. 1980)。前两座是石顶墓,后一个是土墩墓。

在迭科内-布索拉挖掘出的 10 号石顶墓几乎位于墓地的重心(Thilmans et al 1980:76)。它位于由等距的 4 号、28 号和 29 号石圈组成的三角形的中心,直径约 8 米,东南两侧是两块连成一线的正面石碑。周边的矮石墙勾勒出一个 0.4 米高的浅丘,上面覆盖着红土块,其中埋葬着两个人的遗骸,位于纪念碑中心。暴露在地表下 2.4 米处的下层骸骨是一具高大(约 1.81 米)的成年男性遗骸,仰卧,面部朝上,方向为东—东南/西—西北,双腿伸直。在 1.07 米处发现的上部骨骼属于一个较年轻的成年人。这具骸骨保存得很差,其形态与下层墓葬相同。

在萨勒-迪欧德(北纬 13°50′,西经 14°47′)发掘的石顶墓是由 42 座纪念碑组成的大型墓地的一部分。墓葬纪念碑的分布格局十分紧凑,西部有 30 座密集的墓葬,南部有 5 座墓葬,东部有 3 座等距的墓葬,最大的 1 号纪念碑大致位于中北部(Thilmans et al. 1981:91)。发掘出的 1 号纪念碑直径为 8 米,高 1.25 米,东侧有一组 25 块短石碑,是精心设计的正面建筑的一部分。上层建筑由五道 0.8 米高的石墙组成。土墩顶部 0.3 米处覆盖着厚厚的 3—4 层红土石块。1 号纪念碑的年代约为公元 1520 年,被完全挖掘至墓冢顶部以下 3.3 米处,包含 56 具遗骸。墓葬主要分为两部分:位于纪念碑底部的中央偏下部分和由 45 具遗骸组成的外围部分。

较低的一组记录在 3.12 米至 3.22 米处,实际上铺设在红土层上,包括 11 个头骨和一些长骨。这些遗骸被排列成一个圆形图案,位于土墩西侧的中心位置。这 11 个头骨的空间分布几乎没有令人信服的解剖学联系,以及"只保留了肱骨骺端"(Thilmans et al. 1980:114)这一事实,使人对这 11 个人同时入殓的可能性产生了怀疑。较低的一组更有可能是二次葬的结果。从这个角度看,从一些埋葬在临时地貌中的个体中挑选出一系列骸骨,安放在他们的最终墓穴中。这个最初的集体墓葬是次要墓葬,后来并入了一个更晚期的墓葬,其中埋葬了约 45 具遗骸。

上层墓葬由一系列中央墓葬组成,周围是两排同心的墓葬,尤其令人费解。这些人是否如希尔曼等人(1980:105)所说的那样,是为了纪念埋葬在下层的死者而在集体祭祀后同时被埋葬的？发掘者提出的沉积单元之间没有真正的地层区分，因此无法进行精确区分。根据他们对证据的解读，上层墓葬的骸骨被放置在下层墓葬的穹隆形墓冢顶部和周围。事实上，这种重建完全是基于上层骸骨的深度差异。土墩南北两侧有两处明显的集体墓葬，这表明情况截然不同。北部的集体墓葬包括 42 号、43 号、44 号和 45 号四个个体，最后一个是个孩子。他们的遗骸暴露在地表下 2.63—2.7 米处。头骨和长骨的数量有很大差异。42 号骸骨坐西向东，基本完整，43 号、44 号和 45 号骸骨只有头骨。值得注意的是，所有三个头骨都沿着南北轴线排列在东部，即 42 号个体的"脚"处。42 号个体是否与牺牲的俘虏或亲属的头骨埋在一起？这很难确定。

107

南面的集体墓葬，暴露于 2.13 — 2.15 米处，包括三个人的遗骸。三具遗骸的腹部呈紧屈姿势，头部朝向相反方向。32 号个体朝西，33 号和 34 号个体朝东。他们被埋在一个直径约一米的圆形小坑中。

如果从深度差的角度来看，墓葬的环形排列就很清楚了。除个别情况外，几乎所有外圈墓葬和五个内圈墓葬（26、27、28、29 号）的出土深度都在 1.9 米至 2.5 米之间。内圈的九具遗骸（第 13、14、15、16、18、19、20、21 和 22 号）位于地表下 1.5 米至 1.7 米处，其余遗骸（第 11、12、16 和 17 号）位于 1.1 米至 1.4 米处。最后，中央墓葬群的 1、2、3、4、5 和 6 号墓葬沿西南—东北轴线排列，出土深度在 0.4 米至 1.1 米之间。位于地表下 1 至 1.15 米处的 9 号和 10 号墓葬与外圈骨架重叠。暴露在 1.2 米至 1.45 米深处的 11、12 和 17 号墓葬与内圈骨架重叠。此外，还有许多二次葬的情况，如位于中部 0.4 至 0.55米处的 3 号和 4号个体，位于东北部 1.4 至 1.5 米处的 16 号个体，位于东南部

1.95 至 2 米处的 26 号个体,以及位于北部 2.6 至 2.7 米处的 43、44 和 45 号个体。因此,该墓葬被用于一次和二次入殓,这表明它的"寿命"相对较长。

现在可以明显看出,上层墓葬的深浅差异并不是古代无形锥形墓冢结构限制的结果。它之所以被设计成这样,原因难以解释。发掘出的巨石遗迹中埋葬的成年人的性别和年龄尚不清楚,主要是因为尸骨保存状况很差。来自萨勒-迪欧德的 1 号石顶墓是墓地中最大的纪念碑式墓。它位于墓地东半部的一个独特的中心位置。从一群"创始祖先"开始,它可能已经服务了很多代人,这些"创始祖先"的遗骸可能是从以前的居住地运来的。从这个角度看,被选中的一批有声望的祖先的遗骸可能首先被埋葬在地下深处一个没有标记但已知的墓穴中。这群有名望的祖先的后代和盟友决定葬在同一地点,并设计了一种策略,尽量减少对这一墓地的干扰。在"使用年限"结束时,用石墙和红土块穹顶将纪念碑封存起来。笔者想到了大规模献祭的概念,但在这种情况下很难得到支持。

43 号土墩墓位于姆波洛普-托贝墓地的东南象限。它是一个直径 24 米的纪念碑式墓,碑心直径 8 米,周围有四条同心的窄而浅的沟渠,东面有一块正面的石碑(Gallay et al. 1981,1982)。它包含三个成年人的骸骨和一只被斩首的狗,埋葬在低于地表 0.75 米的墓葬中心。白蚁活动造成的生物扰动扰乱了原本东西走向的部分遗骸。在墓葬东部发现的一些头骨,无法确定属于哪个个体。该墓葬出土的遗骸几乎都是腿骨,另外还有一具肱骨。两组腿微微弯曲,一组伸直。狗的尸体与东南侧的人类遗骸直接接触。狗的头骨放在墓葬西端人的脚下。墓葬中发现的其他长骨使得发掘者(Gallay et al. 1982:237)所解释的受扰动的多人初次下葬不太可能。从已发表的记录（Gallay et al. 1981，1982)中可以评估出，这 43 号土坑中发现的骨骼材料几乎全部是人的四肢骨，可能还有一个部分或完整的头骨。额外的成人肱骨和腓骨表明，这组骨骼是从不同的临时原始墓葬中采集的，将在精心制作的仪式背景下被葬入一个集体二级

108 墓葬中。人类遗骸下的一层木炭的年代约为公元前 4450 年和公元前 4250 年(Gallay et al. 1982：252)，这可能是古代丛林大火造成的，与土墩的建造完全无关。灰烬和木炭沉积物上面 10 厘米厚的沉积层是自然沉积过程的结果。因此，43 号古墓的埋葬方法可能如下：

（1）在软组织腐烂后，从三个临时原始墓穴中采集了人类腿骨。（2）这些骸骨被放置在一个已清理干净的地方，直接放在地表上。（3）一条狗被献祭，狗头放在人的脚下。（4）挖第一条壕沟是为"堆砌"集体二级墓葬提供沉积物。（5）在墓葬上建造了一个直径 8 米的圆顶土丘，土丘周围有一条浅沟，土丘经过三次扩建，直径达到 24 米。（6）在整个过程中，根据祭祀日历，在正面石碑周围放置一系列"祭品"陶器。

43 号土墩墓在姆波洛普–托贝的考古记录中是否独一无二尚不得而知。事实上，还有许多其他未发掘的大型土墩墓。20 世纪 70 年代和 80 年代进行的研究（Thilmans et al. 1980，Gallay et al. 1982)普遍假定了初次埋葬方式，这种假定造成了一个不幸的后果，即把巨石建造者复杂多变的丧葬方式过度

109 简化。

总　结

从目前的研究情况来看，塞内冈比亚的巨石现象出现于公

元前一千纪末期，大约在公元前 200 年，到公元 16 世纪结束。
在迭科内-布索拉发现的最早的石碑位于巨石区的中部，巨石现
象可能是从这里向西和向东扩展的（Thilmans et al. 1980）。考
虑到塞内加尔巨石传统的规模和多变性，这样一个大致的年代
轮廓充其量也只能是暂定的。不过，我们还是可以准确地勾勒
出一些丧葬行为模式。在早期阶段，巨石圈主要用来埋葬一到
两个人。在迭科内-布索拉出土的双同心巨石 9 号墓中，初次葬
和二次葬被结合在一起。后来出现了二次集体埋葬的做法，这
也是出土的三个塞内-恩加彦巨石圈的特点。石圈同样用于单
人主葬，而墓穴的情况则分为两种选择：一种是多人初次葬，另
一种是多人二次葬及献祭的狗。

　　最近在塞内-恩加彦考古项目背景下在佩提特-宝-博隆
(Petit-Bao-Bolong)流域开展的研究（Holl and Bocoum, 2006,
2014; Holl et al. 2007）扩大了塞内-恩加彦巨石区丧葬习俗的
变化范围。一些次区域传统似乎并存；每种传统都赋予不同或
类似的巨石特征以独特的、有时是重叠的使用模式。在巨石区
中部的迭科内-布索拉以及冈比亚的瓦苏和科尔-巴奇，巨石圈
被用于单人和多人原始墓葬。另一方面，在西部的塞内-恩加彦
和恩加彦 II 区，另有六个巨石圈表明了集体二次葬的主要习俗。
在中部地区，石圈用于单一的初次墓葬，而在西部则用于集体的
二次葬。正如迭科内-布索拉（中部）、萨勒-迪欧德（东部）和恩
加彦 II 区（西部）的情况所显示的那样，在整个巨石区，石顶墓似
乎被用于相同的使用模式，即多个初次墓葬。遗憾的是，出土的
土坑墓仅限于巨石区的西部。姆波洛普-托贝的情况令人费解。
所有最近出土的其他土墩，包括位于塞内-恩加彦的两座和恩加
彦 II 区的四座，只有一座例外，其他所有出土遗物都是用于单人

墓葬。

总体而言，过去几十年间断断续续的研究取得了重大进展。将巨石景观作为一个更大、更全面的城市景观的一部分进行研究（Holl and Bocoum，2007），为塞内冈比亚巨石现象的考古学研究开辟了一个更有希望的未来。

殡葬的差异性

从前面几章介绍的殡葬习俗案例中，我们可以了解到人类对死亡的反应在时间和地域上的差异。在中全新世，由流动牧民发起的纪念过程围绕着建造或多或少具有纪念意义的墓葬设施而展开。在过去的两千年里，停尸习俗的多样化呈螺旋式上升。最近几年，在西非有了重大而壮观的发现。位于尼日尔的尼日尔河谷（Middle Niger valley）的布拉墓地（The cemetery of Bura）是一个更广泛的居住系统的一部分，该系统包括居住地和祭祀丘（Gado 1993，2004）。发掘工作发现了数百个用作墓碑的大型黏土器皿（图16），其中大部分与泥塑和石雕像有关，年代从公元2世纪到13世纪不等。在科特迪瓦的范法拉（Fanfala）和戈希塔夫拉（Gohitafla），还发现了另一种以使用拟人化的石俑和陶俑为特征的殡葬传统（Kouao-Biot 2004）。前者的历史可追溯到公元800—1000年，由石墓组成，而后者的调查则要少得多，受到强盗和艺术品商人的威胁（Kouao-Biot 2004：387）。最后，在布基纳法索东北部的基西（Kissi）发现了许多墓地（Magnavita et al. 2002）。基西3号遗址的墓葬的年代从公元400年到600年不等，以矮小的石块为标志，在发掘出的墓葬样本中，有一到四个个体的遗骸。墓葬物品的数量和多样性令人瞩目。其中包括石珠和玻璃珠、贝壳、铁剑、匕首、箭头以及铁、

110

合金铜和黄铜等个人装饰品(Magnavita et al. 2002：27 - 28)。
基西 3 号遗址的发现清楚地表明了对高价值异域物品的消费，
这表明存在着一个比人们猜测的更早的远距离交换网络，该网
络可能已将撒哈拉以南的非洲与地中海世界连接起来。加拉曼
特人(Garamantes)很有可能通过沿其南部边境，即阿格拉姆-纳
达里夫(Aghram Nadharif)以南，在费赫韦特(Fehwet)和伊尔拉
拉伦山口(Irlarlaren pass)建造的城镇来运营这样一个网络
(Liverani 2000，2005；Mattingly and Sterry 2013)。"根据我们
从阿格拉姆-纳达里夫及其周边遗址获得的新证据判断，商队网
络在公元一千纪初已经形成了一个成熟的系统。此外，加拉曼
特王国还将这一系统置于国家控制之下，可能包括后勤、商业设
施和税收，以换取军事保护。"(Liverani 2000：41) *111*

图 16　布拉(Bura)墓地出土的红陶骑手，2—11
世纪(图片来源：Gado 1993：371)

第二部分

复杂社会的出现

第 8 章　突如其来的复杂性

复杂性的概念在用于研究新出现的阶段时尤其棘手。在考古学的标准用法中,"复杂性通常意味着明显的、制度化的不平等和异质性模式"(Adams 2001:346)。作为一种抽象概念,复杂性是通过反复试验和不断改进方法来评估的。"地位、财富和权力的不平等程度体现在墓葬的陈设上,体现在不连续的聚落规模、家庭建筑和纪念碑建筑等级上,体现在来自遥远地区的昂贵或奇特材料的局部集中上。"(Adams 2001:346)

在这里,复杂性指的是物质记录中一系列广泛的变量所显示的日益多样化和社会分化的速度。这些变量包括:墓葬和其他考古学特征的精致程度、进口商品和物品以及高附加值文物的存在、生存和技术系统分化为更多或更少的专门化子部分。社会系统在职业方面的内部分化也是复杂性不断提高的主要特征。

非洲的早期国家

从上述角度来看,非洲最早和最原始的复杂社会是在非洲东北部、尼罗河流域的努比亚和埃及地区出现的。这些复杂等级社会出现的早期阶段发生在公元前四千纪到公元四世纪之间。非洲大陆的其他地区,即非洲北部、西部、东部和南部,则遵循着不同的轨迹。"早期国家"的概念在西非背景下产生了一些具体问题。在进一步阐述之前,有必要绕道考虑一下"国家"的相关定义。

国家形态考古

国家的概念是指社会、经济、政治和意识形态因素的特定组合,这些因素或多或少地形成了一个分化的中央集权的社会政治体系。由此产生的组织的规模、整合和复杂程度因个案而异(Blanton et al. 1981,Holl 1985,Kowalewski et al. 1983)。规模指的是所研究单位的大小,并根据调查的分析水平而有所不同。它可以是一个空间单位,如房屋、院落、场地、区域,也可以是一个社会单位,如家庭、住户、社区等。整合指的是各组成单元之间的动态关系;它们之间的相互依存可以概念化为信息流的全系统调节。最后,复杂性是指系统内部结构的分化程度。它可分为纵向和横向两个关键维度。横向分化指的是同等级别部分之间的功能专业化。而纵向分化则是指系统中功能各异的部件之间的层次结构。关于国家形态发展的文献有很多(Blanton et al. 1981;Eisenstadt et al. 1983,1988;Feinman and Marcus 1998;Fortes and Evans-Pritchard 1940;Friedman and Rowlands 1977;Haas 1982;Holl 1985,2000,2002b;Kusimba 1999;Pikirayi 2001;Wright 1977,2007;Yoffee and Cowgill 1988;Yoffee 2005)。

福特斯和埃文斯·普里查德(1940)在其关于非洲政治制度的经典著作中认为,撒哈拉以南的非洲存在两种主要的政治组织类型,即分治制和中央集权制。他们指出,"那些认为国家应由政府机构的存在来定义的人,会将第一类视为无国家社会,将第二类视为原始国家"(Fortes and Evans-Pritchard 1940:5)。他们从入侵或征服的角度简要解释了从第一类到第二类体系的转变(同上:10)。

国家被定义为"具有中央集权的专门政府机构的社会"(Haas 1982:3)。在世界不同地区和时代,这种政府决策的实施和成功方式大相径庭。关于早期国家兴起的争论通常在两极之间摇摆:强制和融合。这两种观点都致力于解释社会分化的发展。胁迫理论强调使用武力、支配和服从的动力以及从被征服群体中积累财富,以此作为实现政治目标的手段。另一方面,整合理论则强调不同社会组成部分之间的协调、联盟与合作企业,这一战略旨在最大限度地降低决策成本,从而使整个社会受益。

寻找替代方案

最近对西非材料的讨论对西非社会形态的演变提出了不同的看法(S. McIntosh 1999;R. McIntosh 1998,2005)。在试图超越"根深蒂固的传统解释"(R. McIntosh 1998:23)时,需要"历史想象力"。麦金托什强调,"如果没有历史想象力来使过去的动机变得明快,历史学和古生态学不过是吹起的最干燥的尘埃"(McIntosh 1998:xx)。在此背景下理解的传统解释侧重于中央集权、手工业专业化、聚落等级制度和社会等级,认为它们是导致复杂社会体系出现和再生产过程的互补方面。它们被认为具有误导性,必须被异等级模型,即多重等级(R. Mc Intosh 1998:xix,2005,S. K. McIntosh 1999),和历史想象力所取代。如果"历史想象力仅仅是史前研究者试图将其对曾经生活过的民族所关心的重要问题的直觉转化为头脑中想象的故事"(McIntosh 1998:85),那么它就很难成为重建社会演化的坚实基础。事实上，社会进化这一概念本身就岌岌可危（S. K. McIntosh 1999b：4 - 22；Vansina 1999：171）。强制和自愿是理论连续体的两个极端；权力和价值也是如此。在任何社会体系的可持续性和再生产过程中，它们都有不同程度的参与。有些社会倾向于处于光谱的一端或另一端。尽管在用词上存在差异，如订书钉战略与现金融资战略，或企业战略与网络战略。但这就是布兰顿等人（1996 年）提出的"双过程理论"所表达的核心思想。

114

非线性动态

从理论上讲，人类社会系统本质上是不可逆转的非线性动态系统。它们是具有多个嵌套节点的流动结构。退化不是回到初始条件，而是向更低复杂性的分岔。相反，向更复杂、更集中的社会形态演变，是一个由相互放大的因素偶然组合产生的点状过程。贸易机会、新宗教、新的定居模式、新技术、新的社会分工模式、气候变化等都是其中的关键因素。进化变化并不是完全任意和随机的。它受制于社会系统的惯性，即回避新的或外来的[发明、创新、借鉴]方式，而采用熟悉的、众所周知的[传统]程序的趋势。这种路径依赖是一种对初始条件高度敏感的选择机制（Adams 1996）。组织或技术创新的长期后果从根本上说是不可预测的（Prigogine and Stengers 1984）；此外，它们在不同社会之间也有很大差异。

在过去的几千年里，非洲出现了不同类型的国家形态。埃及显然是唯一明确的古老国家，是原始国家形成的实例（Feinman and Marcus 1998）。因此，在非洲的考古、历史和人种史记录中记载的所有其他案例都是非原始国家。不过，它们被划分为若干世代,在某些地区形成了连续的凝聚、增长和崩溃周期。这种动态模型(Ibn Khaldun 2005)考虑到了巩固、扩张和分裂的反复循环,以及这些过程如何影响早期国家的规模、人口和权力。这一模型非常适合非洲的历史记录,并将用于总结过去非洲政体、酋长领地、国家和帝国的复杂历史。

115

第 9 章　东北非、北非和撒哈拉

1. 埃及：从太古时期到古王国

公元前四千纪中期，在纳迦达二期/马迪王朝（Nagada II /
Maadian）晚期，复杂的分层社会在上埃及和下埃及扎根。"墓地
中发现了社会精英不断壮大的证据，以及防御工事的证据"
（Brewer and Teeter 1999：30），广泛的贸易网络遍布整个地中
海世界。在公元前四千纪的剩余时间里，从纳迦达伊始到原生
代（公元前 3300—前 3100 年），尼罗河沿岸的希拉孔波利斯
（Hierakonpolis）、纳迦达（Nagada）、马迪（Maadi）、布托（Buto）等
地都出现了政治中心，上埃及和下埃及之间进行着商品、思想和
人员的交流。这一系列过程最终导致上埃及和下埃及在前王朝
时期末期，即公元前四个千纪末期（约公元前 3050 年）实现
统一。

统一埃及王国的形成（Bard 1994，Hassan 1993）始于新石
器时代中期，当时尼罗河沿岸出现了以定居为主的混合农业社
区。他们优先定居在有肥沃耕地的地区，尼罗河的季节性洪水
周期性地使这些地区恢复了活力。他们与流动的牧民形成了模
式化的互动关系，这些牧民通常在远离主河谷的较干旱的草原
上开发零星分散的资源。这些定居点的规模不断扩大，有些定

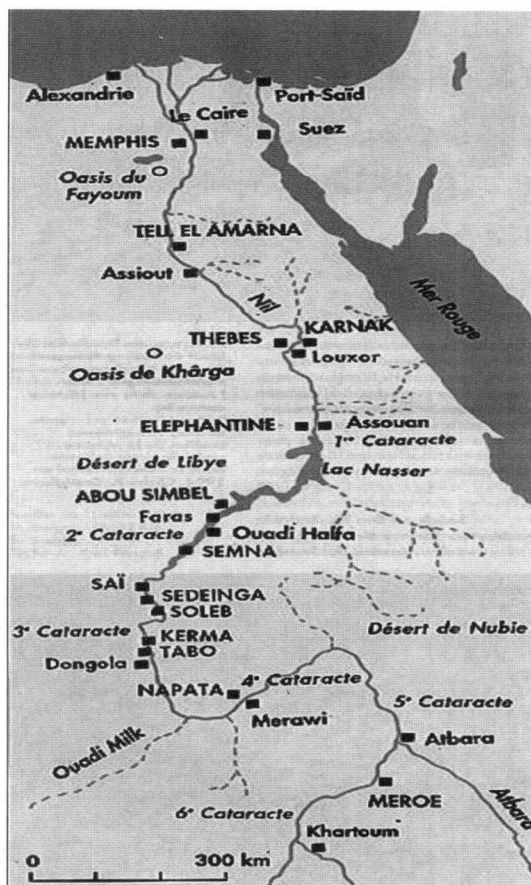

图 17 旧王国时代埃及的城镇与乡村（图片来源：Hassan 1993）

居点比其他定居点吸引了更多的人口。纳迦达二期墓地中埋葬的精英为社会政治等式增添了一个国际维度，引发了冲突和空间不平等。占统治地位的政体［*Nomos*］成为可能相当于相互竞争的酋长领地的决策地。这种同级政体的竞争导致了控制上埃及和下埃及的最高酋长领地的出现。因此纳玛尔国王在纳迦达三世时期统一了两个国家，每个国家由一位国王统治（约公元前 3050 年）。

117

171

在纳美尔国王（King Narmer）及其军队对下埃及进行了"闪电战式"的征服之后，埃及统一王国出现的这一传统情景受到了阿拜多斯 U 号墓地新发掘成果的尖锐质疑（Brewer and Teeter 1999：33）。然而，无论如何，在古风时期（Archaic Period）（约公元前 3150 年至公元前 2686 年），从第 0 到第 2 王朝，埃及文化的所有关键特征都已确立，并将持续约三千年。从阿斯旺到地中海的国家领土由一位强大的中央君主统治。精致的仪式和复杂的礼仪规范着国王的生活。在第 2 王朝末期，以孟菲斯为首都的国家由一个复杂的官僚机构管理，该机构由两位大臣领导，一位负责上埃及，另一位负责下埃及。国家权力正在崛起。古王国（约公元前 2686—前 2181 年）的国王们掌握了巨大的权力，并将其展现在令人印象深刻的旷日持久的建筑工程中（图 18）。在第四王朝，几乎每个国王都开始建造一座或多座金字塔。金字塔的建造类似于国家服役，需要征召和动员大量人员，而建造

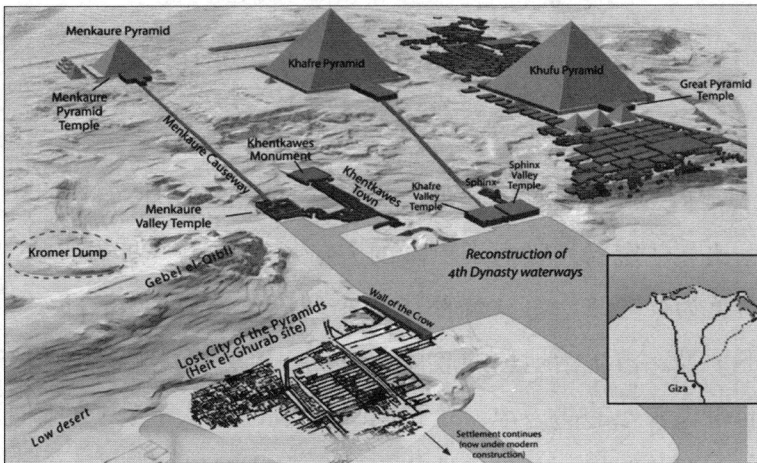

图 18　旧王国金字塔与金字塔建造者的聚落（图片来源：https://aeraweb.org/projects/lost- city/）

资金来自税收。成千上万的人被组织起来，组成季节性轮班的工作团队。他们由国家提供食物和住所，生活在金字塔的阴影下，是一种半自治的微型国家。法老处于社会等级的顶端，是半神统治者。社会阶层分明。宗教机构不断发展壮大，并获得免税的土地赠予。为了经济剥削和贸易，还对南部的努比亚人和东部的亚洲人制定了侵略性的对外政策。降雨量减少和尼罗河洪水泛滥等不利的气候条件，以及以牺牲中央政府为代价加强游牧民族的权力，导致旧王国在公元前三千纪末期崩溃（公元前 2180 年）。 *118*

2. 努比亚：从凯尔迈王国到基督教王国

几十年来，努比亚酋长领地和国家的出现所带来的政治和经济发展一直被对埃及的强烈关注所掩盖。"埃及帝国主义在努比亚的旧有解释认为，埃及是一个积极进取的中心，它服从并改变了被动落后的边缘地区。随着埃及参与的结束，努比亚'回归'。"（Morkot 2001：229）莫考特（2001）总结和讨论的这一观点不仅受到了挑战，而且在最近的研究中得到了深刻的修正。

公元前三千纪（约公元前 2500—公元前 1500 年），埃及南翼出现了凯尔迈王国（The Kerma Kingdom）（图 19）。凯尔迈本身就是一个大型城市中心，拥有大规模的泥砖建筑、王宫（图 20、图 21）以及令人印象深刻的墓地。"该遗址上建筑的规模和特征，以及东面 4 公里处墓地中极其丰富的墓葬，都表明这里曾是一个富饶而强大的王国的中心。"（Welsby 1998：7）凯尔迈王国经常遭到劫掠，并不断受到埃及军队的威胁。它利用希克索斯人（Hyksos）征服埃及的机会，向第二瀑布以北扩张，并在埃及领土上殖民。公元前二千纪中期，它最终被不断扩张的埃及新王国摧毁。

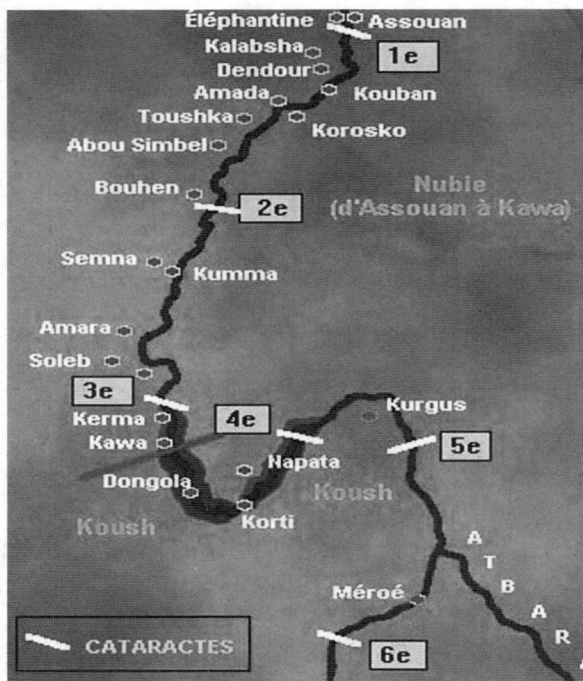

图 19　凯尔迈（Kerma）时期遗址地图（图片来源：Bonnet 2004）

图 20　凯尔迈统治者的房屋、会众厅

图 21　凯尔迈末期国王的宫殿（图片来源：Bonnet 2004：81）

　　公元前一千纪前半期，库什（Kushite）早期的国王和精英们控制了一个北起巴勒斯坦、南至苏丹中部的庞大帝国。然而，即使统治者是库什人后裔，这个世界强国也完全是埃及人的天下。从公元前 7 世纪中叶到公元 4 世纪灭亡这段时间内，关于库什王国在其边界内从第一大瀑布到第六大瀑布的考古和历史记载仍然很少（Welsby 1998：19）。库什的总体历史分为两个主要时期：纳帕坦时期（从公元前 700 年到公元前 250 年）——当时建造了所有主要的金字塔（图 23）——和麦罗埃时期（从公元前 250 年到公元 400 年）。库什国家是围绕国王/王后和中央行政机构组织起来的。精英阶层包括官员、商人以及一支特殊的祭司团。它实际上是非洲黑人、尼罗河三角洲和黎凡特（Levant）之间的走廊，是贸易、思想和人员往来的大动脉。尼罗河中游河谷的三个努比亚基督教王国，即北部第三大瀑布和埃及之间的诺巴蒂亚（Nobatia）、 ¹¹⁹中部的马库里亚（Makouria）和南部的阿尔瓦（Alwa），都在公元 6 世纪被来自君士坦丁堡的传教士皈依了基督教（图 23）。考古研究分别在王国的各个首府进行，包括诺巴蒂亚首府法拉斯（Faras）、马库里亚首府老东戈拉（Old Dongola）以及阿尔瓦首府索巴（Soba）（O'Connor 1993，Welsby and Daniels 1991，Welsby 1998）。

在 20 世纪 60 年代拯救努比亚古迹的国际运动中，在法拉斯发掘了一座大教堂。出土的宗教遗迹包含大量碑文以及努比亚王室和努比亚主教的壁画（Kirwan，见 Welsby and Daniels 1991：xvii）。波兰考察发掘了老东戈拉，索巴在 20 世纪 50 年代由 P. 希内首次发掘，后来英国东非研究所开展了一个规模更大、时间更长的长期项目。在这三处案例中，教堂、精英住宅和墓葬都让人们了解到这些独特而不同的努比亚国家从公元 6 世纪出现到基督教消亡以及 15 世纪努比亚基督教政体崩溃的动态。例如，在索巴发现了一座大型宫殿建筑，出土了三座教堂遗址，其中"两座是努比亚最大的教堂"（Welsby 1998：17）。在 D 号建筑的另一处发现了一块墓碑，上面提到了一位名叫大卫的阿尔瓦国王。基督教的扩张并不是热心传教士随意旅行的产物。"在查士丁尼（Justinian）时代，传教事业是外交和战略的有力工具。基督教与帝国密不可分，皈依基督教等同于与帝国结盟。"（Kirwan，见 Welsby and Daniels 1991：xvii）。从查士丁尼皇帝及其继任者开始，罗马人需要努比亚人的支持来保护罗马埃及的南翼不受波斯入侵者的威胁。到公元 10 世纪末，阿尔瓦王国变得比其北方邻国更加富裕和强大，部分原因是开发了丰富的金矿。在同一时期，伊斯兰教徒的人数大幅增加，在索巴建立了一个伊斯兰教区，与此同时，伊斯兰教徒皈依的速度也加快了。

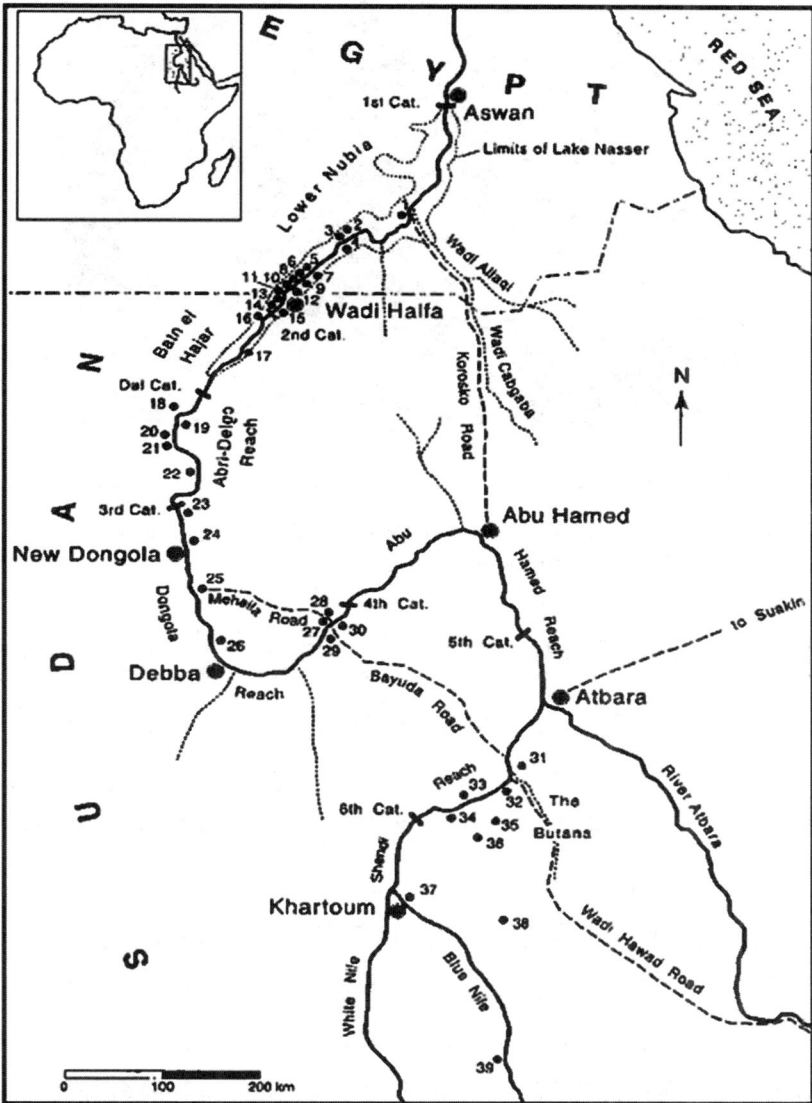

图 22　库什（Kush）和纳帕坦（Napatan）时期遗址

图 23 努比亚金字塔（图片来源：https://www.reddit.com/r/
Damnthatsinteresting/comments/mlaqqh/nubian _ pyramids _ at _
mero%C3%AB_sudan_with_over_200/）

3. 埃塞俄比亚高原

公元前一千纪，南阿拉伯文化及其影响跨越红海，在厄立特
里亚（Eritrea）和提格雷（Tigray）的埃塞俄比亚高原地区扎根。
在考古学上，"突然出现"的"文字、不朽的石头建筑和雕塑"表明
了这一新情况（Phillipson 1998：42-43）。

铁器技术可能是这种新"文化套餐"的一部分，它引发了公
元前7—前6世纪埃塞俄比亚高地的城市化进程。城市中心出
现在叶哈（Yeha）等地，周围还有至少30个已知遗址，其中包括
哈韦尔蒂-梅拉佐建筑群（Hawelti-Melazzo complex）（Phillipson
1998，Anfray 1990）。叶哈是从一个早期的混合农业村落发展
起来的，在公元前5—前4世纪成为达玛特王国（Daamat
kingdom）的主要城市中心。它是一个相对较小的城镇，面积为

120

7.5 公顷,但却拥有壮观的石雕古迹:神庙和格雷特-比尔-戈布里祭祀建筑(Grat Beal Gebri)。前者是一个巨大的长方形建筑,长 18.5 米,宽 15 米,保存有高 11 米的原始城墙(Phillipson 1998:45,Anfray 1990:18)。后者由一系列方形截面的巨大石柱组成,可能是祭祀建筑群的一部分,与马里卜(Marib)的"月亮神庙"有一些相似之处。

达玛特王国在公元前一千纪后半期灭亡,但人们对其灭亡的原因和后果知之甚少。较小的政体出现了。石碑被用来标记精英群体的墓葬。交流似乎主要是与尼罗河流域进行的。阿克苏姆(Aksum)就是这些小国中的一个。它于公元前一千纪后期和公元一千纪早期在该地区发展起来。阿克苏姆似乎是在公元 1 世纪定居下来的。几个世纪后,即公元 3 世纪至 4 世纪,它取得了地区霸主地位,控制了大量财富,发展了中央集权的君主制度,将基督教奉为国教,并启动了广泛的扩张政策。"阿克苏姆的政治控制曾多次扩展到埃塞俄比亚和厄立特里亚现代边界以外的地区。从公元 3 世纪到 6 世纪,阿拉伯南部的大片地区曾被阿克苏姆统治过。苏丹尼罗河谷的麦罗埃(Meroe)很可能是被埃扎纳国王率领的阿克苏姆军队征服的。人们对这一事件的性质和后果仍然知之甚少。"(Phillipson 1998:51) ¹²¹

阿克苏姆的城镇位于两座山丘——西边的贝特·吉约吉斯(Bet Giyorgis)和东边的梅伊·俄哈(May oho)——的山脚下,在一条南北走向的深谷中延伸。周围土地肥沃,水源充足,建筑石材随处可见。城镇本身从西向东绵延约一英里,沿南北轴线的宽度不超过 500 米。雕刻在基岩上的精英和王室墓葬以雕刻精美的石碑为标志(Anfray 1990;Phillipson 1998,2003),这些墓葬位于中心位置,俯瞰着城镇建筑群的其他部分。根据菲利普森的说法（2003：8），"最大的石碑似乎标志着阿克苏姆国王在4世纪中叶接受基督教之前的坟墓"。这些石碑是阿克苏姆"天际线"上最引人注目的纪念碑。"其中最大的一块石碑现已倒塌断裂，最初长约 33 米，重达 520 吨；它可能是人们在任何时间、任何地点试图竖立起来的最大的单块石碑"（Phillipson 2003：13）。阿克苏姆在历史上很早就成为连接红海和尼罗河谷的贸易枢纽，也是连接北方罗马世界和欧洲大陆其他地区的贸易枢纽。来自埃及、叙利亚、阿拉伯甚至印度的商人都曾到访过这里。阿杜里斯（Adulis）是它在红海上唯一的主要港口。根据安福瑞（Anfray 1990：93）的说法，罗马人的经济增长和扩张是

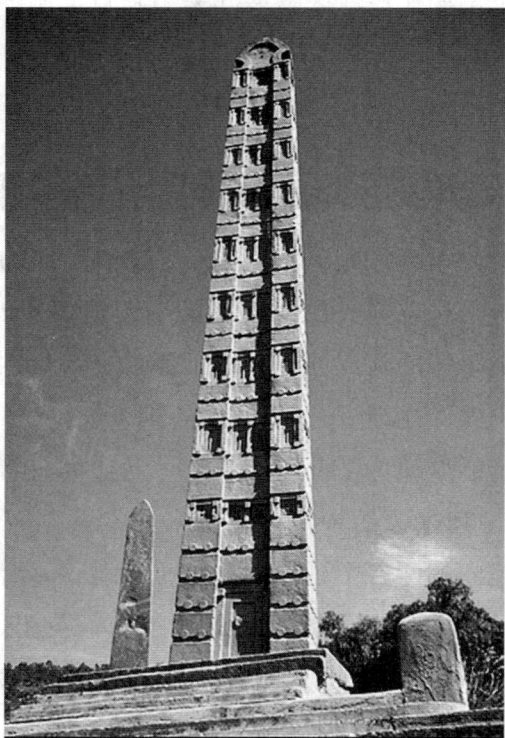

图 24　东南视角的阿克苏姆 3 号石碑
（图片来源：Phillipson 2000：135）

阿克苏姆迅速发展成为一个繁荣的经济大都市的关键因素之一。在其权力和影响力的顶峰时期,"阿克苏姆文明"的核心疆域从北纬 13°/17°,东经 38°/40°,扩展到 300×160 公里的范围,在阿杜里斯有一条通往红海的通道。

阿克苏姆王国在公元 8 世纪灭亡,部分原因是伊斯兰教的成功和快速扩张,以及随之而来的在穆斯林占主导地位的世界中的政治和经济孤立(Anfray 1990:86;Phillipson 1998,2003)。对当地资源的过度开发、被砍伐土地的严重侵蚀以及短暂的干旱可能加速了公元 8—9 世纪阿克苏姆大城市的人口减少和消亡。 *122*

4. 北非和撒哈拉

撒哈拉沙漠北部和北非是后卡普西亚(Capsian)祖先原柏柏尔人(berbers)的定居地。他们主要是饲养绵羊和山羊的流动牧民,将死者埋葬在用石块砌成的纪念碑墓中。一些死者随葬有个人装饰品,如亚马逊石、红玉髓和阿卡特石的珠子和吊坠、铜和铁制品,包括武器和珠宝。撒哈拉和北非巨石墓地中记录的对死者的不同待遇表明,在原努米底人(Numidians)、努米底人、原加拉曼特人(Garamante)和加拉曼特人中出现了游牧的流动精英。岩画中也有这种精英的形象,他们骑着马和骆驼,手持 *123* 长矛。

公元前二千纪晚期/一千纪早期,腓尼基人(Phoenician)的殖民统治和随后的迦太基(Carthage)建设开启了北非城市发展的新纪元。后来,在公元前一千纪的大部分时间里,希腊城邦不断扩张,在利比亚的的黎波里塔尼亚(Tripolitania)和昔兰尼加(Cyrenaica)的地中海沿岸建立了新的殖民地。在北非,迦太基人和罗马人长期对立,最终以迦太基的毁灭(Delenda Carthago)而告终。北非人口中的牧民和游牧民被分为了两个不同的部分。一种人生活在城市中心,提供急需的劳动力,成为城市居民。另一部分人则自由地生活在开阔的土地上,他们被安置在石灰岩外的沙漠中,这是一个错综复杂的边境堡垒网络。突袭/反突袭的情况在罗马北非的边缘地区随处可见,加强了所有原利比亚人和原柏柏尔人游牧社会的武士道精神。罗马文献中提到的加特(Ghat)附近的阿塔兰特人(Atarantes)、阿哈加尔(Ahaggar)附近的阿特兰特人以及费赞(Fezzan)中部的加拉曼特人都是这样的群体。从罗马城市的角度来看,所有这些群体"不过是盗贼和强盗而已"(Liverani 2000b：41)。公元前一千纪末,加拉曼特人出现在费赞中部。在其首都杰尔马、阿格拉姆-纳达里夫以及王国南部边境的其他要塞(图25)发现的考古证据表明,公元1世纪初,一个发达的商队网络就已经建立起来,可

图 25　加拉曼特王国首都阿格拉姆·纳达里夫地图

182

能在更早的公元前 1 世纪中叶就已经开始运作。"加拉曼特王国将这一系统置于国家控制之下,可能包括物流、商业设施和税收,以换取军事保护(Liverani 2000b:41)。近期在利比亚撒哈拉进行的实地考察显示,许多绿洲都有大量的农业人口(Mattingly and Sterry 2013)。其中一些定居点,如老迦马(Old Jarma)、卡塞艾什-沙拉巴、HHG001 和 HHG006-008,为公元一千纪早期的城市化提供了证据。"从这些建筑的年代来看,它们代表了公元 300—500 年定居点数量的高峰,当时防御工事是常态。根据这些证据,我们现在建议对加拉曼特时期的费赞遗址进行分级(Mattingly and Sterry 2013:513)。

第 10 章　西非

简　介

公元前一千纪,随着毛里塔尼亚撒哈拉沙漠西南部的达尔·蒂希特-瓦拉塔地区四级聚落体系的发展,西非的社会政治格局发生了重大变化(Holl 2004a:177)。有文献记载的聚落等级制度形成于大约公元前 2000 年至公元前三四百年的三个主要阶段。再往东,在尼日尔内陆三角洲和周围的洪泛平原范围内,出现了原城市中心,如迪亚(Dia,约公元前 800 年)和杰内-杰诺(Jenne-Jeno,约公元前 300 年)(Bedaux et al. 2001; S. K. McIntosh 1999; McIntosh 1998, 2005)。这些早期西非城镇的人口由混合农户组成,他们种植小米和非洲稻,饲养绵羊/山羊和牛。狩猎和采集,特别是捕鱼在他们的生存系统中扮演着很重要的角色。铁冶金、陶器制作和编织的证据表明了手工业的专业化。用于制造研磨设备和其他重型工具的粗石材料表明了地区间的交流。这些遗址的占用时间较长,分别为 2500 年和 1700 年,这表明西非自给自足定居系统的运作方式发生了转变;人类在同一地点聚集的人数越来越多。迪亚、杰内-杰诺(马里)、达博亚(Daboya)(加纳)、戴玛(Daima)和戈奇戛纳(Gajiganna)(尼日利亚)的发展顺序证明了这种转变的广泛性。

然而,由于缺乏周边遗址的可比高分辨率考古数据,上述城镇在各自社会政治版图中的相对位置极难评估。

在公元一千纪的前半期,从东部的乍得共和国到西部的塞内加尔大西洋沿岸,混合农业社区遍布西非大地。塞内加尔河、沃尔特河/摩洪河、尼日尔河、洛贡河、沙里河等主要河流流域或多或少都有密集的定居点。萨赫勒(Sahel)地区的北部是撒哈拉沙漠,南部是苏丹大草原,其边界不断变化,或多或少有牧民-游牧族群分散定居,如尼日尔的伊格哈兹尔盆地、阿扎瓦赫下游和马里的提莱姆西(Tilemsi)谷地。其中一些定居点被选中从事较为笨重、持续时间较长的职业。西非部分地区的城市化起源于公元前一千纪后半期和公元一千纪前半期。城市化的形成是由于地区间原材料、制成品、食品和其他产品交流的加强。铜和铁可能以金属块的半成品形式和/或武器、个人装饰品、工具等的全制成品形式进行交易。食品可能包括谷物、熏肉和鱼。可乐果、野生动物皮、胡椒、干树叶和树皮等来自热带草原和森林的产品可能被用来交换布匹或来自苏达诺-萨赫勒(Sudano-Sahelian)城镇的其他工艺品。因此,尼日尔河成为整个西非的人员、货物和思想的主要通道也就不足为奇了。尼亚尼(Niani)、杰内-杰诺、迪亚和加奥(Gao)都与尼日尔河交通相连。国际长途贸易的发展扩大了其中一些地方的经济和政治作用,使其成为繁荣的市场和贸易中心。例如,加奥和杰内-杰诺位于两个交通系统的交汇处。一个与跨撒哈拉贸易有关,涉及单峰驼商队。另一种由"河上人"控制,由独木舟船队组成。人员和货物从一个运输系统转运到另一个运输系统。其他城镇,如昆比-撒勒(Kumbi Saleh)、奥达戈斯特(Awdaghost)、阿泽里克(Azelik)和马兰德特(Marandet),都是在不可能和令人惊讶的

128 地方发展起来的。阿泽里克和马兰德特位于铜矿丰富的地区，这两个定居点都是铜矿石加工和铜器生产的重要中心。昆比-撒勒的位置远离主要河流，所在地区似乎没有任何显著特征，这一直令研究人员感到困惑。有些人甚至根据这些单薄的负面证据，认为昆比-撒勒不太可能是加纳王国的都城。另一方面，加纳王国的贸易转口港奥达戈斯特似乎位于一个水资源丰富的地区，既有季节性河道，又有相对较高的地下水位（Holl 2006）。

西非早期国家：回顾

加纳、特克鲁尔、马里、桑海、卡内姆-博尔努、阿桑特、莫西、伊费、贝宁等国家的名称让人联想到辉煌和强大的过去，只是后来又发生了权力下放。奥达戈斯特、加奥、吉内、昆比-撒勒、塔梅卡（Tadmekka）、塔克达（Takkeda）、廷巴克图（Timbuktu）、比尔尼-加扎加莫（Birni-Ghazzargamo）等城镇的名字也让人们遐想了几个世纪（Mungo Park 2000）。它们与西非文明的"黄金时代"有关。在那个时代，富有的商人、伟大的学者和强大的统治者因其财富、知识、信仰和慷慨大方而备受赞誉。

在考古研究的先驱阶段，人们花费了大量精力来确定阿拉伯历史资料中提到的王室和帝国城镇（Delafosse 1924，Filipowiak 1966，Levtzion and Hopkins 1981，Mauny 1961）。为了解释撒哈拉以南非洲早期国家的起源，人们提出了几种假设。这些对塞内冈比亚巨石和萨赫勒-撒哈拉城镇的先驱性调查虽然并不明确，但却是对西非早期国家这一主题的最早考古学探索。在扩散主义的鼎盛时期，他们的解释模式非常简单。

第一类假说是"哈米特人（Hamitic）起源说"，这种假说在殖民地时期的顶峰时期很流行（Delafosse 1912；Holl 1985，1990，

1995，2000）。神权王权的概念被认为是"哈米特特征"的核心，它出现在中东，并通过连续的移民潮从那里扩展开来。因此，西非的中世纪帝国，如加纳、马里和桑海，被认为是由来自近东的移民——犹太人、也门人和阿拉伯人建立的。加纳的统治王朝据称是由一群犹太人——巴尼以色列人建立的。德拉福塞 1900 年发表的论文标题中明确包含了这一议程——"Sur les traces probables de la civilisation Egyptienne et'hommes de race blanche a la Cote d'Ivoire"（《论象牙海岸上埃及文明和白种人的可能痕迹》）。这一代传播假说已被抛弃（Goody 1980：19）。第二组假说几乎同时出现，与前一组假说有许多共同之处。不过，其重点是作为"原动力（prime-mover）"的贸易，在这种情况下，跨撒哈拉贸易（Mauny 1961；Geller 1977；Bovill 1978；Hopkins 1980；Munson 1974，1980）与城市化和普世宗教相结合。人们认为，撒哈拉以南国家的出现是为了确保北非和黑人的土地（Bilad es Sudan）之间的和平与官僚机构的稳定，以便进行商业交易。蒙森（Munson 1971，1980）对"蒂希特传统"进行了重要研究，并对适用于加纳国起源的"贸易"模式进行了最详尽的阐述。根据达尔·蒂希特史前文化遗迹与现今曼德语社区文化遗迹（在居住模式以及陶器技术和装饰方面）的一系列相似之处，他认为现今的索宁克人（Soninke）最有可能是达尔·蒂希特石器时代晚期（LSA）传统的后裔。根据蒙森（1971，1981）的说法，入侵达尔·蒂希特并摧毁其居室的原始柏柏尔人（Libyco-Berbers）"可能向南扩张，因为他们在那里发现了唾手可得的丰富金矿和奴隶宝库。他们可能组织了跨撒哈拉贸易，并从中获利。贸易活动可能为加纳国家形成过程的开始创造了必要条件"

129 （Munson in Bathily 1977：34）。虽然经验证据更好地支持了这一说法，但加纳国家起源的这一版本过度简化了向国家转变的过程，没有密切关注跨撒哈拉贸易中隐含的交易的多样性和复杂性。费舍尔（Fisher 1977：288）对早期西非国家出现的标准模式作了如下精辟概括："这样，我们就有了经典苏丹国家形成情况的四个要素：游牧入侵者、神圣国王、远距离贸易和伊斯兰教。"

在那个时代，考古学家们一直在寻找与外国接触并受其影响的证据。经过几十年的研究，以及发掘和年代测定技术的不断改进，情况变得比想象的要复杂得多。20 世纪 70 年代末，钟摆摆到了相反的一端，即强调当地的活力，排斥任何外来因素（McIntosh and McIntosh 1980，1983；R. J. McIntosh 1998，2005；S. K. McIntosh 1995，1999）。一些记录在案的案例甚至被认为是世界历史上"独一无二"的，值得贴上自己的标签。在西非的考古记录中，可以看到许多代的国家，它们可能有着不同的演变轨迹。下文将勾勒的正是西非早期国家多向演变的复杂图景。以下提出和讨论的问题得到了许多学者的认同（Feinman and Marcus 1998），这些问题围绕着早期国家形态的运作过程；它们在不同的发展阶段、世界不同地区和世界历史不同时代的

130 相似或不同之处。

初始条件（约距今 4000—2000 年）

公元前两千纪初，在经历了全新世中期干旱阶段（Durand and Paris 1986）之后，石器时代晚期人口的分布发生了变化，在一些偏远地区出现了人口高度集中的现象。伊格哈兹尔盆地和达尔·蒂希特-瓦拉塔地区就是这种情况，那里的游牧民族和农

牧民社区形成了一种文化景观。伊格哈兹尔盆地的巨石墓葬及其墓葬中的物品等,很少有表明制度化社会分化的因素。而在达尔·蒂希特-瓦拉塔则体现在居住单位的规模差异和地区居住等级制度上。

尼日尔伊格哈兹尔盆地的牧民精英

在加勒-特吉达-恩-特斯姆特(Gall-Tegidda-n-Tesemt)地区位于北纬 16°/18°10′和东经 6°/ 0°之间的地区被称为伊格哈兹尔盆地,位于东部的阿伊尔(Air)山脉,南部的蒂吉迪特(Tigidit)悬崖和西部的阿扎瓦格(Azawagh)山谷之间。这里有许多季节性溪流,其中最重要的是埃加泽河(Poncet 1983)。一些遗址揭示了技术创新和金属物品的使用(Bisson et al. 2000)、通过祭祀处理牲畜、居住遗址、巨石墓葬和墓地。调查记录了几百处考古遗址。除了阿伊尔山脉(未进行详细调查),在其他三个地貌单元也发现了人类居住的证据:山麓、蒂吉迪特悬崖和埃加泽河流域的大面积洼地。手头数据的年代测定远远不能令人满意。只有极少数遗址进行了检测和年代测定;许多其他遗址则根据其相关文化遗存进行了年代测定。下文考虑了四类聚落:(1)石器时代晚期遗址;(2)有证据显示铜矿生产的遗址;(3)铁冶金遗址;(4)墓地。在记录的 148 个石器时代晚期遗址中,64 个位于埃加泽洼地,10 个位于山麓,74 个位于蒂吉迪特悬崖。在秦·塔非代特记录了 18 具完整的牛骨骼、3 具绵羊/山羊骨骼和 2 具牧羊犬骨骼,其年代约为距今 4500 年至 3400 年(Paris 1984,1992)。颈椎上的割痕表明,这些四到八岁大的动物是与人类一起献祭和埋葬的。在有记录的 75 座人类墓葬中,发掘出了 12 座。死者被埋葬在包含人和牛的墓葬群中,没有随葬品。有四个这样的墓群记录在案(Paris 1992)。在北部的伊卡瓦腾(Ikawaten)也有类似的人牛合葬的记录。从这些丧葬数据中可以推断出,牧民群体将死者埋葬在他们主要的旱季宿营地之一,这种埋葬方式强调了人与牛之间的密切关系。

在盆地东南部,阿范凡(Afunfun)161号和177号遗址的年代约为距今3000年,前者发掘出16座墓葬中的4座,后者发掘出25座墓葬中的5座。在阿范凡161号遗址发掘的墓葬中,有两座墓葬出土了由陶器组成的随葬品,其中一位死者与一只小羊羔葬在一起。在阿范凡177号遗址,18座墓葬中发现了陶器,其中一位死者还与一只小羊葬在一起。总体而言,墓葬出土的物品较为多样,包括陶器、刻槽石斧、石臂环和螺壳。阿范凡墓葬中的物质部分表明,这里的重点是绵羊/山羊的饲养,在这种情况下,人与这些动物之间存在着密切的联系。

秦·塔非代特、伊卡瓦腾、阿范凡161号和177号都是范围广泛的定居点。它们似乎是全新世晚期伊格哈兹尔盆地至少两种游牧系统变体的集中地。西部变体有两个子变体(秦·塔非代特和伊卡瓦腾),强调牛的饲养。东部变体则以绵羊和山羊饲养为主。这些游牧部落很可能是在雨季过后迁移到盆地中部,以进行一年一度的"撒盐节"(cure salée),并收获高粱(Sorghum aethiopicum)和糙米(Pan cum laetum)等野生谷物。根据舒尔茨(1991)的研究,在降雨量一般的情况下,这些天然野生谷物田的产量很高,足以让全新世晚期的人们在不需要农业的情况下维持生计。

与石器时代晚期定居点的数量相比,有铜冶金证据的遗址的数量表明人口急剧减少。这个观察结果是D.格雷本纳特(Grebenart,1983)设计的排印-编年参考框架的产物。然而,记录的物证和放射性碳年代表明,铜冶金只是实际社会经济系统的一个方面。有铁冶金证据的定居点似乎仅限于研究区南部,在 19 个遗址中,有 17 个位于蒂吉迪特悬崖沿线。墓地的分布几乎是均匀的:48 处位于伊格哈兹尔盆地,32 处位于山麓地带,33 处位于蒂吉迪特悬崖沿线。在 103 座巨石墓葬中,有 39 座位于年度"撒盐节"的中心区域。看来,巨石墓葬被用作领土标志,以强调对伊格哈兹尔流域战略资源的独家控制权。经检测的巨石墓葬很少(30 座);阿萨库鲁(Asaquru)大型墓地的一座巨石墓葬的年代约为距今 3400 年。如果将所有遗址类别合并计算,136 个遗址位于伊格哈兹尔盆地和蒂吉迪特悬崖沿线,47 个遗址位于山麓地带。聚落区域分布的最显著特点是,相对于伊格哈兹尔盆地的墓葬遗址而言,居住密度形成了鲜明对比和逆转。带有巨石坟墓的墓葬遗址非常显眼、持久和永久。因此,它们很可能被用作标示领地占有情况的路标。在这个新的社会时代,权力的象征对于新兴的流动牧民精英来说至关重要。他们可能产生了一种特殊的社会需求,而这种需求反过来又可能促进并维持了铜和铁冶金术的发明或采用。

伊格哈兹尔盆地全新世晚期的占据序列可分为两个主要时期。第一期(约距今 4500 年至 2500 年)的特点是出现了游牧社会,可分为两个主要变体,一个侧重于牛的饲养,另一个侧重于绵羊和山羊的饲养。以石墓为标志的社会分化和领土战略产生并维持了以生产高价值铜制品为目标的手工业专业化的发展。第二时期紧随其后,大约从距今 2600 年持续到距今 2000—1500 年。它的特点是采用了铁冶金技术,居住地向南迁移,居住单位体积较大(可能是为了长期居住),并配有储藏设施。在这一时期,以前的游牧生活方式逐渐衰落,新的定居者(早期图阿雷格人,Tuareg)带着单峰驼从北方来到这里。

在墓葬和居住遗址中都发现了铜和铁金属制品。从居住遗址和金属生产遗址收集到的组合物更加多样化和异质化。石器仍用于日常生活活动(Bisson et al. 2000)。在收集到的遗物中几乎没有用于生产任务的金属工具。这种缺失很难解释。这些工具可能是经过精心制作的,磨损后被回收利用。然而,无论如何,记录在案的成套金属器具都是由多次占领以及遗失和丢弃的破旧器物拼凑而成的。墓葬中出土的器物种类较少,主要是个人装饰品和武器。前者以铜器为主,后者以铁器为主。金属制品分布的这些特点表明,由于社会需求的不同,金属制品的等级制度也是有规律可循的。从这个角度看,铜和铁制的个人装饰品及武器似乎与社会实践和区分策略有关。

墓葬证据可分为三大类:(1)居住地内的孤立墓葬,如埃菲-瓦沙兰(Efey Washaran)151号和183号、吉博(Jibo)13号遗址和申-瓦萨兰(Shin Wasasaran);(2)墓葬群,如秦·塔非代特、阿范凡161号和阿范凡177号遗址(Paris 1984);以及(3)数以百计的石墓,有些是孤立的,但更多的是位于小型墓地或占地数公顷的大型墓地。墓葬分布在116个地点,集中程度各不相同。我们在其中10个地点进行了发掘,每个地点发掘的墓葬数量从8座到1座不等。其中五个考古地点,即阿萨库鲁、阿泽里克、希恩·瓦萨丹、特加扎(Tegaza)和锡特吉斯(Tin Tegeis)位于伊格哈兹尔盆地。阿加德兹(Agadez)、伊莫萨登(Imosaden)和特济加特(Tezzigart)这三个地点位于山麓。最后,阿范凡8号遗址和什穆明宁(Shi Mumenin)两处位于蒂吉迪特悬崖边上。墓地的面积从22.5公顷到0.35公顷不等,墓葬数量从4座到177座不等(Poncet 1983,Paris 1984)。巨石遗迹的形状和大小极为多样,在遗址内部和遗址之间都是如此。石圈、四角形建筑、长条形墓穴、新月形和圆盘形石碑都有记录。位于山麓地带的石圈被认为是早期柏柏尔人的墓葬,而蒂吉迪特悬崖西部的四角形建筑则可追溯到公元前 3 世纪。在接下来的讨论中,我们没有将被认为是早期柏柏尔人墓葬的位于山麓地带的石圈,以及蒂吉迪特悬崖西部公元 1000 年的四角形建筑(Paris 1984)纳入讨论范围。

反复使用同一区域埋葬死者本身就是一个重要的社会事实。在这方面,墓葬的数量、墓葬的规模、墓地的总面积以及墓葬之间的相对位置都非常有意义。从这个角度看,即使是墓地在整个地貌中的相对位置,也可以与社会系统的动态联系起来,并被概念化为一种社会战略,旨在长期建立一种社会景观。这一过程在某些地区可能是间歇性的,而在另一些地区则可能是持续性的,这取决于气候灾害、社会互动以及两者的结合。

记录在案的墓地可根据其规模和巨石墓葬的频率进行排列。安约坎(Anyokan)、阿萨瓦斯(Asawas)、吐鲁克(Tuluk)、希恩·瓦萨丹和阿萨库鲁这五个墓地是大型墓地,每个墓地都有 100 多座墓葬纪念碑。阿萨库鲁的一个经测试的墓葬年代约为距今 3400 年,另一个墓葬(纪念碑 D)中有一个铁制矛头、一个铜制矛头和两个铁制装饰品。在希恩·瓦萨丹,一座经测试的墓葬的年代约为距今 2450 年。如果将这些位于"撒盐节"地带边界上的大型墓地视为政治版图的节点,那么它们似乎是以伊格哈兹尔河为分界线,划定了面积相当的领土单位。拥有 20 到 100 块纪念碑的墓地在推断出的领地单位中分布不均,频率从 4 到 12 不等。这些墓地可能是实际游牧社区低层居民的墓地。较小的墓地(5 至 19 块纪念碑和 1 至 4 块纪念碑)可能用于埋葬

133 较小的氏族成员、大家庭或家庭单位。建造大型巨石纪念碑需要持续的劳动力动员。死者的身份往往通过其墓葬的物质特征间接体现出来。死者也是手工艺专家制作的名贵物品的潜在"消费者"。如果从畜牧游牧社会动态的角度考虑，可以认为在全新世晚期，伊格哈兹尔盆地可能是五个部落联盟领地范围的一部分。每个部落联盟可能由多个部分（氏族、大家族和家庭单位）组成，由不稳定的流动牧民精英领导。根据不同的情况，分裂/分散或融合/聚合、冲突和竞争以及合作和团结都可能引发全新世晚期牧民的集中和/或分散。在这种情况下，金属生产者为他们的部落同胞和妇女提供了声望和权力的象征。

达尔·蒂希特-瓦拉塔：早期农牧酋长领地的兴衰

达尔·蒂希特-瓦拉塔位于毛里塔尼亚撒哈拉沙漠西南部。约距今 4000 年至 2300 年期间，这里居住着农牧社区。在这一千五百年间形成的四级聚落体系证明了早期原始复杂社会体系的出现，该体系可能由相互竞争的简单酋长领地组成。整个系统在公元前一千纪后半期的一次特别干旱的气候事件中崩溃（Holl 1985，1986，1993，2004b；Hugot 1977）。达尔·蒂希特-瓦拉塔聚落体系的形成主要经历了三个长度不等的连续序列。在早期聚落序列（约距今 4000—3000 年）中，先驱遗址沿着悬崖

134 峭壁延伸。车布卡（Chebka）、提约特（Tijot）、希米亚（Khimiya）和阿克贺莱吉特（Akhreijit）位于西部。克莱特·阿特鲁斯位于中部，最后，伊姆代尔阿比奥德（Imdel el Abiod）位于东部。在中期定居序列（约距今 3000—2600 年）期间，这一略微封闭地区的人口增长引发了外围地区新的小型村庄的建立，先驱遗址的规模也在不断扩大。该地区西部的人口增长较快，12 个新的小村

庄中有 10 个是在西部建立的。在晚期定居序列(约距今 2600—2300 年)中,位于次级山谷沿线的小型家园的定居发展较晚。大部分增长发生在该地区的东部,即克莱特·阿特鲁斯和伊姆代尔阿比奥德(Imdel el Abiod)地区。

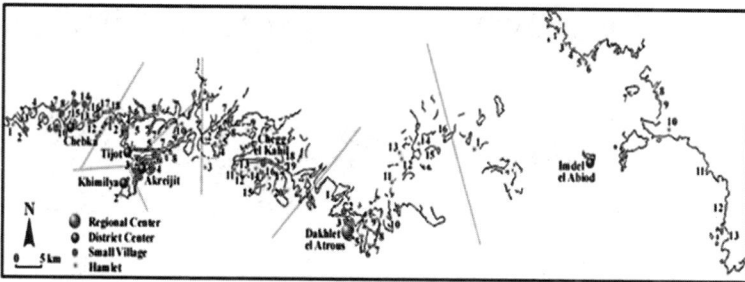

图 26　达尔·蒂希特-瓦拉塔(Dhar Tichitt-Walata)酋邦的出现:晚期聚落序列

　　定居点分为四级,每个区的遗址数量从 3 个到 20 个不等(Holl 1985,1986,1993,2004a)。四级聚落等级结构包括位于克莱特·阿特鲁斯的一个地区中心(一级遗址),分为一个主村和一个附属遗址,面积 92.75 公顷,位于研究区的中心。外围分布着数百个小石墩墓葬,以及围栏田地和可能的畜栏。两座六石墩位于遗址中部,与村落布局相呼应。遗憾的是,没有一处墓葬被发掘出来。有 4 个地区中心或大型村庄(二级遗址),面积从 4 公顷到 18 公顷不等;从西向东依次是车布卡、提约特、希米亚、阿克贺莱吉特和伊姆代尔阿比奥德。三级遗址或小村庄由 20 至 50 个院落组成,共有 12 个,不同程度地分布在所记录的领土小单位或地区中。最后,四级遗址或院落少于 20 个的小村庄共有 72 个,分布在研究区域的各个地方,每个区的频率从 2 个(希米亚区)到 19 个(克莱特·阿特鲁斯区)不等。

图 27　达尔·蒂希特一个 12 公顷的村庄——阿克贺莱吉特（Akhreijit）中部景观

　　上文概述的聚落等级制度表明,公元前一千纪后半期,由于不利的气候条件,政治一体化和社会政治体系的建立呈明显趋势。从遗址表面采集到的亚马逊石和红玛瑙珠子很少（Amblard 1984；Holl 1985,1986；Munson 1971）。但是,这些文物是否属于更广泛使用的异国情调和名贵物品的一部分,目前还不得而知。如果在墓葬等更精确、更重要的环境中发现这些文物,可能会更有启发性。真正的财富差异可能体现在家庭规模、畜群规模和支持社区活动的能力上。位于研究区西部的地区中心,即车布卡、希米亚和阿克贺莱吉特,都是有围墙的居住区。这些围墙和其他建筑特征的含义并不明确;它们是否暗示着战争? 它们是地区中心的建筑特征之一吗? 整个地区绵延200 公里,很可能不属于一个统一的社会政治单元。当时的政治格局可能由相互竞争的小酋长领地组成,联盟和战争的模式不断变化,但也有可能是地区中心的最高统治者强征和榨取贡品。

第一代国家（约公元前 300 年至公元 1000 年）

公元前一千纪后半期，西非气候特别干燥，而且变化无常。达尔·蒂希特-瓦拉塔的农牧酋长领地崩溃了。伊格哈兹尔盆地的人口急剧下降。新兴的牧业精英消失了。该地区被占领的地方仅限于沿蒂吉迪特悬崖的一连串地位不明的定居点。塞内加尔中部河谷的沼泽地、尼日尔内陆三角洲和乍得洪泛平原的部分地区，以前荒凉的地方现在都有了新的定居者（Bocoum 2000；Bocoum and McIntosh 2002；McDonald 1998；Holl 1988，1996，2002，2006a，b）。从南部的热带雨林到北部的撒哈拉边缘地带，粮食生产者的定居点（从小型农庄、季节性营地、小村庄到大型村庄）遍布西非（Raimbault and Sanogo 1991；Connah 1983，2001，2004）。铁器生产以及许多其他专业手工业已经非常普遍（Bisson et al. 2000）。人们对公元前后交界时期人类聚居地的形成过程仍然知之甚少。公元前一千纪的最后几个世纪似乎见证了大规模的定居点迁移和人口重新分布。

总的趋势是，定居点集中在水道上，向南迁移。可以提出一种设想。当最初的适应性迁移成功后，人口增长导致建立了同等规模的定居点，这些定居点可能是自治的，尤其是在没有领土限制的地区。一旦可利用的空间被填满，可能就会形成边界维护机制（有或没有人口分布差异）。在第一种选择中，一些居住区比其他居住区发展得更快，提供了更广泛的商品和服务，产生了小规模的政体。根据具体情况，同级政体之间的互动（Renfrew and Cherry 1986）开始起作用，维持平衡，或使少数以前地位平等的中心崛起成为主要中心。后来偶然出现的远距离贸易为能够利用这种联系的城镇、城市和政体带来了新的进化轨迹。在公元一千纪的大部分时间里，西非的社会政治形式可能包括自治的自给自足的村庄、有围墙的定居点、有重要贸易侨民居住的商业城镇、酋长领地和中央集权国家，加纳和泰克鲁尔的情况就是如此（Ba 2002；Bocoum 2000，2006；Bocoum and McIntosh 2002；S. K. McIntosh and Bocoum 2000）。

城市、城镇及其腹地

大多数主要的西非早期城市和城镇都是在过去 40 年间发掘的（Devisse 1993，Holl 2006a）。加纳王国的首都昆比-撒勒（Thomassey and Mauny 1954，1956；Many 1961；Berthier 1997）、加奥（Lhotte 1942，1943；Insoll 1996，1999，2000）、杰内-杰诺（McIntosh and McIntosh 1980，1984；S. K. McIntosh 1995；R. McIntosh 1998，2005）、塔梅卡［埃斯苏克（EsSuk）］（Morais-Farias 1990）、塔克达［阿泽里克］（Bernus and Cressier 1991）、马里帝国首都尼亚尼（Niani）（Filipowiak 1966，1969）、奥达戈斯特（Devisse 1983，Holl 2006a，Polet 1985，D. Robert et al. 1970，Robert Chaleix 1989，Vanacker 1979）、塞内加尔中部河谷的辛库-巴拉（Sincu Bara）和库巴莱尔（Cubalel）（Thilmans and Ravise 1980；Bocoum 2000，2006；Bocoum and McIntosh 2002；McIntosh and Bocoum 2000）以及更南的热带雨林中的贝宁（Connah 1975，1987）。

总体情况是，城市社会在次大陆的不同地区平行发展，确切地说，是沿着尼日尔河和塞内加尔河等主要河道发展。早在公元前三千纪到公元前二千纪，当地的交流网络就已经存在（Connah 1981，Breunig et al. 1996）。公元一千纪后半期，这些网络变得更加活跃，伊格博乌库（Igbo Ukwu）10 世纪的惊人发现就证明了这一点(Shaw 1977)。尼日尔河水系既能有效地运输大宗货物,又能提供生存资源,是繁荣活跃的社会和政治体系的关键因素,为中央集权国家的出现铺平了道路(Devisse 1993)。迪亚建于公元前 800 年。杰内-杰诺定居于公元前 3 世纪。大多数主要城镇和城市[昆比-撒勒、泰达乌斯特(Tegdaoust)、尼亚尼、加奥、埃斯苏克]似乎始建于公元 300 至 600 年之间,或多或少地参与了横跨撒哈拉的长途贸易(Mauny1961,Monod 1969)。在昆比-撒勒和泰达乌斯特,可以看到一些城市布局的双重模式,即一个独特的商业和国际大都会区与一个更传统的地方城镇保持一定距离。"围墙的存在支持了加奥城有两个定居点的说法……加代是原桑海的定居点,高安城也是一个本土建筑,是最初的王都。而至少在 10 世纪,加奥桑尼是穆斯林定居点,后来成为一个制造中心……"(Insoll 2000:28)

在公元一千纪中期,城市生活是西非文化不可分割的一部分。来自塞内加尔[m'banar]和马里土墩以及塞内冈比亚巨石的灰岩资料表明,社会等级制度是存在的。一旦社会等级的一些关键特征成为文化包袱的一部分,实际政体的规模和形态就会迅速地来回变化。蒙戈·帕克(Mungo Park)对 18 世纪末曼 *136* 德地区发生的一系列事件的描述值得全文引用:

> 金巴拉以南是黑人王国戈托,据说面积很大。以前,它分为许多小国,由各自的首领管理;但他们的私下争吵招致了邻国的入侵。最后,一位名叫穆西(Moossee)的有政治头脑的酋长发表了足够的言论,使他们联合起来对班巴拉(Bambarra)发动了敌对行动;这次,他被一致推选为将军;

不同的首长同意暂时听从他的指挥。穆西立即派出一支满载粮草的独木舟船队，从迪比湖畔沿尼日尔河向杰内进发，并与他的全部军队一起向班巴拉推进。当天，他的独木舟船队就加入了他的行列，他把补给品运上岸后，部分军队也上了岸，并在夜里猛攻杰内。这件事吓坏了班巴拉国王，他派使者来求和，为了获得和平，他同意每年向穆西交出一定数量的奴隶，并归还从戈托居民那里夺走的一切。穆西就这样凯旋回到了戈托，在那里他被宣布为国王，这个国家的首都就以他的名字命名。（Mungo Park，tr. F. Marsters 2000：209—210）

从 20 世纪 70 年代中期至今一直在进行调查的杰内-杰诺是一个很好的例子，说明从一个城镇建筑群中可以学到什么。发掘者强调：

> 杰内-杰诺是撒哈拉以南非洲地区出现大规模复杂社会的最有说服力的案例之一。然而，它却呈现出某些反常现象，与目前流行的一些关于此类社会结构和功能的观点不太相符。考古学作为一门广义上的比较学科，只有在其对世界史前文明的杰内-杰诺时期的解释与对世界'伟大'文明的形成期和前古典时期的解释一样顺畅和有说服力时，才能真正称得上解释了复杂性产生的方式和原因。（S. K. McIntosh 1905：197）

有三组事实支持上述判断：（1）在第三期晚期和第四期早期，聚落的聚集模式似乎具有不同寻常的特征。换句话说，城镇规模增长非常快，并且修建了土墙。（2）始终缺乏等级形式的领导或首领精英的证据，以及（3）"杰内-杰诺没有政治/行政等

级制度"(McIntosh 1995：397)。对杰内-杰诺考古记录的讨论
应该更系统地与周围地区的考古记录联系起来,甚至更广泛地
与曼德(Mande)世界的社会演变联系起来。这确实是一个非常
重要的遗址。它是公元一千纪前半期西非新文化群体蓬勃发展
的一个组成部分。调查、试掘和艺术史(Bedaux and Raimbault
1993；Raimbault and Sanogo 1991；de Grunne 1983；Togola
1993,1996)提供了令人信服的证据,证明杰内-杰诺"周围土
地"的社会和政治演变。位于尼日尔洪泛平原边缘的墓冢是在
20 世纪上半叶发掘的。它们的年代为公元 8 至 12 世纪。死者
被埋葬在拱顶墓室中,并随葬有大量"异国情调"的物品。记录
在案的墓葬物品一般包括个人装饰品,如红玉髓珠、一些铜合金
和铁制的金属物品,还有一具马的骨架。这些墓葬都是高层人
士的墓葬。所研究的墓冢一般都远离普通居民点。因此,埋葬
在这些地貌中的人的原籍并不清楚。不过,我们可以大胆推测,
他们原来的居住地很可能就在尼日尔河流域的某个地方。 *137*

　　德·格鲁内(De Grunne,1983)对尼日尔河三角洲内陆地
区的陶俑进行了研究,从杰内、杰内-杰诺、班迪亚加拉悬崖
(Bandiagara cliff)和其他遗址收集的材料表明,该地区存在一支
骑马精英队伍。一种特殊的三足钵广泛分布于北部廷巴克图以
南的厄尔瓦拉吉(El Oualadji)墓冢,南部的尼亚尼和康加哈
(Kangaha),东部的桑加(Sanga)、卡尼-邦宗(Kani Bonzon)和
特乌(Tou),西部的昆比·撒勒以及中部的杰内(Djenne)、铁巴
亚(Tiebaia)和莫普提(Mopti)(Bedaux and Raimbault 1993：
285)。这些器皿一般用于殓葬,大多可追溯到 10—15 世纪。最
早的标本可追溯到 6 世纪,是在尼亚尼记录的。贝多(Bedaux)
和雷姆博(Raimbault)(1993：286)认为,三足钵的制造传统起源

于南部曼丁中心地带的尼亚尼。它通过贸易或专业工艺群体的迁移向北传播，更有可能是两者的结合。在摩玛（Mema）地区进行的区域调查以及选定的试掘（Togola 1993，1996）提供了一系列考古证据，这些证据将在下文中讨论。再往西，沿萨卢姆河（Saloum River）和坎比亚河（Cambia River）流域，有一系列错综复杂的重叠区域现象，以不同类型的巨石和土墩墓葬为代表。

　　杰内-杰诺考古记录中没有与等级相关的证据可能有多种解释。对于一个 40 公顷的遗址来说，测试单位的规模相对较小可能是原因之一。在该遗址的一个探方[JF1]中发掘出了瓮棺葬，但不知道它们是否属于模式墓地的一部分。停尸记录可能是考古景观中对地位最敏感的部分。

　　由于缺乏殡葬数据，同时考虑到北部艾兹苏克（Es-Suk）（Tadmekka）地区公元 10—12 世纪的"王子墓碑"和尼日尔河三角洲西南部公元 8—12 世纪土坑墓葬中的高级人物，杰内-杰诺的记录可以从两个主要角度进行解读。首先，该城镇建筑群可被视为"政治上的侏儒地区"，没有有名望的官员。在这种情况下，缺乏等级和首领用具的直接证据也就不足为奇了。其次，它可以被视为一个"蓬勃发展"的经济驱动型聚居地，拥有广泛的生计活动和手工业专家，他们都参与了互补性交通系统交界处的地区和远距离贸易网络。第三，它可能结合了上述政治和经济功能的不同方面。在这种情况下，出土的样本是不够的。

第一批领土所属国：特克鲁尔和加纳

　　加纳和特克鲁尔是同时代的领土所属国。公元第一个千年期间，这两个国家都出现在次大陆的最西部。从"伊斯兰国"（Dar al Islam，公元 700 年至 1000 年）开始和惊人的扩张过程中,西非稳步地、有区别地融入了阿拉伯穆斯林的世界体系,控制着或多或少广阔腹地的大型自治村镇发展了地区交流网络。农产品、牲畜、原材料和许多其他商品从次大陆的一个地区转移到另一个地区(Shaw 1977)。关于加纳的最早记载是在公元 9 世纪上半叶(813—847 年)由 Al-Khuwarizmi 撰写的《大地之画》(Surat alard)中,作为一个地名出现。在后来的作者如亚克比(Al-Yaqubi,公元 890 年)和巴克里(Al-Bakri,公元 1048 年)的著作中,可以找到更清晰、更详细的描述。这两个国家的结构和组织在阿拉伯历史资料和历史学术著作中已有详细论述(Levtzion and Hopkins 1981)。

中塞内加尔河谷的特克鲁尔王国

特克鲁尔在阿拉伯语历史资料中的地位并不突出,但在阿勒·巴克里的作品中有很好的体现(Levtzion and Hopkins 1981:77 - 78)。特克鲁尔王国的核心地区沿着塞内加尔河,从中游河谷一直延伸到大西洋。每年的洪水和塞内加尔河流域沿岸的天然洼地为农业和畜牧业提供了优质土地。许多遗址·包括奥戈(Ogo)、辛库-巴拉(Sincu Bara)、图莱尔-福博(Tulel Fobo)、新罗(Silla)、库巴莱尔(Cubalel)、拉奥(Rao)、萨雷-提奥菲(Sare Tioffi)、西沃尔(Siwre)、贾洛瓦利(Jallowali)和达加纳(Dagana)都经过了考证(Bocoum 1990,2000;Chavanne 1985;S. K. McIntosh and Bocoum 2000;Thilmans and Ravise 1980)。冶铁是一种特别密集的工艺,在塞内加尔河右岸发现了数千个冶炼炉(Robert-Chaleix and Sognane 1983,Robert-Chaleix 1994),在一些特定遗址也发现了冶炼炉,例如在库巴莱尔以北几公里处的莫尔菲莱岛(Morphile Island)的朱贝-贾贝(Juube-

Jabe)就有数百个冶炼炉，年代从 6 世纪到 14 世纪不等（Bocoum 2006，Bocoum and Fluzin 2000）。口述传统描绘了贾奥戈（Jaa-Ogo）铁匠王朝的兴起和灭亡，其文化背景是以混合农耕社区为主，其中有重要的游牧成分（Ba 2002，Bocoum 2006，Bocoum and McIntosh 2002）。

加纳王国

加纳王国的领土范围并不是非常清楚，但其南部边界似乎与西南部的塞内加尔河和东南部的尼日尔河相吻合（图 28）。北部边界位于北纬 21°和 22°之间。领土呈不规则的长圆形，面积为 20 万至 30 万平方公里，核心位于奥卡尔（Awkar），这也是阿

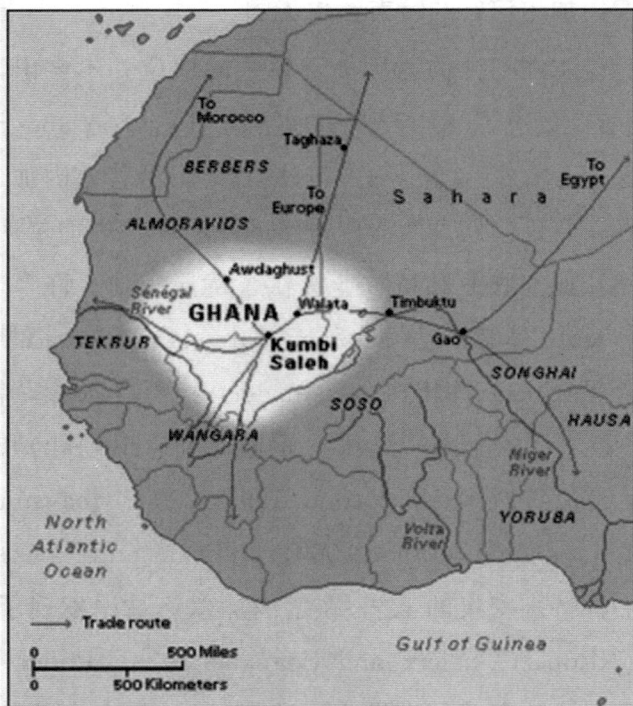

图 28　10—11 世纪加纳王国的领土范围

勒·巴克里所说的国家名称(Levtzion and Hopkins 1981：79)。国家的社会政治组织围绕着一位名叫曼加(Manga)的君主展开。他同时也是蛇教的首席祭司(Bathily 1975，Devisse 1977，Mauny 1961)。他的住所可能是用捣实的黏土(pise)修建的，位于一个皇家城镇中，距离贝蒂埃(S. Berthier 1997)和托马西与莫尼(Thomassey and Mauny 1952，1956)发掘的商业大都市有一段距离。

各地区由称为"通卡"(tunka)的官员管理。公元 900 至 1100 年间，加纳国达到鼎盛时期，其大部分财富来自跨撒哈拉贸易。黄金、奴隶和皮毛被用来交换来自地中海世界的盐、椰枣、书籍和奢侈品(Thomassey and Mauny 1956：140，Robert-Chaleix 1989)。社会分等级，由四大群体组成。君主、其亲属和贵族世系构成了社会金字塔的顶端。其次是地方官员和为国家服务的人员。第三层是自由出生的个人、商人、农民、牧民和手工业者。最后，奴隶属于第四层，也是最底层的社会群体(Sylla 1977：85-86，Bovill 1978：80-81)。阿勒·巴克里对皇家宫廷仪式的描述、为埋葬亡故的曼加而建造的土墩，以及从昆比-撒勒西南的一个大型墓地挖掘出的材料(Devisse 1977：89-91，Mauny 1961)都证实了这种社会等级制度。昆比-撒勒墓地的发掘揭露了大型多室柱廊式墓葬。这些墓葬包括一个中央墓室，里面埋葬着高层人士的遗骸，而他们的随从则埋葬在较小的次要墓室中。根据戴维斯的说法(1977：89)，包括中心人物在内的所有死者都被同时埋葬。但没有证据支持这一说法。柱廊式纪念墓可以说是家族财产。在这种情况下，每个家庭成员死后都会被埋葬在这里。

在阿拉伯历史资料的帮助下，在加纳王国境内开展了考古研究。奥达戈斯特和昆比-撒勒是系统工作的主要目标（Berthier 1997，Devise 1983，Mauny 1961，Polet 1985，Robert-Chaleix 1989，Vanacker 1979）。在公元一千纪的后半期，即公元600到900年之间，两个城镇同时出现了泥砖和石墙建筑群的城市布局。昆比-撒勒是王国的首都，分为两个不同的城镇。统治者的城镇限制外国人进入，其中包括君主官邸、一片圣树丛林和一座神庙。根据民族历史记录（Sylla 1977：86；Wa Kamissoko 1975：67），宫廷官员和高级世系的居住地位于城镇东部。城镇建筑群的中部是大型石制建筑，居住着富商、商人、手工业专家，最后是西部的奴隶和牲畜。对位于星期五清真寺（Friday Mosque）地区的城镇中心部分的发掘（Berthier 1997）表明，从公元9世纪到15世纪，该地区一直有人居住（Berthier 1997：30）。占领顺序分为四个时期：A时期（9世纪至10世纪末），B时期（11世纪），C时期（11世纪末至14世纪），最后是D时期（14世纪末至15世纪中叶）。

奥达戈斯特的发掘面积更大，占用序列更长，从6/7世纪一直延续到17世纪（Robert-Chaleix 1989）。遗址面积达12公顷。主体建筑的东部是长期考古项目的重点。在相对较大的发掘单元中，街道网格和家庭建筑群被暴露出来，它们随着时间的推移而发生的变化已被记录在案（Devise 1983，Holl 2006a，Polet 1985，Robert-Chaleix 1989，Saison 1979，Vanacker 1979）。住户建筑群由有围墙的单元组成，房间和庭院的数量各不相同，有些还带有两层建筑。东部由大型建筑群组成，可能是富人或高级人员居住的地方。这里出土了大量奢侈品和进口商品。在西南部的城郊发掘出了一个手工艺专家区（Vanacker 1979）。这里的房屋一般较小，并有陶器生产和金属加工（铜和铁）的痕迹。

星期五清真寺位于西部,西北部周边被用作墓地。繁荣的城市生活和普遍的国际化氛围似乎是加纳王国城市的一些主要特征。

在可能是国家重要省份之一的地区开展的一个项目提供了一个不同的、互补的视角,以了解加纳王国的动态。摩玛位于加纳王国(公元 500/600—1200 年)中部,今毛里塔尼亚东南部和马里西部。该地区是一片广阔的古代洪泛平原,位于尼日尔河内陆三角洲西北约 100 公里处,湖泊地区西南约 100 公里处(Togola 1993,1996)。据伊本-白图泰(Ibn Battuta,见 Hopkins and Levtzion 1981：279-284)记载,公元 14 世纪中叶,该地区有一条贸易路线,当时是马里帝国的一部分。

摩玛曾在 20 世纪 50 年代和 60 年代有过考察,其中有几个遗址经过了莫尼(Mauny)、莫诺(Monod)和苏莫夫斯基(Szumowski)的检验(Togola 1996：96-97)。最近,哈兰德(Haaland 1980)在布勒尔山脊(Boulel Ridge)南部的 B-E 遗址发现了大量铁器生产的证据,并在一些选定地点进行了有控制的发掘。经检测,这些土墩的年代分别为公元 545—970 年和公元 1025—1225 年,这一年代范围与加纳帝国的“寿命”非常吻合。[140] 哈兰德将记录在案的铁器生产强化模式与维持不断增长的人口对武器、工具和个人装饰品的旺盛需求联系起来。她认为,铁器生产的加强对硬木造成了严重的破坏,因此造成了大量的森林砍伐,并引发了生态危机(Haaland 1980)。对科利马(Kolima)丘顶沉积物进行了检测,其年代分别为公元 545—650 年和公元 1280—1310 年(Togola 1996：97)。最后,雷姆博(Raimbault)和杜图尔(Dutour)在科巴迪(Kobadi)石器时代晚期遗址启动了一项调查和发掘项目。他们在公元前 1600 年至公元前 350 年的石器时代晚期遗址中发现了几座墓葬。

托戈拉(Togola 1993，1996)于 1989—1990 年发起了一个地区考古项目，对摩玛地区中部 25×50 公里的区域进行了广泛调查。"……调查是在明确但非随机抽样的基础上在区域范围内进行的。取样单位为 1 公里宽的横断面，长度不一(10 至 40 公里)。这些样本单位覆盖了约 20% 的研究区域，横切摩玛的所有主要地貌。"(Togola 1996：99)对五个南北横断面和六个调查区进行了调查，并绘制了所记录遗址的地图。位于研究区西南部的阿昆布(Akumbu)土丘群被选中进行进一步测试。在阿昆布 A 处挖掘了两条探沟：AK1 位于土丘顶部旁边，面积为 2×3 米，一直测试到 7.50 米处的无菌基底。AK4 是阿昆布 A 区的第二个试掘点，位于一个烧过的黏土地貌上，其放射性碳年代为公元 1024—1183 年。AK3 位于阿昆布 B 区，深度为 2.75 米，出土器物年代为公元 342—442 年至公元 780—1100 年。

收集到的考古材料以陶器为主。共发现 64 件金属制品。57 件是铁制品，其中 90% 已被腐蚀得无法辨认其类型或功能。四件是戒指碎片，两件是刀片，还有 18 件杂项铁器(Togola 1993：104)。其中七件是铜器，两件保存完好的臂环是从 AK3 墓葬中采集的，年代为公元 780—1100 年。除手镯外，墓葬中还出土了一个水罐、13 个贝壳(Cypraea moneta)和 13 个红玉髓珠(Togola 1993：80，1996：106 - 107)。在 AK1 第 66 层发现了一颗玻璃珠，年代为公元 604—681 年，在第 34 层(公元 985—1160 年)和第 6 层(公元 1274—1401 年)还发现了 6 个纺锤轮。出土的考古材料表明，摩玛地区在公元 342—442 年左右出现了铁冶金，大约从公元 600 年开始出现了异国情调的物品。

摩玛记录了 137 个考古遗址。记录的遗址根据不同的物质

属性,被划分为连续的年代段。石器时代晚期(LSA)遗址有 27
个。除东南部的两个小遗址外,所有绘制的 LSA 遗址都位于退
化的沙丘和古老的水走廊上。109 个定居点被归入铁器时代,
其中有 94 个居住冢、15 个冶炼遗址,包括矿渣集中地、冶炼炉和
破损风筒(tuyeres),最后还有 2 个埋有罐子的墓地(Togola
1993:41-42)。居住遗址一般由土丘群组成,可分为三个时期:
早期(EA)、中期(MA)和晚期(LA)。

记录在案的遗址中有 49 处属于早期,年代为公元前一千纪
前半期。这些遗址的面积从不到 1 公顷到 5 公顷不等;14 个遗
址的面积不到 1 公顷;13 个遗址的面积为 1 至 5 公顷。在公元
一千纪的前半期,摩玛有渔民、牧民、猎人和农民组成的小社区
(Togola 1996, McDonald and Van Neer 1994),少数人从事小规
模炼铁。

有 25 个定居点被归入中期,时间跨度从公元 600 年到 1200
年。它们比早期阶段少,但平均而言大得多。托拉迪(Toladie)
和阿昆布是最大和最重要的中期遗址。这两个遗址都是新建立
的定居点,相距 24 公里。托拉迪 A 区位于摩玛中部,面积约 30
公顷(Togola 1993:48)。西南部的阿昆布土丘群由三个居住
区、遗址、两个坟丘和两个冶铁遗址组成,每个遗址面积约 0.1 [141]
公顷,分别位于遗址群的东部和北部边缘(Togola 1993:66-
67)。已记录的冶炼遗址有 15 处;由于对这些遗址的年代仍不
甚了解,因此很难区分早期和中期的冶炼遗址。从地表考察来
看,托拉迪没有铁矿开采的证据,这一点尤其引人注目。这就好
像摩玛的主要定居点从周围腹地获取了大部分资源。托拉迪与
所有绘制的冶炼点之间的距离从 8 公里到 24 公里不等。

中期居住区格局包括 6 个 11—20 公顷和 2 个大于 20 公顷

的地块,其中 5 个大致位于西南—东北轴线上。从阿昆布到科利马,途经本杜布布(Boundou Boubou)北部和托拉迪,两地之间的距离从 8 公里(托拉迪-科利马)到 12 公里(本杜布布北部-托拉迪)不等。托拉迪的中心位置和首要地位可能是地区政治决策变化的结果。在几乎所有调查过的土丘群中都发现了冶炼遗址,即使没有一个遗址经过测试。"由于存在红土和铁锈矿床……"(Togola 1993:53),布勒尔山脊被认为是铁矿石的主要来源。如果是这样的话,摩玛中部和北部的炼铁厂可能要依靠南部的炼铁厂提供原材料。

在 AK1 和 AK3 出土的外来物品表明,摩玛人在公元一千纪后半期进入了西非长途贸易网络。哈兰德(Haaland 1980)和托格拉(Togola 1993,1996)的研究表明,冶铁、工艺品生产和贸易的加强达到了一个高峰。"摩玛地区可能专门从事工业铁器生产,并与尼日尔中部其他地区进行正式互动。"(Togola 1993:53)哈兰德(Haaland 1980,Holl 1985)强调了摩玛与加纳王国核心及其位于西北方向不到 50 公里处的昆比-撒勒城之间的联系。

根据政治环境的不同,摩玛在早期或晚期被纳入加纳王国的核心区和/或支流区。在此,我们感兴趣的问题可以表述如下:整个王国的系统是如何筹资的?人们可能会想到对市场、商队和手工业活动征收的一系列税收、各种徭役和贡赋(Trigger 1993)。摩玛铁器生产的加强可能是核心地区征收贡赋的结果,主要是因为这里有高品位的铁矿石。该地区可能需要向核心地区提供一定数量的铁器。当地的村落、营地或村庄的精英可能参与了产品的采集,这些产品被集中到托拉迪的中心地带。然后在一年中的特定场合或时间从那里运往核心地区。贡品征收和贸易并不相互排斥。核心区征收贡赋所引发的集约化模式可能导致摩玛地区内外(远至尼日尔河三角洲内陆地区)的交换产出增加。

加纳王国在 12 世纪末的消亡标志着摩玛定居点数量的急剧减少,这一点从公元 13 世纪至 15 世纪的晚期聚落遗址的数量和规模可以看出。这一时期有四个遗址。最大的一个是古杜鲁(Goudourou),面积为 11—20 公顷;其余三个面积为 1—5 公顷,分别位于蒂阿贝尔·法梅(Tiabel Fame)(两个)和尼亚卡雷·恩东迪(Niakare Ndondi)。冶铁活动肯定仍在进行,但由于缺乏发掘数据,无法对这一问题进行进一步讨论。摩玛之后成为马里帝国的一部分。贸易路线也向东北方向转移到位于尼日尔湾顶点的廷巴克图,摩玛变成了马里帝国人口稀少的边缘地区。

加纳王国(Levtzion 1973;Holl,1985,2004b)抓住其大力参与远距离贸易和与阿拉伯-穆斯林(Arabo-Moslem)世界联系的机会,实现了广泛的地区统治。摩玛出现了手工业专业化和铁器生产的强化(Haaland 1980)。在奥达戈斯特出土的铜器生产作坊集中在特殊的手工业街区(Vanacker 1979)。社会分层,最高层是世袭国王。社会等级的发展最终导致了一种进化悖论。可以认为,在最初阶段,国家制度的资金可能来自对不同生产的征税。为了确保相对稳定的收入基础,不同的活动群体被固化为严格的职业群体,并根据其对国家收入的贡献进行排序。这种新制度后来取代了旧的社会组织,成为"铸模式"社会制度的化石。本文认为,从撒哈拉沙漠到苏丹南部地带,西非几乎普遍存在的具有同族职业专家群体的广泛系统,是曼德人与阿拉伯-穆斯林世界早期互动的社会政治产物(Tamari 1995)。与在公元 10—11 世纪信奉伊斯兰教的特克鲁尔国王相比，加纳统治者与新宗教保持距离。除了战利品的吸引力，这也可以解释为什么加纳城镇（泰达乌斯特和昆比-撒勒）在公元 11 世纪中叶遭到阿尔摩拉维（Almoravid）军事远征队的袭击和洗劫。王国并没有像人们普遍认为的那样崩溃，城镇也没有被遗弃。它的繁荣和财富逐渐减少，主要贸易路线向东转移到尼日尔湾（Ajayi and Crowder 1978，Levtzion and Hopkins1981）。

143

第二代：帝国传统

从公元 700 年到 1200 年，分布在加纳王国外围、尼日尔河上游、尼日尔河内陆三角洲和尼日尔湾的各个社会都是独立自主的同族社会，以适应地区权力和财富的平衡。维亚尼（Viani）（Filipowiak 1966，1969）、杰内-杰诺（Melntosh and Mclntosh 1980；R. McIntosh 1998，2005；S. K. Mcintosh 1995,1999）、加奥、埃斯苏克（塔梅卡）、阿泽里克（塔克达），可能还有许多其他定居点（Holl 2006a,b）。早在 20 世纪 20 年代（Rimbault and Sanogo 1991），人们就对大型土坑墓（内葬单人，有奢侈品、铜器、金刚石珠）进行了测试。

这些墓葬与阿勒·巴克里描述的曼加（加纳君主）墓葬相似，很可能是统治者或高层人士的墓葬。在埃斯苏克（塔梅卡），记录了一些明确的王子墓葬，墓碑的年代为公元 10 至 11 世纪（Morais-Farias 1990）。墓碑由从西班牙乌玛亚德（Ummayad）王朝安达卢西亚（Andalusia）进口的大理石制成。马里王国的摇篮位于尼日尔河源头，很可能就是这些相互影响的同族政权之一。马里史诗中充满了相互竞争的王子之间的冲突和战争（Austen 1999,Conrad and Frank 1995，Johnson 1992）。

　　加纳的崩溃使富拉尼-特克鲁尔人（Fullani-Tekrur）、索宁克人（Soninke）、苏苏人（Sussu）、其他曼德人和塞雷尔人（Sereer）等敌对团体摆脱了对中央政府的承诺。公元 13 世纪初，一个新的发展周期开始了，它导致马里崛起为霸主。在曼德史诗中，开国英雄桑雅塔·凯塔（Sunjata Keita）与苏苏国王、强大的铁匠首领和巫术专家苏马洛·坎特（Sumaoro Kante）之间令人难忘的争斗就是一个缩影（Jonhson 1992）。桑雅塔代表了相互竞争的同族之一，即来自南方的曼丁人（Manding）。苏马洛代表的是另一个省，即从北方分裂出去的加纳王国的一个省——苏苏省。曼丁人赢得了战争。它征服并吞并了苏苏人，开始了扩张进程，在 14 世纪达到顶峰，征服了锡内-萨卢姆（Sine-Saloum）和冈比亚河流域直至大西洋沿岸。马里帝国在其鼎盛时期的特点是宗教热情高涨、学习普及以及由统治者、贵族和家族赞助的吟游诗人团体的发展（Ajayi and Crowder 1978，Levtzion 1973）。坎坎·穆萨（Kankan Musa）可能是继开国英雄桑雅塔·凯塔之后马里最著名的统治者之一。他曾在 14 世纪前往梅卡朝圣，令人难忘。他在开罗分发了大量黄金，致使贵金属贬值多年。

144

　　有几个因素影响了 13 世纪西非国家的动态。加纳王国的衰弱导致国家四分五裂。降雨量的大幅减少影响了农民和牧民的生活，扰乱了一些社区。这些困难的后果通常是袭击和战争的加剧，以及贸易路线的改变。13 世纪，贸易路线几乎通达西非所有主要城镇，使穆斯林学者得以传播其教义，商人得以探索新的机遇。商人散居是所有主要城镇的共同特征，在西部的昆比-撒勒、奥达戈斯特和奥利尔（Awlil），东北部的加奥、塔德梅卡和提莱姆西（Tilemsi），中部的杰内、托拉迪和尼日尔内陆三角洲的迪亚，最后是南部的尼亚尼。

　　研究者在古代马里帝国的不同地区和尼日尔河流域分别进行了考古研究（Beaux 1993；Devisse 1993；Filipowiak 1967，1969；McIntosh and McIntosh 1980；S. K. McIntosh 1995；R. McIntosh 1998，2005；Raimbault and Sanogo 1991）。根据人种史资料（Cisse 1975，Wa Kamissoko 1975），其中一个相互竞争的同族政权——尼亚尼，在 13 世纪的某个时间崛起，通过战争、结盟和外交手段，建立了一个持续约两个世纪的帝国，从大约公元 1200 年到公元 1400 年。帝国的疆域很可能随着中央核心与遥远的被征服者和支流外围之间力量平衡的变化而变化。顾名思义，帝国是异质的。马里从东北部撒哈拉边缘的阿德拉-恩-伊佛加（Adrar-n-Ifogha）和提莱姆西河谷，一直延伸到南部尼日尔河源头的潮湿雨林，即今天的几内亚-科纳克里，以及从东部的班迪亚加拉悬崖到西部的冈比亚河和大西洋（图 29）。尼日尔河是帝国的生命线，也是干旱和农作物歉收时的避难所。

　　通过征服和吞并进行领土扩张是帝国形成的关键和决定性过程（Alcock et al. 2004）。然而，帝国要想持久，"扩张必须伴随着巩固的过程，通过这一过程，被征服的领土被纳入帝国的政治、经济和意识形态领域"（Sinopoli 1994：162）。在特克鲁尔和加纳，横向和纵向的社会分化过程已经与专门的职业群体、金属工人、陶工、贵族、自由出生者等结合在一起，在马里帝国的鼎盛时期，这种分化过程得到了加强和扩大。其中一些群体，主要是手工业者（Nyamakalaw）和吟游诗人（Jeli），被锁定为内族单位（Tamari 1995）。吟游诗人通过对统治者家谱的创造性诠释，扩大了精英意识形态的范围并为其创造了条件。马里皇帝依靠伊斯兰教和吟游诗人的艺术来加强其合法性。

马里(约 1200—1400 年)、桑海(约 1400—1600 年)和卡内姆-博尔努(Kanem-Bornu,约 1550—1800 年)等帝国几乎长期处于战争状态,进行着无休止的掠夺性扩张(Reyna 1990)。它们取得了广泛的多民族帝国的地位,至少由三种嵌套的领土/行政单位组成。中心,或多或少地围绕着都城,位于统治王朝的中心地带,由中央机构严格控制,文化异质性较低。中心被支流地区的被征服族群和同盟政体所包围(Reyna 1990)。一些被征服的领土由统治王朝的下级成员统治,另一些则由国王任命的人统治,还有一些则由盟友的高级属民统治。第三环是掠夺区(Dar al gharb,即战争之地),边界不断变化。中央政府和地区统治者从核心区域发起突袭、掠夺和军事征伐,以囤积战利品。地区精英多次起义。从公元一千纪中期开始,整个西非地区形成了广泛的地区间交流网络。在伊格博乌库的一座年代约在9—10 世纪的高等级墓葬中发现了数千颗红玉髓珠,这些珠子很可能是沿着尼日尔河运来的(Shaw 1977)。在马里的提莱姆西山谷也有红玉髓珠生产和开采阿德拉-恩-伊佛加玉髓层的证据(Gaussen and Gaussen 1980)。它们是马里帝国繁荣的经济 145 生活的一部分。尽管有确切的历史资料(Levtzion and Hopkins 1981),但考古数据的记录仍被归入模糊的新石器时代,唯一的标准是"没有金属制品"。从阿拉伯语历史资料(公元 1191 年7—8 月的匿名"'Kitab al-Istibsar fi aja'ib al-amsar")中可以清楚地看出,金属并没有用于制造红玉髓珠(见 Levtzion and Hopkins 1981:138 - 154),而红玉髓珠在西非不同的政体中都有广泛的交易,是非常珍贵的奢侈品。

从瓦加兰(Wargalan)到加达梅斯(Ghadames)大约需

要二十天的时间，要穿过水源稀少的沙漠地带。在这片沙漠中，有一个类似玛瑙（aqiq）的石矿。你偶尔会在一块石头上发现各种颜色，如红色、黄色或白色。这种石头是苏丹——加纳和其他地方——最珍贵的东西，在他们看来，它就像红宝石，甚至更加美丽。有时会发现一块大石头，尽管这种情况非常罕见。当这种石头被带到加纳人面前时，他们会格外珍惜，并为之支付高昂的价格。这种石头与红宝石相似，铁在上面根本不会留下任何痕迹。和红宝石的加工方法一样，它被另一种叫作"ti-n-tuwas"的石头加工和穿孔，也用金刚砂穿孔。这块石头的沉淀物是不可见的，直到宰杀了一头骆驼，用它的血洒遍整个地方，这块石头才会显现出来并被拾起。在这片沙漠中，还有一座上好的白矾（shabb）矿，任何国家都找不到这样的矿，白矾从那里出口到所有国家。（Kitab al-Istibsar In Levtzion and Hopkins 1981：151）

阿泽里克（塔克达）有着密集的铜矿生产。铜锭出口到马里、加纳和博尔努（Ibn Battuta，见 Levtzion and Hopkins 1981：302）。上述商业网络是西非政治经济不可分割的组成部分，对地区精英的兴衰起着重要作用。

马里帝国崩溃，新的桑海帝国崛起，其首都加奥位于帝国东北边缘。一个新的桑海王朝——桑尼·阿里·贝尔（Sonny Ali Ber）王朝脱离马里，崛起为地区霸主，并开始了新一轮的扩张，这次是向西北扩张，扩张到特加扎盐矿。一个新的周期开始了，占主导地位的商业转口港向东转移。豪萨（Hawsa）政体以及现代尼日尔的特吉达-恩-特斯姆特（Tegidda-n-Tesemt）地区的柏柏尔政体（Bernus et Cressier 1991，Saenz 1991）都积极参与远距离贸易网络以及同等级政体之间的互动。在阿泽里克发现了马穆鲁克（Mameluk）埃及金币（Bernus and Cressier 1991）。桑海和新兴的博尔努帝国，中间夹杂着豪萨和柏柏尔政体，长期争夺地区霸主地位。在摩洛哥和桑海争夺撒哈拉盐矿（特加扎和陶德尼）的控制权之后，公元 1591 年，桑海军队在通迪比（Tondibi）被朱德·帕查（Djouder Pacha）率领的摩洛哥远征军击溃。伊比利亚半岛失守后，与之结盟的欧洲军队重新征服了伊比利亚半岛，阿拉伯-穆斯林世界随之缩小，加上马穆鲁克埃及日益繁荣，卡内姆-博尔努帝国的地区领导权进一步向东转移（Holl 2000）。

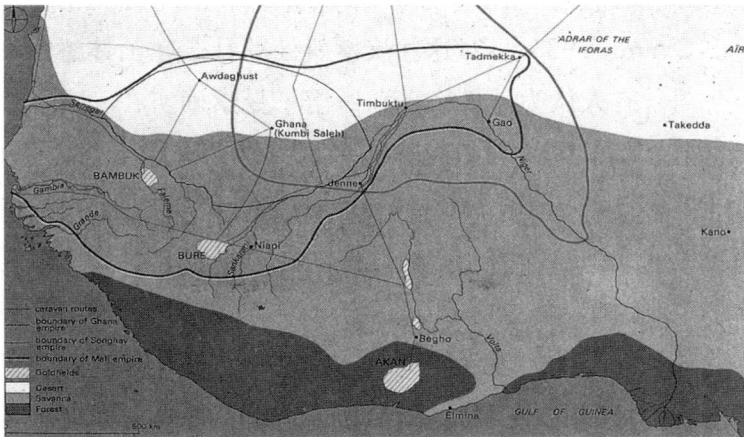

图 29　马里和桑海帝国，公元 1200 年至 1650 年

雨林城邦

西非雨林从喀麦隆一直延伸到几内亚，在现代贝宁被"达荷美缺口"打断。大西洋沿岸的植被带或多或少比较狭窄，尼日利

亚部分地区宽 400 公里,其他地区一般要小得多。考古研究主要集中在两个地区,一个是加纳,另一个是尼日利亚。在前者,贝格霍(Begho)和博诺·曼索(Bono Manso)已记录了城市化的趋势(Connah 2001)。这两个遗址都由许多不同的土墩组成。贝格霍是一个大型市场中心,有四个不同的街区,每个街区之间相距 1—2 公里,似乎是在公元 11—12 世纪定居下来的,其财富和繁荣程度在 17 世纪初达到顶峰。这里的居民与北部的萨凡纳、萨赫勒和撒哈拉进行贸易。他们是从事谷物和山药种植以及牛、绵羊和山羊畜牧业的混合型农民。他们还饲养家猪。狩猎以及采集野生和水生资源是他们的常见活动。博诺·曼索的占领始于公元 13 世纪,持续到 18 世纪中叶。定居点最初是由独立和分散的居住土丘组成,后来融合成一个广泛的整体遗址(Effah-Gyamfi 1985)。对这些聚落所处的社会政治体系的研究还很薄弱。有人认为,"贝格霍和博诺·曼索确实在一定程度上揭示了公元二千纪初加纳森林边缘地区城市化的起源,或许是国家的形成"(Connah 2001：153)。这两个地方要么是控制着广阔腹地的大型自治聚落,要么是与地区和地区间长途贸易相连的小型"城邦"。

尼日利亚南部的发展更为壮观,展现了令人惊叹的艺术和手工艺传统,以及广泛的原始城市传统。伊格博乌库遗址位于尼日尔河以东,尼日利亚东南部的伊戈尔兰。T. 肖(T. Shaw 1970,1977)发掘了一个异常丰富的墓葬,可能是一个"祭司王"的墓葬。死者被安置在一个笔直的墓室中。墓葬物品包括不少于 685 件铜器和青铜器、16.5 万颗红玉髓和玻璃珠、三根象牙、一顶王冠以及许多其他物品。伊费(Ife)、贝宁(Benin)、旧奥约(Old Oyo)、科索(Koso)、伊帕波伊勒(Ipapo Ile)都位于尼日利亚西部和西南部的约鲁巴（Yoruba）地区。大多数古代约鲁巴城镇都位于萨凡纳热带稀树草原-森林镶嵌地区。从文化的角度来看，伊费位于森林而非热带稀树草原，被认为是"创造世界"的地方，拥有一系列杰出的艺术杰作（Connah 2001，Willet 1967）。伊费的占领似乎始于公元一千纪末期。从公元 12 世纪到 15 世纪，用回收的碎片和石块铺成的地面是家庭建筑的常见特征。该城由一系列错综复杂的城墙划界（图 30），包括位于其中心的奥尼宫殿。人们对城墙的确切年代仍然知之甚少。不过，围绕老城的内城墙可能是最早修建的，外城墙是在人口增长和城市向外扩展之后修建的。

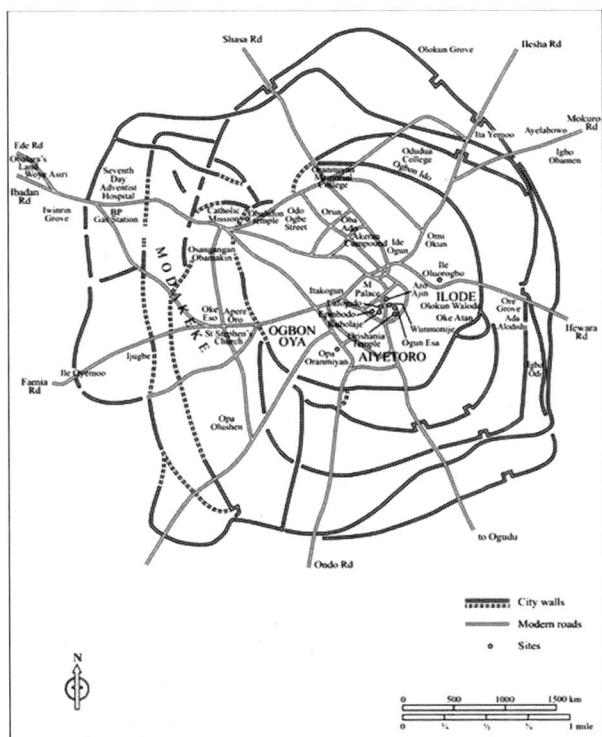

图 30　伊勒伊费（Ile Ife）的土木建筑群地图

贝宁城位于热带雨林深处,似乎是在公元 13 世纪定居下来的。14 世纪时,地面铺装已很普遍。在旧皇宫(Connah 1975,2001)进行的挖掘发现了一口祭祀井,井中至少有 41 具年轻女性的骸骨。她们身着华丽的服饰,戴着手镯、珠子和指环,在可能于 13 和 14 世纪重复举行的祭祀仪式中被投入 12.5 米深的祭祀井中。包括象牙在内的祭品被放置在坑的顶部填土中,这凸显了在旧王宫的这一部分举行的祭祀活动的重要性。贝宁的土方工程尤其令人印象深刻(Darling 1984)。它们占地约 6500 平方公里,估计总长约 16000 公里。专家们对它们的功能和用途仍有争议(Connah 1975,2001;Darling 1984)。它们是土地分配模式的物质见证,可能涉及社会单位、大家族、世系和/或氏族。它们的大小、形状和边界似乎都经过了重新调整,以适应不断变化的人口和社会政治形势。

古代约鲁巴城邦是政治中心,控制着周围一定规模的腹地。建在城中心的奥巴或国王的宫殿还包括祖先的神龛、礼仪场所和祭祀设施。宫殿还包括宗祠、祭祀场所和礼仪设施,宫殿内装饰豪华,艺术品令人印象深刻(Willet 1971)。城邦官员居住在城镇的内院,与统治者的宫殿距离很近。这些城邦政府成员、奥巴家族和亲戚、宫殿资助的艺术家和工艺专家很可能被授予土地,并在农村拥有农场,所有地块都可能由土木工事划定。眷属和其他家庭成员很可能居住在这些土地上,种植山药、油棕和其他产品,以养活城镇居民。土堤系统顺便加强了每个城邦的静态防御系统。大西洋奴隶贸易的开始加剧了约鲁巴城邦之间的竞争。欧洲人的野蛮入侵——19 世纪英国远征军对贝宁的洗劫——给这个声名显赫、实力强大的统治王朝造成了致命的伤害。

147

在尼日利亚东南部的克罗斯河(Cross River)地区发现了引人入胜的巨石群。它们分为两个次区域群,即南部的伊科姆(Ikom)和北部的乌凯莱/恩萨多普(Ukelle/Nsadop)。它们是由各种当地岩石制成的立石块,有的矮小,有的高大,有的朴素无华,有的则装饰精美。装饰一般围绕人体特征进行。考古研究尚未涉及克罗斯河石碑的问题,但这些石碑在当地文化体系中的用途之多和多义性令人瞩目。有的代表世系,有的用于举行仪式,有的仍作为"许愿点",等等。显然,如果不能很好地掌握这些立石碑所处的社会实践,就无法了解它们的"意义"。这正是考古学家每天都要面对的难题。这些古迹仍然是当地社区结构的一部分,其社会文化相关性使考古学家无法触及。

在过去的两千年里,西非雨林出现了不同的城市传统。大西洋奴隶贸易的开始加剧了约鲁巴城邦之间的竞争和对抗,导致了像旧奥约这样的扩张主义帝国的崛起。在其他地方,分散的家园、集中的村落和强大的城市中心与波动的自然和文化疆界共存。

总 结

令人惊讶的是,在西非,最早出现复杂性和国家形成的地方是撒哈拉沙漠南缘的撒希尔(Shore),这是一个干旱易发区(Durandand Paris 1986)。随着时间的推移,更大的国家和帝国向南部和北部扩张。马里帝国的西南部有相当大的湿润地区。另一方面,桑海和卡内姆-博尔努则在撒哈拉沙漠向北扩展得更大。达尔·蒂希特-瓦拉塔和伊格哈兹尔盆地是在气候高度不稳定时期定居下来的。加纳王国的核心哈洛夫(Houlouf)地区和摩玛地区也是如此。在奥达戈斯特系统记录的水井深度为气候变化提供了有趣的线索。1971 年的一口新井的地下水位为9.9米。11 世纪以前的早期水井深度为 3 至 4.4 米，12 至 17 世纪的后期水井深度为 5.4 至 7.3 米（Moussie and Devisse 1983：368‐371）。农业生产、牲畜管理、手工艺以及更广泛的有组织的社区生活肯定会定期受到干旱的干扰。在这种不稳定的情况下，人们可能会建立一些文化结构和机构来监控和缓冲资源供应的变化，以确保生存和秩序（Halstead and O'Shea 1989，Baines and Yoffee 1998）。这种安排既有几乎平等的群体互动（Blanton 1998），也有不平等的、往往是暴力的支配。

在不同的时间和地点，这些必要的调整是如何在西非各地进行的？在达尔·蒂希特‐瓦拉塔和伊格哈兹尔盆地，西非本土的宗教习俗没有受到挑战。伊斯兰教很早就被采用，并被强加为特克鲁尔王室的官方宗教。加纳君主信奉本土宗教，但容忍世界性的穆斯林商人和学者散居各地。马里早期依靠传统宗教，后来在 14 世纪转向积极但仍然宽容的伊斯兰教。当时，国王们一生中至少要参加一次朝觐（hajj），前往麦加朝圣。桑海和卡内姆‐博尔努或多或少地沿袭了马里的模式，但推行的伊斯兰教更加激进好战，圣战频繁（Holl 2000）。

148

> 显然，竞争与合作群体的各个方面，既有职业上的专门性，也有社会上的独特性；货物、服务和信息流通的复杂路线，既有本地的，也有远距离的；还有与邻近城市和地区的冲突，所有这些都形成了一股社会政治和意识形态的力量，表现为新领导人的出现、中央集权的新形式和新象征，以及新的人口变化。（Baines and Yoffee 1998：219）

在所有研究案例中，对合法化手段的控制是精英群体出现和常规化的关键步骤。除了聚落等级和地区遗址分布,达尔·蒂希特-瓦拉塔的考古记录还显示了公元前一千纪后半期因环境危害加剧而夭折的中央集权进程的方方面面的变化。我们可以推测,大户人家集中劳动力,同时建立婚姻联盟,可能会促进新领袖的出现。这些新领袖可能会通过慷慨、赠送礼物和赞助社区活动的能力来争夺声望。但袭击、战争和领土扩张才是关键。来自伊格哈兹尔盆地的流动牧业精英们随葬着铜和铁的身份象征和声望物品。在特克鲁尔、加纳、马里和桑海,社会在纵向和横向上都有等级和/或分层。对服务、商品、声望和权力的贡献和获取各不相同,这是一种常态。精英的出现和维持,以及精英中的精英,是文明的核心所在:使不平等合法化是根本。"精英控制象征性资源的方式是,只有当他们利用这些资源时,这些资源才有意义。这种对意义的占有是对控制个人或群体的其他合法化的补充,至少与其他合法化同等重要。"(Baines and Yoffee 1928:234)

149

第 11 章　中非北部

简　介

乍得湖南岸的乍得平原考古在 20 世纪初进入考古学术界。哈佛大学的 F. 沃森（F. Wulsin 1932）在沙里河左岸的格菲（Gulfey）挖掘了多条探沟。他探测的考古沉积物被蜿蜒的河流暴露出来。他的研究结果主要是描述性的，并没有激发对该地区考古学研究的兴趣。

马塞尔·格里奥勒（Marcel Griaule）和让-保罗·勒伯夫（Jean-Paul Lebeuf）都是没有接受过任何正规考古培训的人种学家，他们的参与开始了更持久的努力和长期的影响。马塞尔是达喀尔-吉布提探险队的领队，倡导对信仰体系的研究。他对乍得平原居民的民间传统非常着迷，收集了大量口头传说，并将其翻译成灵感之作《邵族传奇》（*Les Sao Legendaires*）一书出版。他们的考古研究目的简单明了：记录、追溯和重建"神秘的邵族人"的起源。他们创造并推广了"邵族文明"的概念。在当时，"文明"是一个通用术语，它的部分依据是德国民族学家提出的"Kultur Kreise（文化区）"概念（Forkl 1983，1985）。尽管这一概念含糊不清，但它表达了文化模板的概念，并在艺术作品中得到了更有力的体现。邵族人用黏土制作的雕像非常有趣，他们用黏土、铜、合金铜、铁和黄铜制作精美的个人装饰品,还建造有护城河和土墙保护的城市。

格里奥勒和勒伯夫组织了不下四次考古探险。他们考察了数十个遗址,并在《非洲学家协会杂志》上发表了多篇内容广泛的报告(Griaule and Lebeuf 1948,1950,1951)。他们收集的材料一般都是在根据人种史资料进行了大量介绍之后才加以描述的。因此,考古记录被用来支持那些已经展示了"邵族"的成就的民族史方案。另一方面,民族史资料被用来证明和解释考古记录。这种方法的循环性是显而易见的。迁徙是文化变革的动力。对"邵族文明"的起源和演变的理解越来越难以捉摸(Lebeuf 1969,1971)。

20 世纪 60 年代,让-保罗·勒伯夫与德图贝特(A. M Detourbet)合作发掘了姆达加(Mdaga)(Lebeuf et al. 1980),重新调整了他们的实地考察方法。他们采用了更科学的方法,包括更严格的地层控制、放射性碳年代测定和更精细的取样策略。他们放弃了"邵族文明"的概念,尽管这一术语仍在使用。该项目的结果令人震惊。从大约公元前 450 年到公元 1800 年,姆达加的居住时间长达两千多年。将如此漫长的时期归入"邵族文明",并僵化地划分为"邵族一、二、三期"遗址类型是站不住脚的。苏·布莱姆·拉吉尔(Sou Blame Radjil)的发掘支持了姆达加的发现,使"邵族文明"的概念最终得以终结。

在 J. P. 勒伯夫和 A. M. D. 勒伯夫在喀麦隆和乍得共和国开展研究的同时,当时来自尼日利亚伊巴丹大学的康纳(G. Connah 1981)在博尔努启动了一个重要的考古项目。他沿着从曼达拉山脉(Madara Mountain)到约贝(Yobe)河谷的南北横断面选择了一些地点。他的项目以环境和适应性为框架,明确关

151

注人类适应乍得湿地环境的模式。戴玛 60×5 米、深 11.5 米的壕沟既壮观又富饶。通过一系列测定遗址重建的进化序列从石器时代晚期（约公元前 2000 年）一直延续到公元 16 世纪，其中包括追溯到公元前一千纪晚期的铁器技术的出现。康纳（1981）还发现了公元 800 年的高粱烧焦遗迹以及圆形泥房的证据。他对博尔努王国的首都比尔宁·加扎加莫（Birni Ghazzargamo）的中心部分进行了探测，并在王宫大院内进行了多次下沉探测。他描述了王宫的建筑布局，但他没有讨论卡努里国家的出现（Holl 2000），而是提到了可能推动卡努里帝国政治机构出现的城市化进程。

20 世纪 90 年代初，德国法兰克福大学与皮特·布鲁尼格（Peter Breunig）领导的尼日利亚迈杜古里大学（University of Maiduguri）共同发起了一个联合项目。该项目植根于"文化史"，其中包括一个重要的环境组成部分。其目的显然是了解全新世气候变化对人类定居地点和生存系统的影响。虽然有一些变通，但他们也采用了横断面策略，从南部的巴马-利马尼-邦戈尔（Bama-Limani-Bongor）山脊到北部的约贝河谷，对主要地貌进行了采样。D. 格罗尼伯恩（Gronenborn）重新发掘了之前由 G. 康纳（Connah）发掘的克萨卡塔（Kursakata）土丘遗址。K. 纽曼（Neumann）博士实施了一项密集的植物考古学计划。P. 布鲁尼格指导了对康杜加（Konduga）、戈奇戛纳（Gajiganna）和杜夫纳（Dufuna）（著名的距今 8500 年的独木舟遗址）等石器时代晚期遗址的发掘工作。格罗尼伯恩博士的工作重点是较晚期的遗址，包括 19 世纪拉贝（Rabbeh）的总部迪科阿（Dikoa），该地区的牛羊饲养业似乎至少已有四千年的历史。而农业则是后来者。据记载，经过培育的黍类作物大约在公元前 1000 年出现。

　　因此，乍得平原的考古记录从全新世早期延续至今(Griaule and Lebeuf 1948，1950，1951；Lebeuf 1962，1969，1981；Lebeuf and Lebeuf 1977)。最早的尼日利亚康杜加遗址和喀麦隆的布拉布里(Blabli)遗址位于巴马海脊一带，年代分别为距今7000年和6000年左右。记录的材料较为粗浅，但包括带有扭曲轮盘装饰的陶器、石器和一些动物骨骼。这些全新世早期的觅食者建造了水上交通工具，如在尼日利亚约贝河谷上部的科马杜古·加纳(Komadugu Gana)河畔发现的杜夫纳独木舟，年代约为距今8000年(Breuning 1995)。捕鱼和开发其他水生资源是他们的主要生存策略。约距今4000年至3000年期间，半永久性的村落生活在乍得的南部平原已经过调查和测试过的地区得到了发展。在戈奇戛纳(Breunig 1995)、巴马·瑞德(Bama Read)遗址、希尔马(Shilma)、克萨卡塔、戴玛(Connah 1981)、姆达加(Lebeuf et al. 1980)、苏－布莱姆－拉吉尔和德古埃斯(Deguesse)(Holl 2002)地区都发掘了土墩遗址。从公元前二千纪开始，人们就开始放牧牛羊等牲畜。后来，大约在公元前1500年，人们开始种植黍类作物(Pennise-tum sp.)，又在公元一千纪期间开始种植高粱。从公元前一千纪中期开始，随着乍得湖水位的持续下降，铁和铜冶金业遍布整个平原。乍得平原上记录的一千多个土墩遗址是全新世的狩猎者、渔民、畜牧者、农民和混合农耕者的生动见证。人类沿乍得南部平原定居地扩张的总体轮廓已经确定。众所周知，这些全新世的定居者是现今乍得中部语言使用者的祖先(Holl 2002)，他们建立了中央集权的政治制度、社会等级制度以及不平等的权力和财富分配制度(Lebeuf 1969)。这是如何产生的呢？

历史记录中的乍得政体

在 16 世纪热那亚出版的《世界地图》(*Cartographica del Mundo*)中，洛伦佐·达纳尼亚(Lorenzo D'Anania)提到了乍得湖地区的一些王国。他明确提到了马卡里(Makary)、格菲、阿法德(Afade)、库塞里(Kusseri)、勒贡(Logone)和哈勒夫的阿尔菲(Alph)，并介绍了这些国家的政治制度和国王去世时的殡葬习俗。在同一时期，也是在 16 世纪，一位博尔努的学者、首都（比尔宁·加扎加莫）星期五清真寺的伊玛目、伊德里斯·阿拉乌玛(Idriss Alauma)国王的赞美诗人艾哈迈德·伊本·富图(Ahmad Ibn Furtu)完成了一本关于国王事迹的书——*Kitab al ghazzargawat al Barnu*。他讲述了博尔努国从约贝河谷的核心地区向北、东和南扩张的战争过程。被征服或灭绝的人口一般被称为"邵族"(Sao)，指的是"其他人"，即不讲卡努里语的人，他们显然是这片土地上的第一批定居者。这些早期定居者都讲彼此略有区别的乍得语，这种语言是由中乍得语亚族演变而来的。这些讲乍得语的人组成了等级森严的中央集权社会。他们居住在由护城河和土城墙环绕的小城镇中。根据具体情况，这些乍得政体被称为公国、酋长领地或王国，其统治者被称为 Miarre 或苏丹①(Sultan，后来的阿拉伯语化形式)。离博尔努中心地带最近的乍得政体，如马卡里、阿法德、恩杜福(Ndufu)等，被征服并并入博尔努国。那些位于外围的部落，如库塞里，被胁迫成为部落，并任命一名卡努里人全权代表驻扎在当地监督当

---

① 此处的"苏丹"意指部分穆斯林国家统治者的称号，与苏丹共和国(Republic of the Sudan)有所区分。——译者注

地政府。其他一些地方,如拉格旺(Lagwan),则反抗博尔努帝国的施压,推行自己的扩张政策。博尔努人的帝国政策时好时坏,精英阶层的"卡努里化"(Kanurification)在很大程度上消除了文化差异。伊斯兰教由此传播开来。

19 世纪的欧洲探险家(Denham 1820, Barth 1850, Nachtigal 1870)目睹并报道了该地区的政治局势。博尔努帝国正在走向灭亡,拉格旺王国夹在两个地区超级大国(西北偏北的博尔努帝国和东南偏南的巴尔马王国)之间,通过精明的外交手腕成功地维护了自己的独立。来自苏丹加扎勒河(Bahr el Ghazzal)的奴隶贩子兼冒险家拉贝的突然闯入,以及欧洲殖民化的开始,使情况变得更加复杂。

法国人类学家对其中一些乍得政体的政治组织进行了研究,首先是马塞尔·格里奥勒、让-保罗·勒伯夫和 A. M. D. 勒伯夫,随后是福科(Fork 1983,1985)。安妮-勒伯夫(1969)写了一本杰出的著作,其中包括人种史和对她所调查的政体的政治和领土组织的详细描述。著名的"邵族文化"在很大程度上要归功于 M. 格里奥勒的著作《邵族传奇》。

这些乍得政体是如何出现的? 它们是如何组织起来的? 它们又是如何成长并适应不断变化的社会政治环境的? 这些问题共同组成了 1982 年至 1991 年在哈洛夫地区开展的考古项目(Holl 1994,1996,2002b,2006b)。

1. 正在形成的乍得政体

哈洛夫考古项目明确地从人类学的角度出发,追溯乍得中部政体的出现,并研究其随着时间的推移而发生的演变。哈洛夫地区位于喀麦隆最北部乍得平原的萨凡纳-萨赫勒边缘地带。

该地区在公元前二千纪之初就有人定居,至今仍居住着讲乍得语和闪米特语(阿拉伯语)的人。研究区域约 400 平方公里,包括当地居民认为是"哈洛夫之地"的中心地带(Holl 2002b)。

它被划分为三个生态区:洛贡-沙里(Logone-Shari)河谷及其沙岛和长有非洲扇棕榈(Borassus aethiopicum)的海岸;长有一系列相思树和多刺灌木的干旱草原;最后是内陆洼地(当地阿拉伯语为 yaere),雨季时被洪水淹没,洪水过后变成一片茂盛的原始草原。土壤的性质和区域分布对选址的策略有着重要影响。

针对分布在十个聚落中的十四个土墩进行了测绘和测试提供了从约公元前 1900 年至今长达 4000 年的占用序列。发掘出的土丘在大小和形状上差异很大,比如有些土丘会排列成多丘建筑群。除了在哈洛夫的主要发掘面积为 120 平方米,大多数遗址都使用了 3 米×4 米深的探沟进行发掘,以揭示土丘的形成顺序。

全新世时期,重要的气候波动导致乍得平原地貌发生了重大变化。环境背景从湖泊-湖岸-岛屿转变为淤泥质沙地和黏土质冲积平原。除了先驱定居时期(德古埃斯时期)时间较长、调查较少,其他分阶段的时间在 200 年到 250 年之间。在公元前三千纪末期和二千纪初期,乍得湖面积更大、水更深,研究区域是湖底的部分(Holl 1988,1994b, 1996, 2000,2002b)。

德古埃斯时期(公元前 1900—公元 0 年):先驱觅食者/牧民

在德古埃斯和克雷纳克(Krenak)的两个遗址探沟底部记录到了约公元前 1900 年至公元 0 年的德古埃斯时期定居点。定居点的证据很浅薄,主要是牲畜粪便沉积物,很少有文化遗存。该地区似乎是由流动性很强的牧民居住的,他们依靠丰富的野

153

生谷物或从事一种考古学家至今仍无法掌握的农业。这两个遗址相距 9 公里,可能是在枯水季节设置了沙岛。

克雷纳克时期(约公元 0—500 年):自治的农业-渔业社区

克雷纳克时期(公元 0—500 年)之后,定居点的数量显著增加。在克雷纳克 A 阶段(公元 0—250 年),有三个定居地,分别是德古埃斯、克雷纳克和哈洛夫,均位于西北部。这里的生活方式明显向定居型转变,居住设施更加庞大。一个由正长岩制成的碾磨器表明了一种从西南 200—250 公里处的瓦扎-莫拉-曼达拉(Waza-Mora-Mandara)山脉进口的材料的存在。

在克雷纳克 B 阶段(公元 250—500 年),随着由三个不同的小土丘组成的布勒土丘群(Ble-Mound)的建成,居住区向东南方向扩展。铁匠作坊代表了手工业的专业化。进口的高价值物品种类较多,如红玉髓珠、紫晶吊坠、合金铜器和粗石器。有记录的遗址相距 5—10 公里,位于三角洲的沼泽地带。哈洛夫遗址第一层发现的马骨很少,这表明当时进口的马是名贵的骑行动物。

米西斯科瓦(Mishiskwa)时期(公元 500—1000 年):两极化过程

米西斯科瓦时期(公元 500—1000 年)是人类在黏土质内陆洼地定居的扩展阶段。在米西斯科瓦 A 阶段(公元 500—750 年),定居地的数量增加到 10 个,之后在米西斯科瓦 B 阶段增加到 11 个。聚落系统似乎由两种不同的模式组成。西北模式由五个几乎等距的村庄组成,哈洛夫处于相对中心的位置。东南部的模式(布勒土丘群和克雷纳克-邵)由五个紧密聚集的土丘组成,南部有一个孤立的土丘(米西斯科瓦)。冶铁的特征、铁匠作坊、编织工艺品和纺织品染色装置代表了手工业的专业化。

154 在中心村落相互竞争的背景下，高价值进口商品的数量和种类显著增加。

布勒时期（公元 1000—1400 年）：竞争与对抗

在布勒时期（公元 1000—1400 年），哈洛夫势力范围内的克雷纳克和布勒土丘群地区的克雷纳克-邵被遗弃。在淤塞的古洛贡河道上方的布勒土墩 C 区建立了一个新的遗址。布勒土丘群的熏鱼、冶铁特征以及锻造装置的大量证据表明，该遗址有非常明显的产业集约化趋势。黏土头枕的制造和盐的密集生产是当地手工业的新成员。进口商品包括红玉髓和玻璃珠、各种合金铜器和贝壳。哈洛夫和布勒土丘群的聚落系统显然是两极的，它们之间存在着社会政治竞争，大量进口外来的名贵物品，并可能发生了战争。

整个地区都出现了中央集权的政治体制，同级之间的互动从选举联盟到直接战争不等。一个成年男性墓葬中埋葬着一对马刺，这表明出现了一个勇士骑兵阶层（或社会类别）。同一考古学地层还发现了一座随葬品丰富的女性墓葬，墓葬中出土了一系列进口的名贵材料，包括合金铜、红玉髓、玻璃腰饰和项链珠。哈洛夫第六层提供了有目的地破坏制盐设施的无可争辩的证据，这可能是袭击或更广泛的战争造成的。在布勒土丘群也发现了类似的证据，有系统地斩首泥塑以及数百块几乎校准过的球形至亚球形粗石块，这些石块可能被用作了武器［弹弓飞弹］。哈洛夫土城墙可能是在布勒 A 或 B 阶段的竞争和对抗背景下建造的。

155

哈洛夫 A 阶段（公元 1400—1600 年）：哈洛夫酋长领地的崛起

在哈洛夫 A 阶段（公元 1400—1600 年），定居地的数量从 9

个急剧下降到 3 个，只剩下哈洛夫、德古埃斯和阿马奇塔（Amachita）三个定居点有人居住。哈洛夫阶段的开始与持续100 到 150 年的特别干旱期的到来相吻合。哈洛夫是一个政体的中心聚落，在哈洛夫 B 阶段（公元 1600—1800 年）有七个定居点。A 阶段的一个精英墓地证明了特定的礼仪规则、死者的朝向和位置，这可能是为极少数人准备的（Holl 1994b）。

　　该墓地的结构和空间布局表明存在四个派别或后裔群体（Holl 1988，1994b，2002b），他们都在统治者的阴影下争夺着权力和声望。除统治集团外，最有声望的地位大概是勇士骑兵。在墓地中心发现的神像罐可能象征着最高酋长或国王（2002b，2006b）。墓葬的标志是叠放的大罐，死者以坐姿下葬，双脚放在罐中，全部面向西南方，与中心的肖像罐的方向一致。哈洛夫墓地中埋葬的大多数人都属于精英阶层，其中大部分人是武士、官员，少数人是祭祀专家（Holl 1994b，2002b）。统治者和成功的官员通过骑术用品、特定的着装和个人装饰元素来显示他们的地位。在哈洛夫以西 15 公里处的卡博-贝雷（Kabo-Bere）发现的一个骑马者铜像概括了乍得武士骑术的精髓。

　　哈洛夫统治者的府邸遗址仍被称为"苏丹宫"（Sultan Palace），位于一个较高的小土丘上——考古学家禁止进入。这个相对令人印象深刻的建筑群可能建于布勒时期。然而，由于禁令，年代学上的不确定性无法解决。我们对暴露在地表的哈洛夫时期的特征进行了测绘。哈洛夫酋长领地鼎盛时期的中心是哈洛夫防御工事遗址，占地 15.50 公顷，位于居住区的顶端。

黄昏：拉格旺王国的崛起

　　在哈洛夫 B 阶段（公元 1650 年以后），哈洛夫酋长领地夹在不断扩张的博尔努帝国和崛起的拉格旺最高酋长领地竞争者之间，失去了自治权，成为洛贡王国的一个地区中心。拉格旺王国征服了沿其北部和西北部边界的哈洛夫和卡贝（Kabe）政体，以缓冲强大的博尔努帝国的扩张野心。在公元二千纪的大部分时间里，乍得平原在同族与政体的长期互动中出现了三个这样的最高酋长领地，但其演变路径却各不相同。西北部的马卡里酋长领地在 15—16 世纪成为不断扩张的博尔努帝国的一个省。在乍得平原的中部和东部，以库塞里为中心的姆瑟尔酋长领地在 16 世纪被博尔努军队征服，成为博尔努帝国的附属省份，博尔努官员被任命监督当地苏丹的行政管理。最后，拉格旺王国位于南部，首都设在洛贡-比尔尼（Logone-Birni），它保留了一定的政治自治权，但同时也是博尔努王国和巴吉尔米（Bagirmi）王国的属国。这两个"超级大国"都是宿敌，从 17 世纪末到 19 世纪末的近两个世纪里一直在争夺地区霸主地位。他们经常利用拉格旺王国的领土进行部队演习和战斗。

哈洛夫的土地

有记载的哈洛夫的土地被占领的时间长达 4000 年，定居点的区域分布发生了重大变化。该地区的地貌也发生了翻天覆地的变化，从湖中岛屿变成了三角洲、沼泽地和冲积平原。定居点的性质也发生了变化，从牧民/村民的季节性营地，到间距均匀的自治村落，最后形成了以防御工事为中心的两极分化的酋长领地，分化程度稳步上升。陶器制作是早期且持续时间较长的德古埃斯时期的唯一工艺。后来，在克雷纳克时期又出现了铁冶金，公元 400 年左右出现了合金铜器。从米西斯科瓦阶段开始，出现了远距离交换的证据、红玉髓和玻璃珠、合金铜器以及

156

进口的石器。密集的捕鱼和熏鱼活动在米西斯科瓦阶段末期发展起来，并在布勒阶段达到顶峰。随着布勒阶段出现对立和竞争的政体，社会面貌发生了根本性的变化。布勒政体的失败为哈洛夫酋长领地的崛起铺平了道路。哈洛夫出现了一个占地15.50 公顷的坚固城镇，几乎垄断了异域长途贸易以及盐的生产和贸易。以酋长为首的勇士/骑士、祭祀表演者和官员精英阶层发展起来。

农民、渔民、牧民、手工业专家、祭祀表演者和武士精英共同支撑起了复杂的政治机构。特殊的祭品以及很可能是婴儿的祭品与主要的生产设施有关，无论是制盐还是制铁。在邻近的博尔努卡努里邦帝国扩张的刺激下，拉格旺酋长领地崛起为至高无上的地位，并征服了位于其西北侧的哈洛夫酋长领地。人们对曾经闻名遐迩的哈洛夫酋长领地记忆犹新。它曾经是一个令人望而生畏的富饶的乍得政体；它的领地至今仍被人们深深铭记。

2. 卡内姆-博尔努帝国的考古学

卡内姆-博尔努帝国的考古学与本章第一部分概述的乍得平原的考古学大致相同。它是由在该帝国的卡内姆和博尔努两部分进行的研究组成的（Holl 2000：110 – 116）。乍得湖东岸的卡内姆地区调查较少，主要是在乍得共和国中部的博尔库省进行的研究，主要围绕科罗-托罗镇（Treinen-Claustre 1982）。在一个与卡内姆王国可能没有任何联系的地区，记录了从石器时代晚期后段到铁器时代晚期（约公元前 3500 年至公元 1200 年）的占领序列。迄今为止，对可能位于加扎勒河两岸的卡内姆统治者的都城恩吉米（N'jimi）的搜寻并不成功（Bivar and Shinnie

1961）。博尔努王国中心地带约贝河谷和湖的西南岸的考古包括康纳（1981）进行的研究，以及最近对昙花一现的拉贝国首府迪科阿（Dikoa）的勘探（Gronenborn 1998）。伊本·富图（Ibn Furtu）于16世纪撰写的《博尔努之书》（*Kitab al ghazzargawat al Bornu*）叙述了征服者伊德里斯-阿拉沃马国王建立卡努里王国的过程（Lange 1987）。D. 兰格（1977）注释和翻译的《迪旺》（*Diwan*）是一份引人入胜的简短文件，是重建卡内姆-博尔努政治史的关键要素。据说该文件是从赛法瓦统治者的皇家秘密档案中复制的，它被用来概述国家的年表以及"苏丹"职位的继承。事实上，《迪旺》比档案副本更有趣（Holl 2000）。它是一首史诗，歌颂了赛法瓦统治者的事实和事迹，也是儿童教育中使用的口头文学体裁的一部分。它传达了一种非常连贯的历史哲学，因此是了解博尔努哈里发帝国的形成和16—17世纪苏丹中部卡努里人统治的兴起的一个切入点。

社会与政治概述

在乍得盆地开展的考古学研究的网状结构仍然过于松散，无法精确地重现不同时期不断变化的定居模式（Connah 1981，Gronenborn 1998，Holl 2004，Treinen-Claustre 1982）。不过，如果结合历史学、古气候学、语言学和人类学证据进行考量，还是有可能勾勒出卡内姆-博尔努帝国形成和扩张的情景的。《迪旺》是博尔努族统治者命运和事迹的众多版本之一（Holl 2000，2004a，2005）。这是卡努里社会形态的一部分，是社会、意识形态和政治诉求融合在一起的高度复杂网络（Holl 2000，2005）。它与当地的历史周期理论有关，由黄金时代（序列 I）开始，随后是古典时期（序列 II），然后是黑暗时代（序列 III）的系统崩溃，最

157

后是以新王国(序列 IV)为中心的文化复兴和文明崛起。《迪旺》中描绘的体系基本上是卡努里人统治的兴起和他们的"天命"。要建立卡内姆-博尔努帝国兴起的替代模型,还必须考虑到许多其他参数:社会制度的结构变化、在不断变化的环境中生存和社会经济制度的转变,以及约贝洪泛平原的早期卡努里定居者可能实施的统治制度(Eisenstadt et al. 1988)。

"第一元老"(Primus inter Pares)和螺旋式排名

定居点分布在不同的生态区域,促进了多种多样的生存和社会经济体系的发展,包括谷物农业、畜牧业、混合农业以及专门的渔业。气候的变化不断改变着这些生活方式的地带和区域分布,产生了推拉动态变化。铁器生产和陶器制造是考古记录中不断出现的两种主要手工业。根据公元一千纪后半期的聚落记录,帝国卡内姆地区的遗址规模有很大差异。博尔努地区最早的村落规模尚不清楚,因为考古学堆积位于土丘底部。村庄、渔站和旱季营地很可能是由亲属和盟友组成的优先网络。这些网络可能不同程度地分布在湖的东西两岸,主要集中在加扎勒河和约贝河沿岸。前者是卡内姆王国的中心地带,后者是博尔努的核心地带。正如《迪旺》所述,在可大致等同于国家形成初期的第一阶段和第二阶段,最高酋长的地位是建立在四个族群或地位平等的高级世系之间的联盟网络基础上的。苏丹(统治者)只是第一元老,他们的居住地随联盟网络的变化而移动。最高酋长的一些赏赐和少量的贡品可能来自低级的送妻者世系。通过婚姻进行的多次联盟循环以及越来越多的世系被纳入该系统,导致最高酋长职位的潜在继承人和更年轻的旁系酋长世系成倍增加。在卡内姆相对类似沙漠的环境中,人类居住区广泛分散在当地的世系领地中，所设计的社会政治体系似乎是一个开放的体系，低级的送妻者世系与高级的娶妻者世系相联系。这种"开放系统与政治和经济扩张密切相关，在这种情况下，圈子内的人口不断扩大，新的世系也随之繁衍"(Friedman 1984：169)。通过世系裂变，亲属不断转化为潜在的盟友。但这一社会策略的主要问题在于负债的反向性与婚姻圈的相对封闭性之间的内在矛盾，而这一封闭性又隐含在送妻者和娶妻者之间的不对称关系中(Friedman 1984，Friedman and Rowlands 1977)。正如《迪旺》中序列 II(Holl 2000)所证实的，苏丹比尔(在位 14 年)的儿子阿卜杜拉·巴库鲁(Abd Allah Bakuru)和巴特库(Batku)王子在卡哈尔 k. r. s. mu(Khayr. k. r. s. mu)拜访他们的母亲、M. gh. r. ma 部落 S. 卡拉姆的女儿古姆萨·弗萨玛(Ghumsa F. sama)时，每人都收到了一百头骆驼的礼物。阿卜杜拉-巴库鲁继承了父亲的王位，成为第 15 任苏丹，他的兄弟巴特库成为 M. gh. r. ma 部落的首领。后者的女儿达巴利(Dabali)嫁给了苏丹萨尔玛玛(Salmama，在位 16 年)，后者开创了一个新的世系。继位的是他的儿子杜纳玛(Dunama，在位 17 年)。在苏丹易卜拉欣统治的第 20 个年头，婚姻圈似乎已经彻底关闭，这一点从系统性地不提及母亲的父亲甚至母亲的名字中可以看出。

"这一制度的运作将平等主义的婚姻圈子转变为政治和经济上的送妻者和娶妻者等级制度。最终的结果当然不是简单的传递排序，而是将世系重新组合成或多或少封闭的圈子，由能够支付类似聘礼的盟友组成，即螺旋式排名，在每一级都有一些地位大致相同的世系。"(Friedman 1984：171)。序列 II 中重建的三个世系，即巴努·阿卜杜勒·贾利勒世系(Banu Abd al-

Djalil)、巴努·萨尔玛玛世系(Banu Salmama)和巴努·卡代世系(Banu Kaday),包括两到五代人,可被视为地位大致相同的世系。

矛盾的文化英雄与出埃及记

在序列 Ⅱ 中期,苏丹杜纳玛(在位 17 年)决定对社会进行彻底改革,并将伊斯兰教作为国教强加于人。为了实现这一目标,他做出了砍掉"牟尼"(muni)的暴行。从字面上理解,"牟尼"是藏在王宫密室中一个包裹容器里的秘密圣物(Holl 2000:83 - 85,Lange 1977:72 以及注释 6)。它是连接过去与现在的关键纽带,也是国家和谐、和平与繁荣的保证。但就在这一过程中,整个系统出现了严重的问题,在序列 III 中,出现了导致混乱和王室及其他高级世系出走的派系之争。可以说,这些事件是建立在平等世系联盟基础上的前系统的崩溃。伊斯兰教的传入和激进实施加速了这一崩溃。新的不宽容的改宗主义可能引起了其他较高级和较低级世系的强烈反对和不满。因此,反对统治世系的群体被统称为"布拉拉"(Bulala),以赋予他们独特的异族身份。14 世纪下半叶移居到约贝洪水平原的统治世系并不完全是在异国他乡,因为早在公元 750 年,讲卡内姆布语的人就已经在那里定居了。在旱季,乍得湖东西两岸的联系非常方便,可以使用独木舟渡湖。因此有人认为,散居在约贝河流域的卡内姆布人可能非常了解卡内姆的政治局势,他们可能已经组织起来,成为逃离萨伊法瓦(Sayfawa)统治者的支持者和反对者。约公元 1350—1450 年,乍得湖干涸,促使定居模式重组,改变了乍得湖卡内姆和博尔努沿岸的人口分布,人口密度较高的地区仅限于加扎勒河和约贝河等河流流域。这两个地区是两个相互竞争的王国(东部的布拉拉王国和西部的卡努里王国)发展的重点地区。

相互竞争的同族政治

因此,从卡内姆到博尔努的迁徙结束了联盟世系的联盟周期,开启了一种新的社会政治制度,其基础是两个相互竞争的旁系之间不断变化的权力平衡。值得强调的是,交战的两个旁系——巴努·伊德里斯和巴努·达乌德都离开了卡内姆,定居在博尔努。统治者和有名望的世系生存的主要条件可能是吸引追随者,获得他们的支持,然后在原始卡努里人和非卡努里人聚居区扩大影响。通过人口增长、优选婚姻、吸收其他民族、战争、酋长意识形态的扩张以及伊斯兰教,一个新的文化群体在乍得湖西岸出现了,它使用源自卡内姆布语的新成语,在加扎加莫建立了自己的首都——比尔宁·加扎加莫,并建立了著名的博尔努王国,即后来的卡内姆-博尔努帝国。

迄今为止,人们对这一发展过程还知之甚少,其中的部分原因是缺乏相关的信息来源。要模拟卡努里人统治的这一重要阶段,我们必须依靠社会人类学(Southall 1970;Leach 1964;Friedman and Rowlands 1977;Gluckman 1950,1955;Friedman 1984)。在对阿卢尔人的研究中,索索尔(Southall)1970:7)试图解释"一个新的部落是如何在相对较短的时间内从一个复杂的混合群体中产生的"。阿卢尔人(Alur)的案例几乎是本研究的典范。格鲁克曼(Gluckman 1950,1955)在赞比亚的洛齐(Lozi)中也记录了类似的过程。"阿卢尔人的统治过程是阿卢尔人的酋长概念通过自然增长和空间分散的方式传播开来的。"(Southall 1970:181)这一统治过程有三个主要方面:(1)在酋长和小酋长世系呈几何级数增长的支持下,小酋长的数量持续增加。这些个人和团体享有酋长的威望和特权。(2)阿卢尔平民部族是阿卢尔人首领最早的下属,他们对权利的强求和对义务的服从表明了首领身份的实践。(3)阿卢尔人酋长领地移动边界上的非阿卢尔人部落,他们认为值得融入臣民部族,作为初级成员,慢慢获得平等地位,成为阿卢尔社会的正式成员。酋长之子在整个领地及其不同聚居地的传播,对阿卢尔人社会政治组织类型的扩展和采用起到了重要作用。"进入这一体系的群体用较低级的政治组织换取了较高级的政治组织,用一种使他们无法躲避变化无常的气候和由此造成的饥荒的价值体系换取了一种使他们对他们自愿效忠的统治集团的生态控制充满信心的价值体系。"(Southall 1970:246)

　　阿卢尔人的政治制度被称为"分治国家",是一种领土主权得到承认但有限的社会形态,本质上是相对的;中央权力强大,边缘受到限制。政府和行政机构以雏形的形式存在,合法使用武力的主张和成功实施的程度有限。如上所述,分裂国家是具有极大灵活性的脆弱结构,但这并不意味着它们的存活总是短暂的,因为它们可能会持续很长时间。如果我们现在回到我们的案例研究,那么在序列 III 中,苏丹比尔(在位 34 年)之子伊德里斯(Idris)和考哈马·穆罕默德(Kaughama Muhammad,可能是当地的头衔拥有者)之间似乎发生了争斗。达乌德之子、苏丹奥斯曼·卡尼马(Uthman K. l. n. ma,在位 35 年)被凯哈马·尼卡利(Kayghama Nikali)和耶里玛·卡代·卡阿库(Yerima Kaday Ka'aku)联合推翻。欧麦尔(Umar)之子,苏丹阿卜杜拉·阿拉(Abd Allah,在位 37 年)被凯哈马·阿卜杜拉·D. gh. I. ma(Kayghama Abd Allah D. gh. I. ma)免职,在奥斯曼之子苏丹易卜拉欣（Ibrahim，在位 38 年）死后复位。最后，苏丹加吉（Ghadji，在位 44 年）被卡内马·穆罕默德（Kanema Muhammad）杀死。由此可以推断，一些地方团体的成员与这一世系或另一世系结盟，并试图控制酋长职位的获取通道。萨伊法瓦（Sayfawa）酋长的死亡和/或埋葬地的相关地名表明，他们从一个地方搬到另一个地方，以寻找安全的住所。在杜纳玛之子苏丹阿里（Ali）统治时期（48 年），博尔努新王国的首都加扎加莫将成为他们的居所，从而开启了第四个序列。因此，加扎加莫的建立与和平的恢复不谋而合。内战以苏丹阿里亲手杀死卡代之子、达乌德（Dawud）家族最后一个对手奥斯曼而告终。在新的制度下，只有一个统治世系，以后将会细分为子世系。新时代的特点是宗教（伊斯兰教）学问的传播、和平与繁荣。阿里之子伊德里斯在位期间（54 年），随着布拉拉人的失败，连对外战争甚至都结束了。

帝 国

这个以伊斯兰教组织原则为基础、具有强烈中央集权和扩张主义色彩的国家曾一度被称为"天生的伊斯兰教国王"（Barkindo 1999：248），它为了征服、攫取贡品和战利品，对周边民族发动了一系列无休止的战争。从 15 世纪中叶到 16 世纪中叶，历代国王组织了这些系统的军事行动。这种扩张主义政策引发了新兴庞然大物外围的连锁反应。根据目前的历史综合，"到 16 世纪初，博尔努南部边界出现了许多小酋长领地。其中包括巴吉尔米州、曼达拉州、科托科（Kotoko）州、达尼斯基（Daniski）州北部的博莱瓦（Bolewa）州、亚姆塔（Yamta）州和马吉（Margi）州。其中一些国家被迫承认某种形式的赛法瓦霸权。

160

但更多时候,赛法瓦国王试图与这些新生国家建立和平关系,鼓励他们发展自己的经济并与博尔努建立定期贸易。通过这种联系,新兴国家吸收了博尔努文化的大部分,这可能促成了他们的快速增长"(Barkindo 1999：249)。乍得盆地国家形成的发展过程并非如此简单和片面。在卡内姆-博尔努与 19 世纪拉格旺王国交界处的哈洛夫地区进行的考古研究(Barth 1965)揭示了一幅不同的图景(Holl 1994，2002，2006b)。在总体平坦的地形上,分布着一些相互竞争的小政体小酋长领地——在方圆五到十公里的领土上,以一个有围墙的定居点为中心。哈洛夫和布勒的战争考古证据可追溯到公元 1000 年至 1200 年,苏(Sou)的战争考古证据则稍晚一些,大约在公元 1400 年。从公元 1200 年起,考古记录中就有与骑术和武士相关的物品。比尔宁·加扎加莫无疑是这些同族政权中的一个,它比其他政权发展得更快更强大,并自信地推出了广泛的扩张政策。哈洛夫墓地与博尔努军事战役的高潮同时出现(Holl 1994,2002，2006b),战士-骑兵的身份已经确立,而且显然具有很高的社会地位。事实上,博尔努帝国的政策引发了拉格旺王国的形成,因为它征服了博尔努南部边界沿线的所有北部设防城镇。

王国的政治组织由不同的部分组成：以首都为中心的王国核心、中央集权的政府和行政机构。随着征兵制军队的发展,国家开始专门使用武力,精锐部队包括骑兵、弓箭手和后来的火枪手。在"内部"外围是盟国和被征服民族的领地。这些领地由博尔努国王任命的官员直接统治,并接受高级官员和国家统治委员会成员的监督,如东南部领地的凯哈马和西部领地的耶里玛。需要定期缴纳贡品的属国领土位于外围。在这些地区之外,由于联盟的变化和地方政体的兴衰,这些地区总是处于不断变化之中。王国的财富部分来自这种无休止的掠夺性积累（Reyna 1990），以及相互竞争的王国［如巴马国（Barma）、豪萨整体以及后来的瓦德代（Wadday）］之间的权力平衡。16 世纪末帝国崩溃后，卡内姆-博尔努成为 17 世纪整个比拉得苏丹唯一的政治巨头。首都比尔尼·加扎加莫位于南北贸易路线的南端，这条路线经费赞、卡瓦和泰内雷连接地中海沿岸和乍得湖。一个强大的地区经济与一个充满活力的国际交流网络建立了联系。曼加（Manga）和穆尼约（Muniyo）的卤水以及比尔马（Bilma）和乍得湖东岸的盐矿生产出了盐。商队利用总体和平的条件扩大了熏鱼、干鱼、纺织品和其他食品的贸易（Love-joy 1986，Barkindo 1999，Holl 2002b）。在国际舞台上，卡内姆-博尔努帝国在费赞的前哨被奥斯曼人征服。1577 年，伊斯坦布尔的苏丹穆拉德三世（Sultan Murad III）与博尔努的苏丹伊德里斯·阿拉沃马（Sultan Idris Alawoma）签署了一项外交协议，以缓和费赞地区的紧张局势。同一时期，苏丹穆拉德三世还与摩洛哥苏丹曼苏尔（Sultan Al-Mansur）签署了另一份协议。

161　在领土范围、经济和贸易网络、行政和军事组织、外交和国际事务方面，卡内姆-博尔努帝国实际上是一个独特的跨撒哈拉国家。在 17 世纪，它是比拉得苏丹（Bilad es Sudan）的霸主。"它不仅是一个学习和文化中心，而且还控制着所有容易获得的矿盐……它与地中海沿岸的贸易联系使其在向苏丹中部各州重新分配进口商品方面占据主导地位。随着博尔努的扩张，卡努里语成为苏丹中部地区的通用语言。宗教研究和学习的发展使

162　识字率在卡努里上层社会成员中传播开来。"（Holl，2000）

第 12 章　东非、马达加斯加、科摩罗和南非

简　介

　　非洲这一地区过去三千年的考古学是印度洋不同人群基因和文化重组的产物。沿海的斯瓦希里文明、科摩罗和马达加斯加的殖民化和成功定居，都是马来-印尼世界、非洲腹地和近东南部人口跨区域重新分布的结果。非洲大陆南部的发展轨迹与南非、博茨瓦纳和津巴布韦高原出现的酋长领地和国家并行不悖。

1. 东非

　　斯瓦希里文明产生于从索马里的摩加迪西奥（Mogadiscio）到莫桑比克的德尔加杜角（Cape Delgado）南北长 3000 公里、宽 20 至 250 公里的巨大互动范围内（图 31）。距今约 4500 年，祖先为库希特人的牧民向南扩展。从公元前一千纪起，从事农业、采集、狩猎和捕鱼的班图语群体逐渐进入大湖地区，后来又沿东非海岸进入。尽管对考古记录的解释存在分歧，但斯瓦希里文明的非洲起源争议越来越少（Kusimba 1909）。

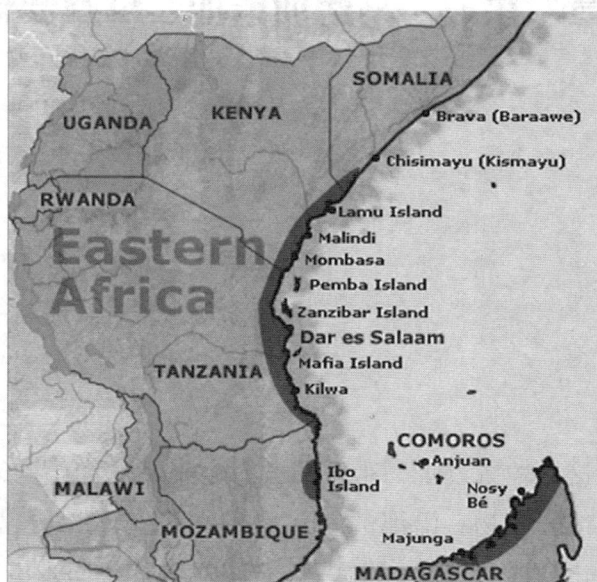

图 31   东非的斯瓦西里世界

第一时期（公元前 100 年至公元 300 年）

斯瓦希里城邦的发展分为三个主要阶段，第四阶段（1500—1950 年）与外国统治和殖民化相对应。在第一阶段（公元前 100 年—公元 300 年），定居点规模较小，由使用铁器的农耕族群建立和居住，其特点是陶器传统，可追溯到公元前 400 年的大湖地区（the Great Lakes）。在坦桑尼亚的米萨萨（Misasa）、肯尼亚的夸莱（Kwale）和索马里的拉斯哈丰（Ras Hafun）都发现了这种夸莱陶器。

第二时期（公元 300—1000 年）

第二时期（公元 300—1000 年）包括两个阶段，即阿扎尼亚（Azanian）时期（公元 300—600 年）和赞建（Zanjian）时期（公元 600—1000 年），见证了城市化进程的启动和国际长途贸易的开始。在赞建时期,海上贸易变得尤为活跃,红玉髓珠、帕托-萨珊锡釉、中国和印度紫砂器以及埃及玻璃器皿的出现就说明了这一点。从伊拉克南部发生的"赞吉叛乱"可以间接看出,国际交流的输出部分很可能是人力运输,该叛乱从 869 年到 883 年持续了约 15 年。当哈里发军队的整支黑人士兵分队开小差并加入叛军时,这场叛乱威胁到了阿拔斯王朝的生存(Popovic 1999)。在许多其他地方,如奇布埃内(Chibuene)、马苏古鲁(Masuguru)、卡奥莱(Kaole)、基尔瓦(Kilwa)、曼达(Manda)、帕特(Pate)和香加(Shanga)等地都出现了定居点。

第三时期(公元 1000—1500 年)

　　严格意义上的斯瓦希里城邦兴起于第三时期(公元 1000—1500 年)。每个主要城市都或多或少地控制着广阔的腹地和沿海边缘地带,并为航海船只提供停靠区。海岸上遍布着一系列城镇、村庄和渔站。特别重要的城市中心出现在基尔瓦、曼达、摩加迪沙(Mogadiscio)、拉斯哈丰(Ras Hafun)和恩特瓦帕(Ntwapa)。伊斯兰教在赞建阶段开始扩张,并成为一种根深蒂固的宗教。长途贸易的加强、居住在珊瑚石建造的豪宅中的富商阶层的出现、当地铜币以及社会等级制度的发展,都促进了东非海岸经济的繁荣(图 32)。奴隶制是一种"制度",旨在满足外国和当地的需求。会堂清真寺、巨型精英石屋以及瓦屋和灰泥屋成为东非城市景观独特而又互补的组成部分(图 33)。从1500 年起,葡萄牙人的入侵(Subrahmanyam 2001)、阿曼阿拉伯人的征服以及最后欧洲人的接管宣告了斯瓦希里文明的消亡(Kusimba 1999)。

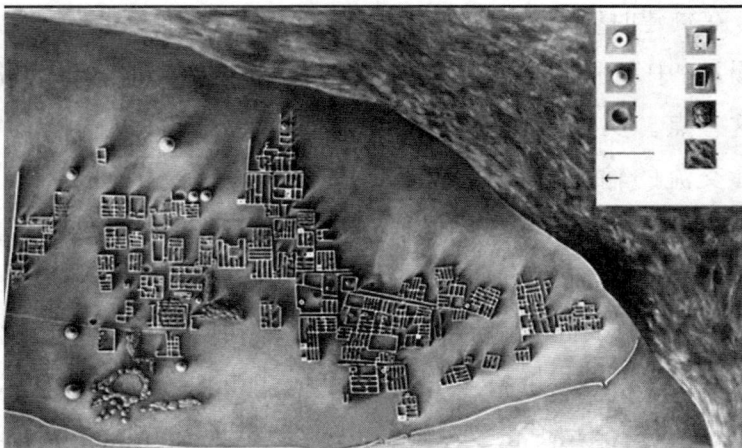

图 32　恩特瓦帕(Ntwapa)的斯瓦西里城市地图

图 33　公元 1100—1400 年斯瓦西里城邦格迪皇宫遗址

2. 马达加斯加和科摩罗群岛

迄今为止,人类在马达加斯加存在的最早证据是三只已灭绝的河马的股骨,上面有铁制工具的切割痕迹。它们发现于马达加斯加西南部的兰博哈拉纳(Lamboharana)和安波利萨特拉

（Ambolisatra），年代为公元 80 至公元 380 年（Dewar and Wright 1993：428）。最近在马达加斯加北部进行的实地考察（Dewar et al. 2013）大大扩展了马达加斯加岛的职业史。考古记录来自伊哈拉纳（Iharana）附近安博希波萨（Ambohiposa）两处岩棚的底层，由几何微石、微刃、小片状石片和黑曜石组成。这些早期的觅食者很可能来自东非海岸，在农耕和放牧社区扩张之前，他们就已经开始利用森林环境和海岸资源，很可能还有马达加斯加的巨型动物。

尽管如此，在公元一千纪晚期之前，西南部和岛上几乎所有其他地方的人类定居证据都很薄弱。总的来说，在东部、西南部和北部海岸发现的这些早期遗址的痕迹表明，这些遗址是由小型外来团队占据的临时营地。从公元 8 世纪起，在公元一千纪的晚期出现了更长期的、很可能是永久性的定居点。东北部占 *164* 地 520 公顷的诺西·曼加贝（Nosy Mangabe）岛和马纳纳拉山谷（Mananara Valley）的桑德拉卡齐（Sandrakatsy）阶段遗址就是这种情况。在这一时期，科摩罗群岛上的登贝尼（Dembeni）阶段村落面积从不到 0.5 公顷到 5 公顷不等。在马达加斯加北部，诺西·芒加贝（Nosy Mangabe）和桑德拉卡齐（Sandrakatsy）发现了铁冶金、绿泥石片岩器以及银、金、玻璃和红玉髓珠的证据。登贝尼阶段的族群被组织成使用铁的小型农业和渔业社区，种植水稻、小米、椰子豆，可能还有柑橘类水果（Wright 1993：660）。

公元二千纪的前 2 到 3 个世纪，人类的生存方式和手工艺传统相对稳定，没有明显的强化趋势。然而，在社会意识形态和人类社区组织模式的背景下，发生了重大转变（Wright 1993, Dewar and Wright 1993），出现了规模更大、人口更多的中心。

在科摩罗群岛，登贝尼的面积扩大到 14 公顷，且周围似乎有城墙环绕。面积为 1 至 3 公顷的村庄以及众多较小的村落点缀着群岛的景观。马达加斯加也发生了类似的变化，但规模更大。大多数有记录的遗址位于北部和东南部。该岛其他地区的居民似乎非常松散，在中部高地的菲肯纳（Fiekena）和西南部的雷佐基（Rezoky）发现了一些孤立的村落遗址。西北海岸安帕辛达瓦（Ampasindava）湾的马希卡拉（Mahikala）有一个面积超过 60 公顷的围墙。它是一个港口，也是印度洋贸易货物的入境点。该镇很可能是一个更大的聚落系统的一部分，该聚落系统包括许多较小的同时期遗址，面积均小于 1 公顷。安达瓦科埃拉（Andavakoera）洞穴遗址以及伊罗多（Irodo）、拉尼瓦托（Lanivato）、贝马涅维卡（Bemanevika）和桑德拉卡齐（Sandrakatsy）的村庄和村落都位于东北海岸。在该岛的其余部分，有证据表明存在像小村庄或像安德拉诺索亚（Andranosoa）——包括占地约 30 公顷的多个堤坝和集中的泥屋遗迹（Wright 1993：668）——这样的较大遗址的定居点。随着伊斯兰教在沿海地区的广泛传播，印度洋交换系统也得到了显著加强。

从 14 世纪到 16 世纪，当葡萄牙舰队抵达马达加斯加西北海岸时，如果从定居模式的角度来看，该岛似乎也经历了类似的变化。遗址群围绕一个面积约为 5 公顷的较大中心，由 5 至 10 个较小的定居点组成。东北部的安通吉尔（Antongil）湾、南部的安德罗伊（Androy）北部、中部高地的伊梅里纳（Imerina）和东南部的阿诺西（Anosy）南部都有这种模式的记录（Dewar and Wright 1993）。在西北和东北海岸的金恩（Kingany）、诺西曼贾（Nosy Manja）和沃赫玛（Vohemar）出现了伊斯兰港口城市，定居点群的中心是最高领导人的住所。从那时起,岛上似乎到处都形成了复杂的酋长领地,并助长了 18 世纪后期发生的激烈对抗和竞争(Wright 2007)。

3. 东非腹地

公元二千纪期间,大湖地区和萨凡纳以南的大草原见证了复杂的酋长领地和王国的发展。在大湖地区,恩图西(Ntusi)、曼萨(Munsa)、比戈(Bigo)、基比罗(Kibiro)、穆本代(Mubence)和其他土遗址的发展非常瞩目。恩图西遗址记录了大规模的畜牧业;基比罗利用当地的咸水泉水制盐,其规模之大令人印象深刻(Connah 1996);乌干达西部出现了农业殖民(Reid 1997)。然而,由于缺乏持续的长期考古研究和术语的不确定性,追溯大湖地区过去任何一个政体的确切演变轨迹仍然存在阻碍(Robertshaw 1999,2003)。从大西洋沿岸到大湖地区的大草原见证了一个又一个国家的出现,这些国家可能始于公元一千纪或二千纪的初期。刚果王国、卢安戈王国、提奥王国、姆本杜王国、库巴王国、洛齐王国和卢巴王国都是在这里发展起来的。但整个地区的考古研究几乎不存在,因此重建过去的政治演变是 *165* 一种"有学问的猜测"(De Maret 1997)。

4. 非洲南部腹地

公元前一千纪后期,从事谷物农业和畜牧业的粮食生产社区遍布非洲大陆南部。根据地区的不同,新来者与科伊桑狩猎 *166* 者相互影响,形成了复杂的交叉影响模式。畜牧业在纳米比亚大部分地区得到发展。农业和畜牧业扩展到莫桑比克、津巴布韦和南非北部/东北部,同时科伊桑(Khoisan)狩猎者迁移到卡拉哈里沙漠的部分地区。这里要讨论的发展主要集中在赞比西河酋长领地和国家的出现（Huffman 1996，Pikirayi 2001，Sinclair et al. 1993）。

马蓬古布韦国

博茨瓦纳东部、卡拉哈里沙漠边缘的托茨维（Toutswe）酋长领地和沙什-林波波（Shashe-Limpopo）河谷的马蓬古布韦国是公元一千纪末期在非洲南部出现得最早的等级社会（Pikirayi 2001）。他们后来发展成为一个成熟的国家，从公元1100年到1280年，历时约200年（图34）。在班班迪亚纳罗（Bambandyanalo）、马蓬古布韦和施罗达（Schroda）的发掘表明，他们与印度洋的国际贸易网络有联系，作为交换，他们提供了金矿产品、兽皮和象牙。畜牧业是马蓬古布韦国家政治经济的核心要素。它是财富的宝库，衡量成功与否的标准是任何潜在领导人所能召集的牛群规模。定居点由围绕牛群的围栏组成。可能是新兴政体首都的中心地点从施罗达转移到了班班迪亚纳罗（K2），然后又转移到了马蓬古布韦。

班班迪亚纳罗是一个有巨大垃圾堆的土丘遗址，是一个重要的村庄，是由庞特堆积（Pont Drift）、马姆姆瓜（Mmamgwa）、施罗达和马蓬古布韦组成的大型聚落系统的一部分。这里的居民主要从事牧牛和大象狩猎，居住在晒干的黏土房里，地面是打制过的泥土。此地在公元11世纪下半叶被遗弃，在马蓬古布韦山建立了新的中心遗址。公元11世纪末，马蓬古布韦出现了一个新的居住区，包括一个供统治者和精英成员居住的山丘，山丘下则是供平民居住的由晒干的黏土和荆条搭建的房屋。马蓬古布韦国（约1100—1280年）积极参与国际长途贸易，并控制着沙什-林波波山谷一带相对广阔的领土。以马蓬古布韦为最大和中心点的聚落等级分为五个不同的层次:(1)占主导地位的政治中心;(2)精英居住的山顶村落;(3)大型村庄;(4)小村庄;(5)农庄(Huffman 1996,Pikirayi 2001)。国家经济主要依靠畜牧业、与印度洋沿岸城镇的远距离贸易以及从附属政体获取的贡品。马蓬古布韦国衰落的原因至今仍未得到充分研究(Pikirayi 2001:116)。公元 12 世纪下半叶,马蓬古布韦的人口开始减少;公元 13 世纪末,干旱、土壤枯竭、国际贸易路线的改变以及很可能的过度征税等一系列因素结束了赞比西河流域第一个国家的存在。地区优势向东北偏北数百公里处的津巴布韦高原转移,首先是马特克(Mateke)丘陵地区,公元二千纪伊始,即公元 1000 年至 1200 年间,那里已经有了小村庄和家园。

图34 马蓬古布韦山地建筑群,非洲南部第一个王国

大津巴布韦国

大津巴布韦国出现于公元 13 世纪末，位于同名高原上，定居点分布在海拔 500 米至 1300 米之间（图 35）。其领土南起伦德河（Runde River），东至东北部的萨维河（Save River），绵延约 300 公里。大津巴布韦国的经济基础与马蓬古布韦没有本质区别。它将集约化的畜牧业与谷物农业相结合。然而，大津巴布韦与印度洋国际贸易的联系要紧密得多，铜、黄金、象牙、宝石、皮革和兽皮等出口产业得到了加强。大津巴布韦国的城区位于高原南半部的中心，是国家的主要中心和首都。几乎所有的定居点都有突出的石头建筑，不过，这些定居点的规模各不相同：小村庄周围聚集着宅院；小村庄一般隶属于大村庄；大村庄是以小城镇为主的地区的一部分，而州府则位于定居点等级制度的顶端。从特征上看，所有区域中心和大津巴布韦遗址都位于 800 米和 1000 米等高线之间的西南—东北对角线上。西南部有能加（Nenga）和帕木尤（Pamuuyu），中南部有大津巴布韦和马吉里（Majiri），东北部有穆辛比拉（Musimbira）和奇布穆尼（Chibvumani），北部有马滕代雷（Matendere）和姆楚楚（Muchuchu）。

大津巴布韦的锥形塔、大围墙和希利建筑群的壮观建筑证明了国家统治者和精英们所拥有和展示的威望和权力。石城（Mazimbabwes）的城墙风格（Chipunza 1994，Chirikure 2013，Holl 1996，Pikirayi 2001）被排列成连续的变体，最早的是 P（劣质）城墙，其次是 PQ（劣质和优质）城墙，最后是 Q（优质）城墙，浮动的 R 城墙风格的地位不明确。这种完全以建筑质量为基础的墙体系统学，如果作为年代学的标准，是有问题的。

图 35　大津巴布韦山地建筑群的锥形塔

　　尽管存在这种局限性，但利用这些砌墙方式作为年代学代用指标，还是可以绘制出大津巴布韦山建筑群的建造阶段图。大津巴布韦山建筑群似乎一直处于不断扩展和改造的过程中。它自西向东扩展，从约公元 1000 年用 P(E)墙式建造的西部围墙开始。在这一早期阶段，封闭式建筑群的面积约为 1700 平方米(Holl 1996：85)。在第二个扩展阶段(可能持续到公元 1150 年左右)，该建筑群的规模几乎扩大了一倍，并包括了许多新的单元，如裂隙岩和南部围墙——一系列连接东北部大石头的矮墙。西部围墙进行了大规模改造，沿着建筑群的西侧修建了一座纪念墙，长 42 米，宽 2.9 米，高 3.4 至 3.76 米，带有一个门洞，顶部有一系列四个微型锥形塔。沿着建筑群的西侧还修建了一道纪念墙。第二期扩建工程结束时，封闭空间多达 2700 平方米。约从公元 1150 年到公元 1450 年，山地建筑群完成了第三种(PQ)和第四种(Q)围墙风格的建造。在建筑群的东南端增建了东围墙和凹地围墙,并对南侧进行了大规模改建。一系列长25米、高1.7至3米、宽1.1至1.4米的新围墙与之前的南墙平行而建,为建筑群的东半部提供了一条狭窄的通道(图36)。在修建山谷建筑群的大围墙时也使用了类似的建筑手段。在公元1300年至公元1450年大津巴布韦国鼎盛时期,山地建筑群的面积约为4950平方米。当时,它被分为五个主要部分:西部围墙、裂岩围墙、南部围墙、凹地围墙和东部围墙。从发现的一系列六只皂石雕刻鸟、皂石碗以及石碑和弓上的几何图案装饰可以看出,东部围墙是专门用于国家仪式和礼仪的。山地建筑群的整个南侧都可以俯瞰山谷建筑群的下城,其建设和纪念碑式的巨大投资很可能是为了明确无误地展示大津巴布韦统治精英的声望和权力。

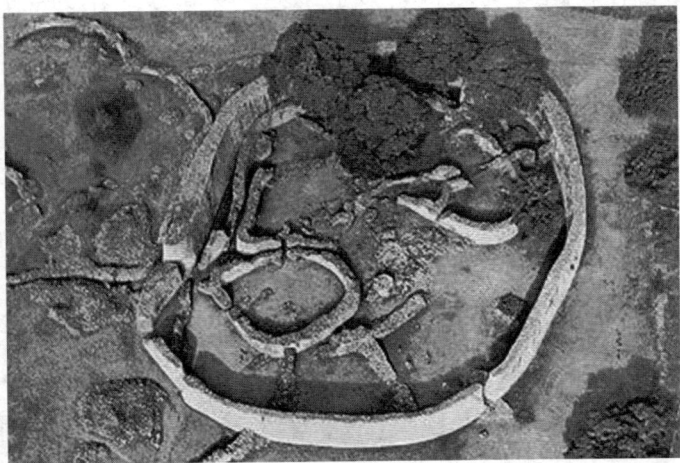

图 36　大津巴布韦的巨型围墙

消　亡

大津巴布韦国的消亡是渐进的,但在公元15世纪中叶,当托尔瓦(Torwa)、穆塔帕(Mutapa)等新兴竞争国家占据了大部分国际长途贸易时，大津巴布韦国加速了消亡。15 世纪后，国际舞台上出现了一个新的角色——葡萄牙人。他们与印度洋沿岸和南部非洲腹地的许多非洲国家谈判达成了贸易协定。然而，在大部分时间里，竞争是很激烈的，会涉及连续的攻击、反击和报复。葡萄牙人赢得了胜利，并强加了一系列贸易法规和垄断，毁掉了斯瓦希里城邦原本繁荣的经济（Kusimba 1999）。 *169*

第四部分
暮　光

第13章 大分岔：环球航行及其后果

简 介

　　为了寻找通往印度群岛的道路，西班牙人与葡萄牙人展开了对决。克里斯托弗·哥伦布为西班牙王室向西航行。葡萄牙人则通过航海家亨利的"铁腕"向南航行。借用卡尔·波兰尼（Karl Polanyi）书中的标题，这些事态发展引发了一场大分岔，一连串不可预见、无法预料的后果使非洲走上了完全不同的进化轨迹。1498年，瓦斯科·达·伽马从葡萄牙出发，横跨大西洋到达好望角，停靠斯瓦希里海岸的马林迪，最后抵达印度（Teyssier and Valentin 1995）。非洲的循环航行完成了，其后果，即大西洋贸易的开始和发展，决定了非洲独立的命运。东方的奴役制度可以追溯到很久以前，并在尼罗河走廊沿岸持续运行了几千年。阿拉伯-穆斯林奴隶贸易的触角遍及撒哈拉、萨赫勒、苏丹中部、努比亚、东非及其腹地（DeCorse 2001，Holl 2001，Kusimba 2004），将大量非洲人转移到伊斯兰世界。公元9世纪阿巴斯（Abbassid）王朝统治伊拉克南部期间发生的赞吉起义是被奴役非洲人的第一次大规模起义，它充分说明了这种贸易对人类的影响（Popovic 1999）。几个世纪以来，东方/大陆奴役系统与大西洋奴役系统严重重叠，对几乎所有非洲人都产生了重要影响。

在完成对穆斯林的驱逐后，伊比利亚人沿摩洛哥北部蔓延，给当地的阿拉伯人和柏柏尔人带来了灾难性的后果（Benhima 2004，Holl 2006c）。葡萄牙对萨非地区的军事征服和占领始于 1506 年。葡萄牙人在农村发动袭击，抓捕奴隶卖回葡萄牙。城镇景观被大肆改造。通过马基雅维利式的分而治之战略，阿拉伯部落与柏柏尔人对立，反之亦然。用来重塑萨非"城镇景观"的殖民时期建筑在不到五年的时间内就得到了实施，并产生了巨大的影响（Benhima 2004：241）。1508 年，一座可直接通往港口的海上城堡落成。在阿尔摩哈德城（Almohad）内 1/3 的位置周围修建了一道新的防御墙，墙上建有可抵御炮弹的方形和半圆形塔楼。穆斯林的宗教场所和纪念碑被洗劫一空，城市的主要清真寺被改建成了教堂。萨非农村遭到毁灭性破坏。散落在农村地区的一连串废弃遗址是葡萄牙接管萨非地区后引发的普遍动乱的结果。葡萄牙人接管了萨非地区。正如本西马（Benhima 2004）的研究表明的那样，在 16 世纪初，葡萄牙军队从一开始就参与了贩卖奴隶回葡萄牙的活动。

历史考古学：一个模糊的概念

历史考古学有两个平行的分支。P. 施密德特（Schmidt 1978，2006；Schmidt and Walz 2007）的观点是非洲土著文化习俗、表征、社会记忆和口头传统的遗传学，有助于赋予时间和地点以意义。另一种观点显然是欧洲帝国主义考古学，这种观点最初在北美形成，并在非洲大陆的大部分地区占主导地位（De Corse 2001a，Lane and Reid 2004）。在这里强调抵抗，在那里强调撤退和/或反击，并不能改变这一基本历史事实。对大西洋世

界开放的社会和经济影响的考古学研究仍处于起步阶段
（Decorse 2001a，b）。在大西洋沿岸，如塞内加尔的戈雷
（Gorée，Samb 2000）、加纳的厄尔米纳（El-Mina，DeCorse
2001b)和贝宁的萨维（Savi,Kelly 2001），所做的大部分研究都
集中在海洋港口、统治者和精英居住地上。但奴役考古学的区
域性方法也正在慢慢形成（Holl 2001，Kusimba 2004）。"奴隶
制的影响是毁灭性的。地区间的贸易和商业衰落了，传统的联
盟体系和交流网络遭到了不可逆转的破坏，贸易伙伴和邻居之
间的信任受到侵蚀。部落间冲突加剧，导致了迁徙、迁移、遗弃
和重新定居等一系列行为。"(Kusimba 2004:65 - 66)

　　大西洋奴隶贸易在五个主要地区尤为活跃，但这些地区内
部和地区之间的贸易强度和时间有很大差异。从西到东依次
是：北以塞内加尔河为界、南以冈比亚河为界的塞内冈比亚；黄
金海岸（加纳）；奴隶海岸（贝宁）；比夫拉湾（卡拉巴尔）；非洲中
西部海岸（刚果、卢安戈、安哥拉）；最后是东非海岸和马达加斯
加。这些地区都是更广阔的奴隶汇聚盆地的出口，通常在腹地
绵延数百公里。

　　历史学家们依据不同的统计数字，对大西洋奴隶贸易的人
口后果存在分歧（Barry 1998，Boahen 1989，Curtin 1969，Eltis
2000，H. S. Klein 1999，M. Klein 1998，Samb 1997）。在一些
人看来，奴隶制是撒哈拉以南非洲在进入现代社会时不得不付
出的不幸代价。因此，必须将备受谴责的人口流失与西方帝国
主义列强以技术、新的植物等形式带来的收益相平衡。另一些
人则站在辩论的另一端，认为几个世纪的奴隶制导致数百万非
洲人迁移到中东、北非和美洲，造成大量人口死亡，几乎所有地
方都发生了地方性战争。因此，非洲失去了其人口中最具活力

和创造力的部分。无论如何，奴役制度的组织、地方性战争、袭击和对目标社区的不断骚扰，在所有受影响地区都产生了不同的进化轨迹。沿海地区积累了财富和火力，在沿海地区的腹地，出现了许多从贸易中获利的"中间群体"。目标群体一般远在腹地，会受到骚扰和持续威胁。

每个被奴役地区的非洲社会都想方设法应对新的、前所未有的、不断变化的形势。他们制定了社会、经济和文化方面的调整，以适应公元 1500 年后非洲社会经济版图的重构所引发的变化。其中一些过程可归纳为以下五大类：（1）人口迁移；（2）居住区迁移；（3）固定交换网；（4）工艺专业化；（5）社会等级加速发展。

根据手头上的考古数据，可以突出非洲少数社会进化路径的异同。喀麦隆位于非洲西部和中西部交界处，从赤道雨林一直延伸到撒哈拉沙漠边缘，本章其余部分将以喀麦隆为例，说明上述建议的潜力和范围。以下五个不同地区都有不同程度的考古、历史和人种史资料：南部热带雨林的雅温得-莱基（Yaounde-Lekie）地区、西南部的草场高原、中部的阿达马瓦（Adamawa）高原、北部的贝努埃（Benue）河谷上部/廷格林（Tinguelin）高原和乍得平原。

人口迁移和定居点搬迁

人口迁移和定居点搬迁无疑是非洲民族历史叙述中最经常出现的主题之一（Tardits，1981a）。在某些情况下，口述证据会得到考古和文献记录的支持。乍得平原、廷格林高原的法利（Fali）地区和阿达马瓦高原就是这种情况。在贝努埃洪泛平原上部，人种史记录与考古证据不一致。而其他地区，在西部草

场、阿达马瓦西部和热带雨林南部,情况更为复杂。18 世纪和
19 世纪初,这三个地区发生了大规模的人口迁移。尚巴
(Chamba)迁徙从阿达马瓦西部的蒂卡尔平原开始,这可能是富
拉尼人征服的结果。其高潮是巴蒙王国(Bamun Kingdom)的形
成,以及在西部草场形成了强大的村落王国(Tardits 1981b,
Warnier 1985)。这次迁徙部分时间与贝蒂人(Beti)的迁徙同时
进行。在民族历史记录中,贝蒂人在向西南迁徙的过程中英勇
地渡过了萨那加河,从而将后者区分开来(Laburthe-Tolra
1981,Ngwa1981,Essomba 1993)。19 世纪,武特人(Vute)从
阿达马瓦向南扩展到萨纳加河谷,这是同一事件序列的另一个
方面(Von Morgen 1982)。似乎所有这些群体都在赶往大西洋
沿岸,以利用新的贸易机会。

在北部,富拉尼人(Fulani)的征服彻底改变了种族间的关
系。富拉尼牧民在乍得平原南部的出现可追溯到 15 世纪
(Seignobos 1993)。18 世纪末开始的富拉尼圣战(jihad)使富拉
尼人的文化特征得到了前所未有的扩展。他们经历了惊人的蜕
变,从完全游牧的生活方式转变为居住在城镇(拉米达特,
Lamidats)的定居贵族,并控制着广阔的领土。这些拉米达特是
规模不等的政体,由一名拉米多(Lamido)统治,以马鲁阿
(Maroua)、加鲁阿(Garoua)、恩贡代雷(Ngaoundéré)、雷伊-布
巴(Rey-Bouba)等地为中心(Mohammadou 1981)。富拉尼人的
扩张和征服在"多米诺骨牌"连锁反应中引发了广泛的、层出不
穷的人口迁移。

在所审查的地区样本中可以看到不同的定居模式:在热带
雨林和廷格林高原有分散的宅基地系统;在西部草场和乍得平
原,中心村庄周围有由战壕、壕沟、土堤和/或土墙保护的防御工

事系统；在阿达马瓦西部和曼比拉高原（Mambila plateau），分散和集中定居模式是相结合的。总体而言，人口迁移和定居点搬迁产生了复杂的互动圈，社会、经济、政治和意识形态网络相互重叠。

交换模式、手工业专业化和社会等级

要重建过去 500 年整个时期的地方和地区内部交换体系是很困难的。历史和人种学研究提供了重要的见解，表明喀麦隆各地的地方、区域和远距离贸易涉及多种商品、食品、饮料和手工艺品（Dillon 1981；Warnier 1981，1985；Kopytoff 1981；Tardits 1981b；Von Morgen 1982；Barth 1965；Denham et al. 1828；Nachtigal 1980）。在热带雨林地区和西部草场，考古贸易物品极为罕见，部分原因是研究重点主要是铁器技术。在其他地方，如廷格林高原的法利地区和乍得平原，红玉髓和玻璃珠以及合金铜器为远距离贸易提供了一些线索。不过，从人种学的角度来看，可以推断铁矿石和工艺品是热带雨林当地交换的重要组成部分（Essomba 1993），铁器会被用作农具、武器以及婚姻交易中的通用货币。根据地区的不同，区域间和远距离贸易交易涉及不同的商品种类。这种情况可分为三种主要形式：北部的跨撒哈拉长途贸易；南部的大西洋贸易体系；以及从北部的贝努埃盆地上部到阿达马瓦高原、西部草场和萨那加河北岸的森林-热带草原之间的广泛重叠区域。

在北部贸易体系中，人们通过豪萨人和考里人中间商或从博尔努镇的中心市场获得红玉髓和玻璃珠、合金铜器、马匹、书籍、撒哈拉盐和纺织品等外来商品，以换取谷物、熏鱼和干鱼、当地棉衣、鸵鸟毛，特别是奴隶（Lovejoy 1986）。奴隶贸易由统治

173

家族成员垄断（Barth 1965，Nachtigal 1980）。奴隶大多是在有目的的远征中从邻近的南方群体中捕获的。然而，奴役无力偿还债务者的情况也时有发生。奴隶掠夺和战争对目标族群造成的压力导致了两种定居模式：一种是高度分散和相对流动的亲属群体，如廷格林高原上的法利人的定居模式，这种制度可能增加了捕获奴隶的成本。另一种是由密集和坚固的定居点组成的，如阿达马瓦西部的证据所示，这些定居点的人能够发起反击并击败奴隶袭击者。

在大西洋贸易区，人们用海盐、黄铜、玻璃珠、火器、酒、烟草和衣服换取奴隶，其次还有象牙、野生动物皮。大西洋贸易网络的内陆部分是由一连串的中间商组织起来的，中间商有两种采购系统（Warnier 1985，Tardits 1981a）。第一种出现在西部草场地的中央集权社会中，由被任命的官员——拥有奴隶"线"的奴隶贩子——来掌握，他们被授予世袭的特权，管理与卡拉巴尔（Calabar）、宾比亚（Bimbia）、德瓦拉（Dwala）和马林巴（Malimba）等沿海贸易转口港中间商的交易。第二根"线"的组织不那么严密，可能掌握在内陆社区的领导人手中。每个族群都有自己的商人，交易在邻里之间的边界地区进行，如萨那加瀑布上的埃代亚，巴萨族（Bassa）和马林巴族之间的边界（Von Morgen 1982）。

目前已经出版的有关奴隶贸易的记载很有限，因为并非所有涉及的船只都有报道。不过，E. 阿德纳和 S. 阿德纳（E. and S. Ardener 1981）发表的关于喀麦隆海岸的记录表明，在奴隶贸易的鼎盛时期，从喀麦隆海岸运送奴隶在马林巴、武里（德瓦拉），可能还有宾比亚是家常便饭。由于这些贸易转口港之间的激烈竞争，"贸易萧条，马林巴的贸易……由于一艘商船遭到袭击而完全停止。这次袭击可能与 1787—1788 年发生的事件有关"(E. and S. Ardener 1981：565)。P. 恩吉乔(P. Ngijol 1980)记录和翻译的史诗《希通之子》(*Les Fils de Hitong*)讲述了 19 世纪初德瓦拉人和巴萨人之间因贸易竞争而发生的冲突。1828 年,废除奴隶贸易的压力越来越大,喀麦隆海岸的克里比(Kribi)建立了一家新工厂,这可能是贝蒂人向西南方向广泛迁移的原因;这一迁移促使他们与恩贡巴人(Ngumba)直接接触(Laburthe-Tolra 1981，Von Morgen 1982)。

到了 19 世纪,大西洋贸易产生了一些特殊的区域交换模式,从沿海到内陆,形成了多米诺骨牌式的顺序。工厂根据贸易伙伴之间的优惠关系选址。来自德瓦拉、马林巴、巴丹加(Batanga)等民族背景的沿海领导人为交易提供了安全与和平。一些人成为地主,拥有大片玉米和木薯农场,由奴隶经营,为奴隶和船员生产粮食。在更远的内陆地区,北部巴米莱克(Bamileke)高原边缘的姆博人(Mbo)、中部萨那加河沿岸森林-草原交错地带的巴萨人以及南部贝蒂人居住地的恩贡巴人扮演着海岸与腹地社区之间的中间人角色。废除奴隶制后克里比工厂的建立带来了新的机遇。长达三个多世纪的奴隶贸易所造成的人口和社会后果,几乎在喀麦隆的每一个地方都造成了地方性战争、相互猜疑和技术倒退,而这些地方恰恰位于阿达马瓦山脉和南部热带雨林之间(Von Morgen 1982)。

由于缺乏考古证据,因此我们无法讨论阿达马瓦山脉西部的交流模式。不过,19 世纪末德国探险家提供的信息以及人种学数据可用于记录贸易的某些方面及其衍生的社会政治动态(Von Morgen 1982，Mohammadou 1981)。富拉尼人征服的土地被划分为相互竞争的小酋长领地——拉米达特(Lamidat),如班约（Banyo）、提巴蒂（Tibati）、提涅雷（Tignere）和恩贡代雷（Ngaoundere）。这一过程也为贸易提供了新的机会，并加剧了萨那加河北岸的奴隶掠夺活动。武特人向南扩张，目的是寻找奴隶和象牙。奴隶被用于耕作劳动，铁器生产高度密集。

居住在恩吉拉村的德国探险家 C. 冯·摩尔根（C. Von Morgen，1982：252）报告说，这里有 12 个铁匠作坊，每个作坊有 5 到 7 名工匠，每天从黎明工作到黄昏。铁匠铺存在的唯一目的就是生产武器。在冯·摩尔根访问期间，有许多豪萨商人在此居住。他们用棉衣、玻璃珠和马具换取奴隶和象牙。显然，以德国人为代表的大西洋内陆贸易网络与豪萨控制的大陆贸易体系之间存在竞争。村长恩吉拉解决了这个问题，他决定向德国人提供想要的象牙，向豪萨人提供奴隶。他在接待德国军官仪式上的讲话尤其有趣。恩吉拉说："安拉引领您，白色皮肤的王，来到我的家园，让我比现在更加强大。现在您是我的朋友，我不惧怕任何人，即使是最强大的人。我将打败他们所有人，甚至是提巴蒂的霸主；从现在起，我将停止进贡。"（Von Morgen 1982：252）这份官方致辞揭示了富拉尼人霸主与其外围属民之间的关系。贡品一般按年缴纳，主要包括商定数量的男女奴隶和象牙。因此可以认为，富拉尼人统治的出现产生了长期的掠夺性扩张和积累周期（Reyna 1990）。

从聚落等级和丧葬数据中可以推断出社会等级的各个方面。阿达马瓦西部的聚落体系包括中心村落、较小的村落和宅地，这表明存在着具有重要管理能力的领导者。在西部草场和乍得平原，人口的重新安置和聚落的重新组织导致了相互竞争的同族统治的出现。有证据表明，西部草场地区的铁器生产得到了加强，包括丛状炉技术的发展，以及马通布（Matomb）和恩多姆(Ndom)地区大型自然气流炉的发展,这似乎与剧烈的社会变革、酋长制度的发展和类似"伟人"(Great man)的特征是一致的(Godelier 1982,Vansina 1990)。得到"异国情调"的物品,其中一些用于炫耀财富和声望,可能在一些领袖、家族、世系、氏族甚至整个族群的兴衰中起到了至关重要的作用。在南部热带雨林中,居住类型从分散的宅地到大型村庄不等。在大西洋沿岸,德瓦拉、马林巴、巴萨和巴丹加等民族背景的农渔民社区在"企业家"的领导下形成了相互竞争的世系。一些人成了富有而有声望的伟人。少数人后来被称为"国王",尽管严格来说他们并不是酋长领地或王国的统治者(Beckombo-Priso 1981)。在 16 至 19 世纪的刚果和卢安戈(Vansina 1990)也出现了这种演变,从贸易中获利最多的经纪人根本不拥有任何投资"资本",因此可以避免任何商业风险,但在贸易体系中扮演着不可或缺的中介角色。

总　结

　　随着几个世纪的奴役对人类造成的统计学的后果,人们可能会发展出新的"世界观"、对不确定性和恐惧的心理调整、一种被称为"殖民情结"的"依赖综合征"。非洲统治者和精英成员开始依赖欧洲的商品和武器来积累财富和维持他们的权力基础。政治竞争和对抗导致了地方性的战争。19 世纪初,废奴运动取得了一些成功,开始转向其他商品的"合法贸易"。但在这一阶段,撒哈拉以南非洲,即黑人的土地(Bilad es Sudan),已经血流成河,虚弱不堪,是一颗成熟的果实,随时可以采摘。

　　在 1883—1884 年的柏林会议上,欧洲各国确实抓住了这块蛋糕,并同意分享它,从那时起,欧洲列强开始自行决定什么对非洲和非洲人有利(Packenham 1991)。在走向独立的过程中和独立后不久,那些支持"非洲合众国"和彻底摆脱前殖民国家的泛非主义理想的非洲领导人受到了牵制,被赶下了台。在令人心碎和恐惧的人类悲剧和苦难中,在高潮和低谷中,非洲人努力为自己和非洲大陆建设一个有意义的未来。内部矛盾、愿景和雄心的冲突、历史遗留问题以及许多其他障碍都必须面对和解决。承认和系统分析非洲统治者和精英在奴役数百万其他非洲人方面的责任也是十分必要的。 *176*

结　论

　　对非洲历史的考古探索始于业余爱好。在殖民地时期的大部分时间里，行政人员、公务员、学校教师和军官都对旧石器、旧物品、旧神话和旧地方情有独钟，他们还开发了媒体来传播自己的发现。在南非以及英法殖民地，这一领域的正规培训和专业化发展是缓慢的。人类史前史和文明的演变是这些先驱学者研究的主要问题。非洲通常被置于社会进化的最底层。第一代专业考古学家都来自欧洲，他们避开了种族问题的讨论，致力于开发揭示非洲遥远过去的方法和技术。在他们的考古研究中，最令人沮丧的是缺乏年代学研究。地层发掘是建立相对年代学的一种替代方法。建立在冰川—间冰期模型基础上的冲积—间冰期系统与综合侵蚀/沉积循环平行出现，导致河流阶地的形成。从上游到下游河流阶地的演替及其蕴含的考古文物为非洲石器时代文化的最初类型学方案奠定了基础。与此同时，L. S. 利基（Leakey）在肯尼亚的奥洛格赛利（Olorgesailie）发现了第一个水平暴露的早期石器时代遗址。中石器时代、桑戈人、非洲人等概念的术语争论（Holl 2005）也是非洲考古专业化趋势的一部分。"二十世纪四五十年代是我们非常注重术语的年代。我们意识到虽然有许多术语在使用，但它们所描述的集合体的确切性质往往从未被定义，或者是根据不同年代的混合集合体描述的——阿尔及利亚的斯拜基恩（S'Baikien）就是一个例子,刚果盆地的图姆比亚（Tumbian）是另一个例子。"（Clark 1990：196）

由于多种原因,以及非洲大陆各地的不同情况,石器时代的研究在非洲考古学中处于领先地位。南非的雷蒙德·达特（Raymond Dart）、东非的路易斯·西摩（Louis Seymour）和玛丽·利基（Mary Leakey）等典型人物率先从古生物学和考古学的角度探寻人类起源（Gowlett 1990）。1950 年至 1965 年间,出版了许多地区性和一般性综述（Clark 1990,Robertshaw 1990）。此外,还对较晚的时期进行了调查。关于粮食生产出现的讨论被"传播王牌"所回避。考古记录中记载的任何变化的最终解释都是通过人口的直接迁移和/或物品和技术知识的宗族传播（Zwernemann 1983）。

独立后时期的考古研究主题发生了重大变化,这是几个因素共同作用的结果：（1）作为独立运动一部分的政治和文化辩论中出现了文化遗产和文化异化问题；（2）活跃的非洲知识分子普遍认为石器时代的考古主题过于遥远,无助于他们所呼吁的新文化进化；（3）越来越多的非洲学生进入考古研究领域,他们倾向于将重点放在较晚的时期,如粮食生产的出现、乡村生活、冶金术的出现以及非洲酋长领地和国家的出现等问题。这些非洲社会的后期发展时期被认为与当今的民族语言实体非常接近,它们与了解过去的非洲文化动态完全相关。

1967 年在达喀尔举行的第六届泛非史前史及相关研究大会是这一转变的生动见证和基准（Hugot 1967）。在过去二十年里,随着欧洲扩张考古学（又称历史考古学）及其同类"非洲移民社群"研究的日益流行,考古学兴趣向更接近当代的时期转移的趋势进一步扩大。学术兴趣的这种转变对不同地区的影响大不相同。石器时代研究在南部、东部、东北部和撒哈拉沙漠部分地区非常活跃。中南部、中北部和西部非洲的石器时代研究则不那么活跃。取而代之的是，16—20 世纪的定居点、民族考古学和相关课题受到了极大的重视。

以西非举例来说，该地区早期和中期石器时代的研究几乎绝迹。西非考古研究的这种发展轨迹令人费解，也自相矛盾。令人费解是因为考古学的主要目的是"还原"人类历史中那些无法以其他方式了解的部分，石器时代的大部分就是如此。它具有双重矛盾性。一方面，如果考古研究的目的是真正了解非洲的过去，那么就必须投入物质和智力资源来填补空白。历史考古学家开展的小规模研究项目中遇到的许多发现都是多余的。事实上，景观方法是考古学对了解过去 500 年最有效的贡献（Decorse 2001）。另一方面，由于严重的取样问题，对文物的分析通常只能得出微不足道或传闻性的结果。在东非和大湖地区发展起来的历史考古学（Schmidt 1978，2006；Schmidt and Walz 2007）是依靠当地的民族史来选择重要的考古地点，并对地貌特征和文物形态进行解释的。

毫无疑问，欧洲扩张考古学的发展是一个合理的科学探索课题。它颂扬了欧洲国家在短时间内控制地球大部分地区的成功。这枚硬币至少有两面："头"面是欧洲人的成功，"尾"面是非洲人的失败和屈辱。不足为奇的是，"文化隐喻"削弱了非洲人这一面的负面含义：有些人喜欢用"文化相遇""文化纠葛""拥抱现代性"等词语，另一些人则侧重于"抵抗"或"治理创新"等。然而，无论如何，隐喻终究只是隐喻，在这种情况下，隐喻只是用来掩盖苦涩的药片。毋庸置疑，欧洲人在非洲的存在，先是作为商人，后来成为殖民者，最终成为事实上的文化接触、纠缠和拥抱现代性。所有这些都是不可预知的结果。

前景展望

在北美和欧洲部分地区占主导地位的学术传统中,有一些因素影响着非洲考古学的未来:后殖民批判和"社会正确性"。前者是殖民事业的反弹,也是后殖民罪恶感的表现,它对人类事务科学研究的可能性本身提出了质疑。重要的是同理心、善意和诠释。后者或多或少是前者的延伸,是一种康德式的"绝对命令"。考古学家必须参与社区的社会和经济改革项目,这是一种道德要求。上述趋势是有趣的发展,本身并没有什么问题。每个研究人员,只要是人,就可以决定如何最好地帮助他/她参与田野研究的人类同胞。大多数考古学家都在提供帮助,但并没有记录下来。

然而,值得商榷的是,将考古研究转变为社会正义和自豪感 ₂₇₈ "助推器"的持续趋势,很可能是一种纠正过去错误行为的矫正性转变。考古学家不是在社会和意识形态真空中工作的中立者。这并不一定意味着考古学家只能靠自己的幻想——历史想象或其他幻想——陷入孤芳自赏的困境。有效的研究需要通过"客观化"过程积极构建证据。问题不在于实现抽象的、无法实现的"客观性",而在于根据可检验的命题阐明自己的观点。经验世界无论多么难以确定,都必须保持其相对的自主性。发现和解释的过程可以建立在古老而有力的波普哲学"猜想和反驳"之上。如果事实并不重要,为什么还要挖掘和破坏考古遗址呢?

现在让我们假设,将重点转移到西非考古学所记载的最晚时期的做法得到了扩大和成功。欧洲扩张的考古学将取代非洲人的考古学。石器时代考古将消失,非洲人遥远的过去将变得更加不透明、更加神秘。与欧洲贸易和其他活动有关的遗址和古迹将被作为雄心勃勃的文化遗产计划的一部分得到修复，并被纳入世界旅游网络。这显然是一个不会很快发生的"灾难情景"。近代欧洲与非洲交往的魅力在于它们拥有丰富的资料。我们有历史文献、地图和书籍等书面资料；此外还有口述资料和人种史资料；最后，还有物质文化元素、考古遗址和纪念碑。这些多重来源的结合有助于对考古发现进行更复杂的解读。此外，北美非洲移民社群研究和非裔美国人考古学的快速发展也促进了对此类考古研究的需求。

经济和社会变革的长期视角

从非洲和非洲人考古学的全景视角，我们可以对过去非洲社会的发展轨迹进行透视。除了人类在非洲出现这一事实，早期使用工具的类人猿也在从埃塞俄比亚/吉布提到坦桑尼亚的裂谷沿线以及更南边的南非留下了他们存在的证据。从 160 万年前到 100 万年前，阿丘利亚（Acheulian）工具制造者到达了非洲大陆的北部、西北部和南部，发展了狩猎技能，并可能以采集植物性食物为主要饮食。阿丘利亚时期的结束和向中石器时代的转变虽然还不甚明了，但却是人类物质、社会、经济和认知进化的关键时刻。非洲大陆北部和南部石器制造传统的地区分化过程有据可查，但对西非的研究仍旧不足。几乎所有地方都有关于勒瓦娄哇技术的记录。从西边的摩洛哥到东边的尼罗河谷传播的阿特里亚人复合体证明了锄具技术的发明。如果按照"走出非洲 II"的模式，现代人可能是在中石器时代的某个时候在非洲出现的。布隆博斯出土的贝珠和刻骨的大致年代为公元前 8 万至 7.5 万年，这表明抽象和象征性表达的最早形式是在中石器时代发展起来的(Lewis-Williams 2002)。刀片技术和更新世末期向微石器的转变标志着弓箭的发明,而弓箭的发明可能是在非洲大陆不同地区独立进行的。在此之前,除了阿丘利亚人的技术综合体可能是从其裂谷的发明区域传播出去的,技术创造和发明领域的多元化是常态。在全新世早期,随着陶器的发明、牛的驯化以及位于西部撒哈拉中部高地和东部尼罗河谷之间地区的巨石祭祀建筑群的建造,这一进程得到了进一步发展。从全新世中期开始,畜牧业和农牧业经济的发展和扩张,以及冶金术的采用或发明,使全新世非洲人的生活发生了翻天覆地的变化(Bisson et al. 2000,Holl 2004a)。复杂的社会政治制度在纳迦达 III 期进入尼罗河谷的历史舞台。在非洲大陆的考古记录中记载了不同的发展轨迹以及政体和国家的世代演变。直到全新世中期,在关键技术发明方面,无论是石器技术、陶瓷技术还是冶金技术,非洲与旧大陆其他地区的平等地位都已确立。非洲东北部的埃及、努比亚和埃塞俄比亚与东部和北部的邻国关系密切。思想和人口来回流动。在亚历山大大帝和托勒密统治之前,不同的民族语言群体与环地中海文明之间的关系或多或少是平衡的,伴随着起伏。

个人的身体特征似乎并不重要,但这并不意味着不存在种族中心主义。希腊城邦将其人口分为"公民"、"梅特奥孔人"(Meteukons)和奴隶。罗马人有他们的野蛮人,这些野蛮人必须被称为"石墙"的城墙网络所控制。基督教和伊斯兰教等单神教创造并传播了黑人的负面形象,认为他们是《旧约全书》中被诅咒的占人的后裔。这些思想的渊源导致了几个世纪的奴役和"文明使命",造成了长期的后果。在殖民地时期的插曲之后,大规模的发展援助以及今天国际货币基金组织和世界银行的监督似乎是同一主题的变奏，尽管其陷阱是众所周知的（Easterly 2006）。"很明显，在腐败的社会中，世界上最美好的愿望往往会偏离其目的。这就是非殖民化失败的主要教训：如果得不到社会的支持，任何发展项目都不会有效。一些专家在办公室里制定的发展战略几乎注定要失败。就其本身而言，这些都是殖民风格的重演。"（Cohen 2006：100）

B. 韦奈纳（Wainaina 2005）在他的文章《如何写非洲》（"How to Write about Africa"）中对这一争论进行了有趣的探讨，并提出了成功写书的建议。事实上，他的提纲是由对某种文学体裁的消费者有吸引力的非洲形象组成的。这些形象包括：非洲的日落，在广阔的天空中总是又大又红的；肋骨突出的饥饿个体，精通野生动物黑猩猩、大猩猩、大象、狮子，他们会说话、有名字、有抱负、有家庭观念。他还提到了有严格禁忌的主题："普通的家庭场景、非洲人之间的爱情（除非涉及死亡）、对非洲作家或知识分子的提及、和对没有经受雅司病①（Yaws）、埃博拉高热或女性割礼折磨的学龄儿童。"（Wainaina 2005：92）

《精神史》是布洛赫先生的开创性著作《泰奥马图格国王》（*Les Rois Thaumaturges*）所创办的年鉴派史学的产物，它表明，人们的信仰，无论是否理性，都是有效的，并制约着他们对周围世界的感知。从 16 世纪至今，在所有进入欧洲人心智的非洲人形象中，那些允许居高临下的态度和傲慢行为的非洲人形象更有可能留在人们的记忆中。研究非洲人的过去，打破"传统智慧"的模式，对于了解所有非洲人现在和未来的命运至关重要。

---

① 一种接触性皮肤传染病，由雅司螺旋体导体，多发于儿童和青少年，症状包括皮肤出现丘疹、水疱、脓疱及溃疡等病变，流行于热带地区。——译者注

怎么办?

　　1917 年布尔什维克革命后,列宁提出了一个著名的纲领性问题,以对抗白俄的封锁和行动。通过起义夺取政权是一回事,而建设可持续的经济与和平社会则是一项长期的挑战。新生的苏维埃社会主义共和国的社会、经济和政治问题与非洲的问题大致相同——它们深厚的历史背景将它们区分开来,并限制了可供"试验"的选择范围。列宁实施了新经济政策(NEP),几年后,苏联的工业和农业部门开始起飞。联合国和二战后的世界金融机构发起的"发展十年",以极具吸引力但实施不力的 W. W. 罗斯托(Rostow)起飞模式为基础,并没能为非洲国家带来可持续的社会经济福祉。这当中出了什么问题?

　　当前关于非洲人困境的辩论涉及如何使非洲和非洲人摆脱贫困的截然相反的观点。《纽约书评》刊载的这篇交流文章概括了现有差距的程度,值得全文引用。作为世界卫生组织宏观经济与健康委员会主席(2000—2001)和联合国千年项目主任,J. 萨克斯(Sachs 2006)的观点代表了主要国际机构的官方立场。在《援助如何发挥作用》(Sachs 2006:97)一文中,萨克斯对 W. 伊斯特利(Easterly 2006)一书做出了回应,并声称:

> 在我的领导下,世界上疾病控制、粮食生产、基础设施建设、水和卫生设施、互联网连接等领域的主要从业者都参与其中,为世界上最贫穷的人找到了切实可行、行之有效、低成本、可推广的战略,如上述提及的。这些拯救生命和减少贫困的措施提高了穷人的生产力,使他们能够通过挣钱和投资摆脱极端贫困,而且这些措施的成本低得惊人。要

180

在整个非洲最贫困地区推广这些行之有效的技术，所有捐助方每年需要提供约 750 亿美元，其中美国的份额约为每年 200 亿美元，即每 100 美元的美国国民收入约需 25 美分。（《纽约时报》评论，2006 年 12 月 21 日）

言辞令人信服，事情简单明了。非洲的贫困是一个简单的技术问题，只要给专家们足够的资金，世界各国领导人就能解决这个问题。威廉·伊斯特利（William Easterly 2006）在担任世界银行专家多年后，现在主张减少自上而下解决非洲问题的方法，提倡从"规划者"向"战略探索者"转变。上文用 J. 萨克斯的方法说明了规划者的立场。W. 伊斯特利（2007）对 J. 萨克斯的答复是直接的，并与 J. 萨克斯的观点一致。伊斯特利（2007）对 J. 萨克斯的回复很直接，与本书的论点不谋而合。他写道：

> 这表明我们对贫困根源的认识非常幼稚。非洲的贫困是由更深层次的因素造成的，如政治精英主要是为了保护自己的地位，腐败和缺乏财产权等功能失调的体制，以及长期的剥削和外国干涉（奴隶贸易、殖民掠夺、建立傀儡政权、军事干预）。断言只需花费 750 亿美元就能解决这一混乱局面，这种狂妄自大的想法令人感到震惊。（Easterly 2007:66）

有趣的是，国际经济学和政治学专家几乎不考虑非洲和非洲人的深厚历史。许多参与发展问题的智囊团制定了不同的、相互冲突的战略。发展概念的模糊性使其很容易适应任何理论和社会政治框架。这就解释了从"发展"到"消除贫困"或"赤贫"的语义转变。而将重点转向提高"人类福祉"则不那么矛盾。威廉·伊斯特利（2007:66）进一步断言："贫穷从未被终结，也永远

不会被外国专家或外国援助终结。贫困会像在其他地方一样被
终结，被本土的政治、经济和社会改革者以及释放民主和自由市
场力量的企业家所终结。"他的观点一针见血，同时也表明了他
的意识形态倾向。也许是这样，也许不是。重型基础设施建设　*181*
和某些类型的工业设施可能需要国际金融机构的大额投资，预
防性保健、轻型农村水利设施则可在地方一级以较小规模和灵
活的一揽子资金解决。然而，行动的主动权、实施权和控制权必
须掌握在当地人手中。　　　　　　　　　　　　　　　　　*182*

参考文献

Adams, R. McC. 1996. *Paths of Fire: An Anthropologist's Inquiry into Western Technology*. Princeton: Princeton University Press.

Adams, R. McC. 2001. "Complexity in Archaic States." *Journal of Anthropological Archaeology* 20: 345-360.

Alcock, S. E., T. N. D'Altroy, K. D. Morrison, C. M. Sinopoli (Editors) 2001. *Empires: Perspectives from Archaeology and History*. Cambridge: Cambridge University Press.

Alimen, H. 1955. *Prehistoire de l'Afrique*. Paris: Boubee.

Amblard, S. 1984. *Materiel Lithique et Civilisation Neolithique du Dhar Tichitt-Walata*. Paris: ADPF.

Amblard, S., H. J. Hugot, and R. Vernet 1981. "Deux importantes decouvertes sur le site d'Akreijit (Dhar Tichitt, Republique Islamique de Mauritanie). " *L'Anthropologie* 85(1): 125-128.

Amblard, S. and R. Vernet 1984. "Des gravures rupestres intégrées à une structure d'habitat: l'exemple d'Akhreijit. " *Journal des Africanistes* 54 (1): 67-78.

Anfray, F. 1990. *Les Anciens Ethiopiens: Siecles d'Histoire*. Paris: Armand Colin.

Angel J. L. and J. O. Kelley 1986. "Description and Comparison of the Skeleton. " In *The Wadi Kubbaniya Skeleton: A Late Paleolithic Burial from Southern Egypt*. Edited by F. Wendorf, R. Schild, and A. E. Close, pp. 53-70.

282

Dallas: Southern Methodist University Press.

Ardener, E. and Ardener S. 1981. "Preliminary chronological notes for the south." In *Contribution de la recherche ethnologique à l'histoire des civilisations du Cameroun*. Edited by Cl. Tardits, pp. 563-577. Paris: Editions du CNRS.

Aubet, M. E. 2001. *The Phoenicians and the West: Opolitics, Colonies, and Trade*. Cambridge: Cambridge University Press.

Aumassip, G. 1978. "In Hanakaten-Bilder einer Ausgrabung." In *Sahara: 10.000 Jahre zwischen Weide und Wüste*. Edited by R. Kuper, pp. 208-214. Köln; Mussen der Stadt.

Aumassip, G. 1986. *Le Bas Sahara dans la Préhistoire*. Paris: Éditions du CNRS.

Aumassip, G. 1993. *Chronologies de l'Art Rupestre Saharien et Nord Africain*. Calvisson: Editions J. Gandini.

Austen, R. A. and J. Derrick 1999. *Middlemen of the Cameroons Rivers: The Duala and their Hinterland c. 1600-c. 1960*. Cambridge: Cambridge University Press.

Ba, A. 2002. *Le Takrur, des Origines a la Conquete par le mali (VIe-XIIIe Siecles)*. Nouakchott/Dakar: CRIAA/IFAN.

Badenhorst, S. 2006. "Goats (*Capra hircus*), the Khoekhoen and Pastoralism: Current Evidence from Southern Africa." *African Archaeological Review* 23: 45-54.

Baines, J. and N. Yoffee 1998. "Order, Legitimacy, and Wealth in Ancient Egypt and Mesopotamia." In *Archaic States*, edited by G. Feinman and J. Marcus, pp. 199- 260. School of American Research Press, Santa Fe.

Balout, L. 1955a. *Préhistoire de l'Afrique du Nord*. Paris: Arts et Métiers Graphiques.

Balout, L. 1955b. *Les Hommes Préhistoriques du Maghreb et du Sahara*. Alger: Service des Antiquités.

Bard, K. A. 1994. *From Farmers to Pharaohs: Mortuary Evidence for the*

Rise of Complex Society in Egypt. Sheffield: Sheffield Academic Press.

Barich, B. E. 1998. *People, Water, and Grain: The Beginning of Domestication in the Sahara and the Nile Valley*. Rome: L'Erma di Bretschneider.

Barkindo, B. 1999. "Kanem-Borno: Its relations with the Mediterranean Sea, Baguirmi, and other states in the Chad Basin." In *General History of Africa V: Africa from the Sixteenth to the Eighteenth Century*. Edited by B. A. Ogot, pp. 248-258. Paris: UNESCO.

Barros, P. de 2006. "The Surprising Early Iron Age Site of Dekpassanware (Togo)." Paper presented at the *Society of Africanist Archaeologists*, Calgary, June 22-26.

Barry, B. 1998. *Senegambia and the Atlantic Slave Trade*. Cambridge: Cambridge University Press.

Barth, H. 1965. *Travels and Discoveries in North and Central Africa 1849-1855*. London: Frank Cass.

Bathily, M. S. , M. Ould Khattar, and R. Vernet 1992. *Les Sites Néolithiques de Khatt Lemaiteg (Amatlich en Mauritanie Occidentale*. Meudon: UPR 311.

Beckombo-Priso, M. 1981. "Essai sur le peuplement de la région côtière du Cameroun: les populations dites Dwala." In *Contribution de la recherche ethnologique à l'histoire des civilisations du Cameroun*. Edited by Cl. Tardits, pp. 503-510. Paris: Editions du CNRS.

Benhima, Y. 2004. "Les Consequences de l'Occupation Portugaise sur le Peuplement de la Region de Safi dans le Maroc du XVIe siecle." In *Du Nord au Sud du sahara: Cinquante ans d'Archeologie Francaise*. Edited by A. Bazzana and H. Bocoum, pp. 239-245. Paris: Editions Sepia.

Bernus, E. and N. Echard 1992. *La Region d'In-Gall-Tegidda-n-Tesemt (Niger), V: Les Populations Actuelles*. Niamey: Etudes Nigeriennes 52.

Bernus, E. , P. Cressier, A. Durand, F. Paris, J. F. Saliege 1999. *Vallée de l'Azawagh (Sahara Nigerien)*. Paris: Éditions Sépia.

Bernus, S. and P. L. Gouletquer 1976. "Du cuivre au sel. Recherches ethno-archéologiques sur la région d'Azelik (campagnes 1973-1975)." *Journal des Africanistes* 46(1-2): 7-68.

Beyries, S. and E. Boeda 1981. Relevés *des Gravures Rupestres sur le Dahr Tichitt*. Mémoire de DEA, Université Paris X-Nanterre. Paris.

Bisson, M. S. , S. T. Childs, P. de Barros, and A. F. C. Holl 2000. *Ancient African Metallurgy: The Sociocultural Context*. Walnut Creek: AltaMira Press.

Bivar, A. D. H. and P. L. Shinnie 1962. "Old Kanuri Capitals." *Journal of African History* 3(1): 1-10.

Blanton, R. E. , S. Kowalenski, G. Feinman, and J. Appel 1981. *Ancient Mesoamerica: A Comparison of Change in Three Regions*. Cambridge: Cambridge University Press.

Blanton, R. E. , G. Feinman, S. Kowalewski, and P. Peregrine 1996. "A Dual-Processual Theory for the Evolution of Mesoamerican Civilization." *Current Anthropology* 37 (1): 1-14.

Blench, R. M. 2006. *Archaeology, Language, and the African Past*. Lanham: AltaMira Press.

Blench, R. M. and K. C. MacDonald eds. 2000. *The Origins and Development of African livestock: Archaeology, Genetics, Linguistics, and Ethnography*. London: University College London Press.

Boahen, A. A. 1989. *African Perspectives on Colonialism*. Baltimore: The John Hopkins University Press.

Bocoum, H. 2000. *L'Age du Fer au Sénégal: Histoire et Archéologie*. Dakar/Nouakchott: IFAN/CRIAA.

Bocoum, H. 2006. "Histoire Technique et Sociale de la Metallurgie du Fer dans la Vallee Moyenne du Senegal." Doctorat d'Etat thesis, Dakar: University Cheikh Anta Diop.

Bocoum, H. ed. 2002. *Aux Origines de la Metallurgie du Fer en Afrique:*

Une Anciennete Meconnue. Paris: UNESCO.

Bocoum, H. and S. K. McIntosh 2002. *Fouilles a Sincu Bara, Moyenne Vallee du Senegal.* Nouakchott/Dakar: CRIIA/IFAN.

Bonnet, C. 1992. "Excavations at the Nubian Royal Town of Kerma: 1975-91." *Antiquity* 66: 611-25.

Bonnet, C. 2004. "The Kerma Culture." In *Sudan Ancient Treasures.* Edited by D. A. Welsby and J. R. Anderson, pp. 70-89. London: The British Museum Press.

Bousman, C. B. 1998. "The Chronological Evidence for the Introduction of Domestic Stock into Southern Africa." *African Archaeological Review* 15: 133-250.

Bradley, R. 1994. "Symbols and Signposts-Understanding the Prehistoric Petroglyphs of the British Isles." In *The Ancient Mind: Elements of a Cognitive Archaeology.* Edited by C. Renfrew and E. B. W. Zubrow, pp. 95-106. Cambridge: Cambridge University Press.

Breunig, P. A. 1995. "Gajiganna und Konduga: Zur frühen Besiedlung des Tschadesbeckens in Nigeria." *Beiträge zur allgemeinen und vergleichenden Archäologie* 15: 3-48.

Breunig P. and K. Neumann 2004. "Zwischen Wuste und Regenwald. Besiedlungs-geschichte der westafrikanischen Savanna im Holozan." In *Mensch und Natur in Westafrika.* Edited by K. D. Albert, D. Lohr, and K. Neumann, pp. 93-138. Weinheim: Wiley-VCH.

Brewer, D. J. and E. Teeter 1999. *Egypt and the Egyptians.* Cambridge: Cambridge University Press.

Calegari, G. ed. 1993. *L'Arte e l'Ambiente del sahara Preistorico: Datti e interpretazioni.* Memorie 26（2）467-78. Milano: Museo Civico di Storia Naturale.

Camps, G. 1969. *Amekni: Néolithique Ancien du Hoggar.* Paris: Arts et Métiers Graphiques.

Camps, G. 1974. *Les Civilisations Prehistoriques de l'Afrique du Nord et du Sahara*. Paris: Dion.

Camps, G. 1978. "Amekni und die neolitische Sahara. " In *Sahara: 10. 000 Jahre zwischen Weide und Wüste*. Edited by R. Kuper, pp. 182-188. Köln: Mussen der Stadt.

Camps, G. and H. Camps 1964. *La Nécropole Mégalithique de Djebel Mazela, Bou Nara*. Paris: Mémoire du CRAPE.

Cauvin, J. 2000. *The Birth of Gods and the Origin of Agriculture*. Cambridge: Cambridge University Press.

Chapman, R. , I. Kinnes, and K. Randsborg, eds. 1981. *The Archaeology of Death*. Cambridge: Cambridge University Press.

Childe, G. V. [1928] 1969. *New Light on the Most Ancient East*. New York: W. W. Norton & Company, Inc.

Childe, G. V. 1951. *Man Makes Himself*. New York: New American Library.

Childs, S. T. and E. W. Herbert 2005. "Metallurgy and Its Consequences. " In *African Archaeology: A Critical Introduction*. Edited by A. B. Stahl, pp. 276-300. Oxford: Blackwell Publishing.

Clark, J. D. 1967a. *Atlas of African Prehistory*. Chicago: University of Chicago Press.

Clark, J. D. 1967b. "The Problem of Neolithic in Sub-Saharan Africa. " In *Background to Evolution in Africa*. Edited by W. W. Bishop and J. D. Clark, pp. 600-627. Chicago: The University of Chicago Press.

Clark, J. D. 1990. "A Personal Memoir. " In *A History of African Archaeology*. Edited by P. Robertshaw, pp. 189-204. London: J. Currey.

Cohen, D. 2006. *Globalization and Its Enemies*. Boston: MIT Press.

Cohen, M. N. and G. J. Armelagos eds. 1984. *Paleopathology at the Origins of Agriculture*. New York: Academic Press.

Coles, J. 1999. "The Dancer on the Rock: Record and Analysis at Jarrestad-

Sweden. " *Proceedings of the Prehistoric Society* 65: 167-187.

Connah, G. 1981. *Three Thousand Years in Africa.* Cambridge: Cambridge University Press.

Connah, G. 1996. *Kibiro: the salt of Bunyoro, Pats, and Present.* London: The British Institute in Eastern Africa.

Connah, G. 2002. *African Civilizations: An Archaeological Perspective.* Cambridge: Cambridge University Press.

Connah, G. 2004. *Forgotten Africa: An Introduction to its Archaeology.* London/New York: Routledge.

Cornelissen, E. 1997. "Central African Transitional Cultures." In *Encyclopedia of Precolonial Africa.* Edited by J. O. Vogel, pp. 312-320. Walnut Creek: AltaMira Press.

Cornevin, M. 1993. *Archeologie Africaine.* Paris: Maisonneuve and Larose.

Cremaschi, M. S. and Di Lernia eds. 1999. *Wadi Teshuinat Palaeoenvironment and Prehistory in South-western Fezzan (Libyan Sahara).* Firenze: Edizioni All'Insegna del Giglio.

Crubezy, E. , C. Masset, E. Lorans, F. Perrin, and L. Tranoy 2000. *L'Archeologie Funeraire.* Paris: Editions Errance.

Dale Guthrie, R. 2005. *The Nature of Palaeolithic Art.* Chicago: University of Chicago Press.

D'Andrade, R. 1995. *The Development of Cognitive Anthropology.* Cambridge: Cambridge University Press.

David, N. , R. Heimann, D. Killick, and M. Wayman 1989. "Between Bloomery and Blast furnace: Mafa Iron Smelting Technology in North Cameroon. " *African Archaeological Review* 7: 183-207.

Davies, O. , 1967. *West Africa before the Europeans: Archaeology & Prehistory.* London: Routledge.

Davies, O. , H. J. Hugot, and D. Seddon 1968. "The Origin of African

Agriculture, part II. " *Current Anthropology* 9 (5): 479-509.

Davis, W. 1984. "Representation and Knowledge in the Prehistoric Rock Art of Africa. " *African Archaeological Review* 2: 7-35.

Davis, W. 1990. "The Study of Rock Art in Africa. " In *A History of African Archaeology.* Edited by P. Robertshaw, pp. 217-295. London: J. Currey Ltd.

DeCorse, C. R. Ed. 2001a. *West Africa during the Atlantic Trade: Archaeological Perspectives.* London/New York: Leicester University Press.

DeCorse, C. R. 2001b. *An Archaeology of Elmina: Africans and Europeans on the Gold coast, 1400-1900.* Washington D. C. : Smithsonian Institution Press.

De Maret, P. 1997. "Savanna States. " In *Encyclopedia of Precolonial Africa.* Edited by J. O. Vogel, pp. 496- 501. Walnut Creek: AltaMira Press.

Denham, D. , Clapperton, H. and Oudney, W. 1828. *Narrative of Travels and Discoveries in Northern and Central Africa in the Years 1822, 1823 and 1824.* London: John Murray.

Der Veen M. van ed. 1999. *The Exploitation of Plant Resources in Ancient Africa.* New York/London: Kluwer/Plenum.

Dewar, R. E. and H. T. Wright 1993. " The Culture History of Madagascar. " *Journal of World Prehistory* 7(4): 417-466.

Di Lernia, S. 1999. "Rock Art Paintings of the 'Round Heads' phase. " In *The Uan Afuda Cave: Hunter-Gatherer Societies of Central Sahara.* Edited by S. Di Lernia, pp. 39-48. Firenze: Edizioni All'Insegna del Giglio.

Di Lernia, S. ed. 1999. *The Uan Afuda Cave: Hunter-Gatherer Societies of Central Sahara.* Firenze: Edizioni All'Insegna del Giglio.

Di Lernia, S. 2001. "Dismantling Dung: delayed Use of Food Resources among Early Holocene Foragers of the Libyan Sahara. " *Journal of Anthropological Archaeology* 20: 408-41.

Di Lernia and G. Manzi eds. 2002. *Sand, Stones, and Bones: The*

Archaeology of Death in the Wadi Tanezzuft Valley. Firenze: Edizioni all'insegna del Giglio.

Dillon, R. G. 1981. "Notes on the Pre-colonial History and Ethnography of the Meta." In *Contribution de la recherche ethnologique à l'histoire des civilisations du Cameroun.* Edited by Cl. Tardits, pp. 361-370. Paris: Editions du CNRS.

Dupuy, C. 1998. "Reflexion sur l'identite des Guerriers representes dans les gravures rupestres de l'Adrar des Iforas et de l'Air." *Sahara* 10: 31-54.

Durand, A. and F. Paris 1986. "Peuplements et climats Holocènes de l'Azawagh (Niger nord-occidental): premiers résultats." In *Changements globaux en Afrique durant le Quaternaire*, pp. 127-130. Paris: ORSTOM.

Easterly, W. 2006. *The White Man's Burden.* New York: Pengiun Press.

Easterly, W. 2007. Letter to the Editors. *The New York Review of Books* LIV, 1: 66.

Echard, N. ed. 1983. *Metallurgies Africaines: Nouvelles Contributions.* Paris: Memoire de la Societe des Africanistes.

Effah-Gyamfi, K. 1985. "Bono Manso: An Archaeological Investigation into Early Akan Urbanism." Calgary: African Occasional Papers No. 2.

Eggert, M. K. H. 1993. "Central Africa and the Archaeology of the Equatorial Rainforest: Reflections on Some Major Topics." In *The Archaeology of Africa: Food, Metals, and Towns.* Edited by T. Shaw, P. Sinclair, B. Andah, and A. Okpoko, pp. 289-329. London: Routledge.

Eisenstadt, S. N. , M. Abitbol, and N. Chazan 1983. "Les origines de l'État: une nouvelle approche." *Annales: Economie, Societes, Civilisations* 6: 1232-1255.

Eisenstadt, S. N. , M. Abitbol, and N. Chazan eds. 1988. *The Early State in African Perspective.* Leiden: E. J. Brill.

Eltis, D. 2000. *The Rise of African Slavery in the Americas.* Cambridge: Cambridge University Press.

Ennabli, A. 2004. Les recents Apports de l'Archeologie a la Connaissance de la Carthage Punique. In A. Bazzana and H. Bocoum, eds. *Du Nord au Sud du Sahara: Cinquante Ans d'Archeologie francaise and Afrique de l'Ouest et au Maghreb: Bilan et Perspectives*, pp. 261-265. Paris: Editions Sepia.

Eogan, G. 1999. "Megalithic Art and Society." *Proceedings of the Prehistoric Society* 65: 415-446.

Esperandieu, G. 1952. "Domestication et Elevage dans le nord de l'Afrique au Neolithique et dans la Protohistoire d'apres les Figurations Rupestres." In *Actes du Congres Panafricain de Prehistoire*. Edited by L. Balout, pp. 551-573. Alger.

Essomba, J. M. 1993. *Le Fer dans le Passé des Sociétés du sud Cameroun*. Paris: L'Harmattan.

Fanon, F. 1952. *Peau Noire et Masque Blanc*. Paris: Le Seuil.

Fanon, F. 1962. *Les Damnes de la Terre*. Paris: Le Seuil.

Fauconnier, G. 1997. *Mappings in Thought and Language*. Cambridge: Cambridge University Press.

Fedigan, L. M. ed. 1992. *Primate Paradigms: Sex Roles and Social Bonds*. Chicago: The University of Chicago Press.

Feinman, G. and J. Marcus eds. 1998. *Archaic States*. Santa Fe: School of American Research Press.

Fisher, H. J. 1977. "The Eastern Maghrib and the Central Sudan." In *The Cambridge History of Africa 3: from c. 1050 to c. 1600*. Edited by R. Oliver, pp. 232-331. Cambridge: Cambridge University Press.

Forbes, J. L. and J. E. King, eds. 1982. *Primate Behavior*. New York/London: Academic Press.

Fortes, M. and E. E. Evans-Pritchard eds. 1940. *African Political Systems*. Oxford: Oxford University Press.

Frank, T., P. Breunig, P. Muller-Haude, K. Neumann, W. van Neer, R. Vogelsang, and H-P. Wotzka 2001. "The chaine de Gobnangou, SE Burkina

Faso: Archaeological, Archaeobotanical, Archaeozoological and Geomorphological Studies. " *Beitrage zur Allgemeinen und Vergleichenden Archaologie*, Band 21: 127-190.

Freedberg, D. 1989. *The Power of Images: Studies in the History and Theory of Response*. Chicago: The University of Chicago Press.

Friedman, J. 1984. "Tribes, States, and Transformations. " In *Marxist Analyses and Social Anthropology*. Edited by M. Block, pp. 161-202. London: Tavistock.

Friedman, J. and M. J. Rowlands 1977. "Notes toward an Epigenetic Model of the Evolution of 'Civilisation'. " In *The Evolution of Social Systems*. Edited by J. Friedman and M. J. Rowlands, pp. 201-276. London: Duckworth.

Fuller, D. Q. 2003. "African Crops in Prehistoric South Asia: A Critical Review. " In K. Neumann, A. Butler, and S. Kalheber eds. *Food, Fuel and Fields: Progress in African Archaeobotany*, pp. 239-271. Koln: Heinrich Barth Institut.

Gabus, J. 1979. *Oualata et Guemare des Nemadi*. Neuchatel: Musee d'Ethnographie.

Gado, B. 1993. "Un 'Village des Morts' a Bura en Republique du Niger. Un site methodiquement fouille fournit d'irremplacables informations. " In *Vallees du Niger*. Edited by J. Devisse, pp. 365-374. Paris: Reunion des Musees Nationaux.

Gado, B. 2004. "Les Systemes de Sites a Statuaire en Terre cuite et en Pierre de la Vallee du Moyen Niger entre Gorouol et la Mekrou. " In *Du nord au sud du Sahara: Cinquante Ans d'Archeologie Francaise*. Edited by A. Bazzana and H. Bocoum, pp. 155 - 181. Paris: Editions Sepia.

Gallay, A. , G. Pignat, and P. Curdy 1981. "Mission du Department d'Anthropologie au Senegal, Hiver 1980-81. " In *Contribution a la Connaissance du Megalithisme Senegambien: Rapport Preliminaire*. Dakar/Geneve: IFAN/ Universite de Geneve.

Gallay, A. , G. Pignat, and P. Curdy 1982. "Mbolop Tobé (Santhiou Kohel, Sénégal): contribution à la connaissance du mégalithisme sénégambien." *Archives Suisses d' Anthropologie Générale* 46(2): 217-259.

Garth Sampson, C. 1974. *The Stone Age Archaeology of Southern Africa*. New York/London: Academic Press.

Gauthier, Y. and C. Gauthier 2006. "Monuments en trou de serrure et Art Rupestre: Sur la Distribution du groupe dIheren-Tahilahi/Wa-nAmil et ses relations avec les autres groupes culturels." In *Hic sunt leones. Cahiers de l'Association des Amis de l'Art Rupestre Saharien* 10: 79-110.

Gautier, A. and W. Van Neer 1989. "Animal remains from the Late Paleolithic sequence at Wadi Kubbaniya." In *The Prehistory of Wadi Kubbaniya: Volume 2: Stratigraphy, Plaeoeconomy, and Environment*. Edited by F. Wendorf, R. Schild, and A. E. Close, pp. 119-170. Dallas: Southern Methodist University Press.

Gifford-Gonzales, D. 1998. "Early Pastoralists in East Africa: Ecological and Social Dimensions." *Journal of Anthropological Archaeology* 17: 166-200.

Gluckman, M. 1950. "Kinship and Marriage among the Lozi of Northern Rhodesia and the Zulu of Natal." In *African Systems of Kinship and Marriage*. Edited by A. R. Radcliffe-Brown and Daryll Forde, pp. 166-206. Oxford: Oxford University Press.

Gluckman, M. 1955. *Custom and Conflict in Africa*. Oxford: Blackwell.

Godelier, M. 1982. *La Production des Grands Hommes*. Paris: Fayard.

Gombrich, E. and D. Eribon 1991. *Ce que l'Image nous dit: Entretiens sur l'art et la science*. Paris: Adam Biro.

Gouem Gouem, B. 2005. *Archeologie de la Cote Medidionale Camerounaise: Donnees Preliminaires pour l'Etude du peuplement Holocene du Bas-Nyong*. Advance Study Thesis; Bruxelles: Free University.

Gowlett, J. A. J. 1990. "Archaeological Studies of Human Origins and Early Prehistory of Africa." In *A History of African Archaeology*. Edited by P.

Robertshaw, pp. 3-12. London: J. Currey.

Grebenart, D. 1983. "Les Metallurgies du Cuivre et du Fer autour d'Agades (Niger) des Origines au Debut de la Period Medievale: Vues generales." In *Metallurgies Africaines: Nouvelles Contributions*. Edited by N. Echard, pp. 109-125. Paris: Memoire de la Societe des Africanistes.

Grebenart, D. 1985. *La Region d'In-Gall-Tegidda-n-Tesemt (Niger), II: Le Neolithique Final et les Debuts de la Metallurgie*. Niamey: Etudes Nigeriennes 49.

Grebenart, D. 1988. *Les Premiers Métallurgistes en Afrique Occidentale*. Paris: Editions Errance.

Griaule, M. and Lebeuf, J. P. 1948. "Fouilles dans la région du lac Tchad." *Journal de la Société des Africanistes* 18(1): 1-116.

Griaule, M. and J. P. Lebeuf 1950. "Fouilles dans la région du lac Tchad." *Journal de la Société des Africanistes* 20(1): 1-152.

Griaule, M. and J. P. Lebeuf 1951. "Fouilles dans la région du lac Tchad." *Journal de la Société des Africanistes* 21(1): 1-95.

Gronenborn, D. 1998. "Archaeological and Ethnohistorical Investigations along the Southern Fringes of Lake Chad, 1993-1996." *African Archaeological Review* 15: 225-260.

Haas, J. 1982. *The Evolution of Prehistoric State*. New York: Columbia University Press.

Hamon, P. 1988. *Structure, Origine Génétique des Ignames cultivées du Complex Dioscore Cayenensis-Rotundata et Domestication des Ignames en Afrique de l'Ouest*. Travaux et Documents, Microfiches; Paris: Éditions de l'ORSTOM.

Hamon, P. , R. Dumont, J. Zoundjihekpon, B. Tio-Touré, and S. Hamon 1995. *Les Ignames Sauvages d'Afrique de l'Ouest: Caharacteres Morphologiques*. Paris: Éditions de l'ORSTOM.

Harlan, J. , J. M. J. de Wet, and A. B. L. Stemmler eds. 1976. *Origins of*

African Plants Domestication. The Hague/Paris: Moutoun Publishers.

Hartley, R. and A. M. Wolley Vawser 1998. "Spatial Behavior and Learning in the Prehistoric Environment of the Colorado River Drainage (South-eastern Utah), Western North America." In *The Archaeology of Rock-Art.* Edited by C. Chippindale and P. S. C. Tacon, pp. 185-211. Cambridge: Cambridge University Press.

Hassan, F. A. 1993. "Town and Village in Ancient Egypt: Ecology, Society and Urbanization." In *The Archaeology of Africa: Food, Metals, and Towns.* Edited by T. Shaw, P. Sinclair, B. Andah, and A. Okpoko, pp. 551-570. London: Routledge.

Herbert, E. W. 1993. *Iron, Gender, and Power: Rituals of Transformation in African Societies.* Bloomington/Indianapoli: Indiana University Press.

Holl, A. 1985. "Subsistence Patterns of the Dhar Tichitt Neolithic, Mauritania." *The African Archaeological Review* 3: 151-162.

Holl, A. 1986. *Economie et Societe Neolithique du Dhar Tichitt, Mauritanie.* Paris: ADPF.

Holl, A. 1989. "Social Issues in Saharan Prehistory." *Journal of Anthropological Archaeology* 8: 313-354.

Holl, A. , 1990. "West African Archaeology: Colonialism and Nationalism." In *A History of African Archaeology.* Edited by P. Robertshaw, pp. 296-308. London: J. Currey.

Holl, A. 1994a. "Pathways to Elderhood. Research on Past Pastoral Iconography: The Paintings from Tikadiouine (Tassili-n-Ajjer)." *ORIGINI* XVIII: 69-113.

Holl, A 1994b. "The Cemetery of Houlouf in Northern Cameroon (AD 1500-1600): Fragments of a Past Social System." *African Archaeological Review* 12: 133-170.

Holl, A. F. C. 1996a. "African History: Past, Present, and Future." In

Making Alternative Histories: The Practice of Archaeology and History in Non-Western Settings. Edited by P. R. Schmidt and T. C. Patterson, pp. 183-211. Santa Fe: School of American Research Press.

Holl, A. F. C. 1996b. Review of "A Diachronic Analysis of the Architecture of the Hill Complex at Great Zimbabwe" by K. T. Chipunza (1994). *African Archaeological Review* 13(1): 77-85.

Holl, A. F. C. 1997b. "Metallurgy, Iron Technology and African Late Holocene Societies." In *Traditionelles Eisenhandwerk in Afrika*. Edited by R. Klein-Arendt, pp. 13-54. Koln: Heinrich Barth Institut.

Holl, A. F. C. 1998a. "The Dawn of African Pastoralisms: An Introductory Note." *Journal of Anthropological Archaeology* 17: 81-96.

Holl, A. F. C. 1998b. "Livestock Husbandry, Pastoralisms, and Territoriality: the West African Record." *Journal of Anthropological Archaeology* 17: 143-165.

Holl, A. F. C. 2000. *The Diwan Revisited: Literacy, State Formation, and the Rise of Kanuri Domination (AD 1200-1600)*. London/New York: Kegan Paul International.

Holl, A. F. C. 2001. "500 Years in the Cameroons: Making Sense of the Archaeological Record." In *West Africa during the Atlantic Slave Trade: Archaeological Perspectives*. Edited by C. R. DeCorse, pp. 152-178. London/New York: Leicester University Press.

Holl, A. F. C. 2002a. "Space, Time, and Image-making: Rock Art from the Dhar Tichitt (Mauritania)." *African Archaeological Review* 19: 75-118.

Holl, A. F. C. 2002b. *The Land of Houlouf: Genesis of a Chadic Polity 1900 BC - AD 1800*. Ann Arbor: Memoirs of the Museum of Anthropology, University of Michigan.

Holl, A. F. C. 2004a. *Holocene Saharans: An Anthropological Perspective*. London/New York: Continuum.

Holl, A. F. C. 2004b. *Saharan Rock Art: Archaeology of Tassilian*

Pastoralist Iconography. Walnut Creek: AltaMira Press.

Holl, A. F. C. 2006a. *West African Early Towns: Archaeology of Households in Urban Landscapes*. Anthropological Papers No. 95. Ann Arbor: Museum of Anthropology, University of Michigan.

Holl, A. F. C. 2006b. "Pathways to Complexity: The Rise and Demise of a Chadic Polity. " *GEFAME: Journal of African Studies* 3(1): 57 pages.

Holl, A. F. C. 2006c. "The Difficult Path of France/Africa Scientific Cooperation. " Review Article of "*Du Nord au Sud du Sahara: Cinquante ans d'Archeologie Francaise en Afrique de l'Ouest et au Maghreb*". Edited by A. Bazzana and H. Bocoum. *Journal of African Archaeology* 4(1): 171-182.

Holl, A. F. C. and S. A. Dueppen 1999. "Iheren I: Research on Tassilian Pastoral Iconography. " *Sahara* 11: 21-35.

Holl, A. F. C. and H. Bocoum, 2006. "Sine N'gayene : Variabilité des Pratiques funéraires dans le Mégalithisme Sénégambien. " In C. Descamps and A. Camara, editors, *Senegalia*, Paris, pp. 224-234.

Holl, A. F. C. , H. Bocoum, S. A. Dueppen, D. Gallagher, 2007. "Switching Mortuary Codes and Ritual Programs: The Double Monolith-Circle from Sine Ngayene (Senegal)" *Journal of African Archaeology*, Vol. 5, No. 1, pp. 127-148.

Horton, M. 1996. *Shanga: The Archaeology of a Muslim Trading Community on the Coast of Africa*. London: British Institute in Eastern Africa.

Hountondji, P. 1977. *Sur la Philosophie Africaine*. Paris: Maspero.

Huffman, T. N. 1996. *Snakes and Crocodiles: Power and Symbolism in Ancient Zimbabwe*. Johannesburg: Witwatersrand University Press.

Hugot, H. J. ed. 1967. *Actes du Sixieme Congres Panafricain de Prehistoire*. Dakar.

Hugot, H. J. 1979. "Le Neolithique Saharien. " Doctorat d'Etat Thesis. Paris: Universite Paris X-Nanterre.

Humphreys, S. C. and H. King eds. 1981. *Mortality and Immortality: the*

Anthropology and Archaeology of Death. London/New York: Academic Press.

Hyden, G. 2006. *African Politics in Comparative Perspective.* Cambridge: Cambridge University Press.

Ibn Khaldun 2005. *The Muqaddima: An Introduction to History.* [Translated and Introduced by F. Rosenthal, A new Introduction by B. B. Lawrence] Bollingen Series. Princeton: Princeton University Press.

Isaac, G. Ll. 1982. "The Earliest Archaeological Traces." In *Cambridge History of Africa 1: from the Earliest Times to c. 500 BC.* Edited by J. D. Clark, pp. 157-247. Cambridge: Cambridge University Press.

Isaac, G. Ll. 1984. "The Archaeology of Human Origins: Studies of the Lower Pleistocene in East Africa 1971-1981." In *Advances in World Archaeology 3*, pp. 1-89. Orlando: Academic Press.

Isaac, G (edited by B. Isaac) 1989. *The Archaeology of Human Origins: Papers by Glynn Isaac.* Cambridge: Cambridge University Press.

Jouenne, P. 1930. "Les monuments mégalithiques du Sénégal. Les roches gravées et leur interprétation culturelle." *Bulletin du Comite d'Etudes Historiques et scientifiques de l'Afrique Occidentale Francaise*, pp. 309-399.

Joussaume, R. 1985. *Des Dolmens pour les Morts: Les Megalithisme a travers le Monde.* Paris: Hachette.

Kalanda, M. A. 1967. *La Remise en Question. Base de la Decolonisation Mentale.* Brussels: Remarques Africaines.

Killick, D. 2004. Review Essay: What do we know about African Iron Working? *Journal of African Archaeology* 2(1): 97-112.

Klein, H. S. 1999. *The Atlantic Slave Trade.* Cambridge: Cambridge University Press.

Klein, M. 1998. *Slavery and Colonial Rule in French West Africa.* Cambridge: Cambridge University Press.

Kopytoff, I. 1981. Aghem Ethnogenesis and the Grassfields Eocumene. In *Contribution de la recherche ethnologique à l'histoire des civilisations du*

Cameroun. Edited by Cl. Tardits; pp. 371-382. Paris; Editions du CNRS.

Kouao-Biot, B. 2004. Strategies pour la Sauvegarde de Sites en danger; Les Cas de Fanfala et de Gohitafla (Cote d'Ivoire). In *Du Nord au Sud du Sahara: Cinquante Ans d'Archeologie Francaise*. Edited by A. Bazzana and H. Bocoum, pp. 383-390. Paris; Editions Sepia.

Kusimba, C. M. 1999. *The Rise and Fall of Swahili States*. Walnut Creek; AltaMira Press.

Kusimba, C. M. 2004. "Archaeology of Slavery in East Africa." *African Archaeological Review* 21; 59-88.

Kusimba, S. B. 2003. *African Foragers: Environment, Technology, Interactions*. Walnut Creek; AltaMira Press.

Laburthe-Tolra, Ph. 1981a. Essai de synthèse sur lespopulations dites "béti" de la région de Minlaba (sud du Nyong). In *Contribution de l'ethnologie à l'histoire des civilisations du Cameroun*. Edited by Cl. Tardits, pp. 533-546. Paris; Editions du CNRS.

Lanfranchi, R. and B. Clist, eds. 1991. *Aux Origines de l'Afrique Centrale*. Paris; Sepia.

Lange, D. 1977. *Chronologie et Histoire d'un Royaume Africain*. Wiesbaden; Franz Steiner Verlag.

Lange, D. 1987. *A Sudanic Chronicle: The Borno Expeditions of Idris Alauma (1564-1576)*. Wiesbaden; Franz Steiner Verlag.

Latour, B. 1993. "Ethnography of a 'High-Tech' Case; About Aramis." In *Technical Choices*. Edited by P. Lemonnier, pp. 372-398. London; Routledge.

Lawson, A. E. 2002. "Megaliths and Mande States; The Central Gambia Valley Archaeology Project." PhD Dissertation, Ann Arbor; The University of Michigan.

Leach, E. R. 1964. *Political Systems of Highland Burma: A Study of Kachin Social Structure*. London; The Althone Press.

Leakey, M. D. 1971. *Olduvai Gorge: Excavations in Beds I and II, 1960-*

1963. Cambridge: Cambridge University Press.

Leakey, R. 1994. *The Origins of Humankind*. New York: Basic Books.

Leakey, R. and R. Lewin 1982. *Origins: The Emergence and Evolution of Our Species and Its Possible Future*. New York: E. P. Dutton Inc.

Lebeuf, A. M. D. 1969. *Les Principautés Kotoko: Essai sur le Caractere sacré de l'Autorité*. Paris: Editions du CNRS.

Lebeuf, J. P. 1962. *Archéologie tchadienne: les Sao du Cameroun et du Tchad*. Paris: Hermann.

Lebeuf, J. P. 1969. *Carte archéologique des abords du lac Tchad*. Paris: Editions du CNRS.

Lebeuf, J. P. 1981. *Supplément à la carte archéologique des abords du lac Tchad*. Paris: Editions du CNRS.

Lebeuf, J. P. and A. M. D. Lebeuf 1977. *Les Arts Sao*. Paris: Hermann.

Lebeuf, J. P. , A. M. D. Lebeuf, F. treinen-Claustre, and J. Courtin 1980. *Le Gisement Sao de Mdaga*. Paris: Société d'Ethnographie.

Lee, R. B. and I. DeVore, eds. 1968. *Man the Hunter*. Chicago: Aldine.

Lefebvre, L. 1967. Les styles de l'art rupestre pre et protohistorique en Afrique du Nord (essai de typologie). In *Sixieme congres panafricain de Prehisotire*. Edited by H. J. Hugot. pp. 226-230. Chambery.

Lejju, B. J. , P. Robertshaw, and D. Taylor 2006. "Africa's Earliest Bananas?" *Journal of Archaeological Science* 33: 102-113

LeQuellec, J. L. 1987. *L'Art Rupestre du Fezzan septentrional (Libye)-Widyan Zreda at Tarut (Wadi esh Shati)*. Oxford: BAR.

LeQuellec, J. L. 1993. *Symbolisme et Art Rupestre au Sahara*. Paris: L'Harmattan.

LeQuellec, J. L. 1999. "Repartition de la grande faune sauvage dans le nord de l'Afrique durant l'Holocene. " *L'Anthropologie* 103:161-176.

Lemonnier, P. 1992. *Elements for An Anthropology of Technology*. Ann Arbor: University of Michigan Museum of Anthropology.

Lemonnier, P. 1993. "Introduction." In *Technical Choices*. Edited by P. Lemonnier, pp. 1-35. London: Routledge.

Leroi-Gourhan, A. 1965. *Préhistoire de l'Art Occidental*. Paris: Mazenod.

Levy T. E. and A. Holl 1988. "Les Societes Chalcolithiques de la Palestine et l'Emergence des Chefferies." *Archives Europeennes de Sociologie* 29: 283-316.

Lewis-Williams, J. D. 1983. *Rock Art of Southern Africa*. Cambridge: Cambridge University Press.

Lewis-Williams, J. D. 2002. *The Mind in the Cave: Consciousness and the Origins of Art*. London/New York: Thames and Hudson.

Lewis-Williams, J. D and J. H. N. Loubser 1986. "Deceptive Appearance: A Critique of Southern African Rock Art Studies." In *Advances in World Archaeology* 5. Edited by F. Wendorf and A. E. Close, pp. 252-289. Orlando: Academic Press.

Lewis-Williams, J. D. and D. G. Pierce 2004. *San Spirituality: Roots, Expressions, Consequences*. Walnut Creek: AltaMira Press.

Lhote, H. 1970. "Le peuplement du Sahara néolithique, d'après l'interprétation des gravures et des peintures rupestres." *Journal des Africanistes* 40: 91-102.

Lhote, H. 1975. *Les gravures rupestres de l'Oued Djerat, Tassili-n-Ajjer*. Paris: Arts et metiers Graphique.

Lhote, H. and R. Thomasson 1967. "Gravures rupestres de la haute vallee du Tilemsi (Adrar des Iforas, Republique du Mali." In *Sixieme Congres panafricain de prehistoire*. Edited by H. J. Hugot. pp. 235-241. Chambery.

Liverani, M. 2000a. "The Garamantes: A Fresh Approach." *Libyan Studies* 31: 17-28.

Liverani, M. 2000b. "Looking for the Southern Frontier of the Garamantes." *Sahara* 12: 31-44.

Liverani, M. ed. 2005. *Aghram Nadharif: Tha Barkat Oasis (Sha'abiya of Ghat, Libyan Sahara) in Garamantian Times*. Arid Zone Archaeology

Monograph 5. Firenze: Edizioni All'Insegna del Giglio.

Lonsdale, J. 2005. "How to Study Africa: From Victimhood to Agency. " *www. openDemocracy. net.*

Lovejoy, P. E. 1986. *Salt of the Desert Sun: A History of Salt Production and Trade in the Central Sudan.* Cambridge: Cambridge University Press.

MacDonald, K. C. 1998. "Before the Empire of Ghana: Pastoralism and the Origins of Cultural complexity in the Sahel. " In *Transformations in Africa: Essays on Africa Later Past.* Edited by G. Connah. pp. 71-103. London: Leicester University Press.

Magnavita, S. , M. Hallier, C. Pelzer, S. Kahlheber, and V. Linseele 2002. "Nobles, Guerriers, Paysans: Une Necropole de l'Age du Fer et son Emplacement dans l'Oudalan Pre- et Protohistorique. " *Beitrage zur Allgemeinen und Vergleichenden Archaologie* 22: 21- 64.

Maret, P. de 1985. *Fouilles Archeologiques dans la Vallee du haut Lualaba, Zaire-II Sanga and Katongo* 1974. Tervuren: Musee Royal de L'Afrique Centrale.

Maret, P. de 1992. *Fouilles Archeologiques dans la Vallee du Lualaba, Zaire-II Kamilamba, Kikulu et Malemba-Nkulu.* Tervuren: Musee Royal de L'Afrique Centrale.

Maret, P. de 1999. "The Power of Symbols and the Symbols of Power through Time: Probing the Luba Past. " In *Beyond Chiefdoms: Pathways to Complexity in Africa.* Edited by S. K. McIntosh, pp. 151-165. Cambridge: Cambridge University Press.

Mauny, R. 1954. "Gravures, peintures et inscriptions rupestres de l'Ouest Africain. " *Bulletin de l'IFAN: Initiations Africaines* 11.

Martin, V. and C. Becker 1984. *Inventaire des Sites Protohistoriques de la Senegambie.* Kaolack.

McBrearty, S. 2005. "The Kapthurin Formation: What We Know Now that We Didn't Know Then. " In *Interpreting the Past: Essays on Human, Primate, and Mammal Evolution in Honor of David Pilbeam*. Edited by D. E. Lieberman, R. J. Smith, and J. Kelley, pp. 263-274. Boston/Leiden: American School of Prehistoric Research and E. J. Brill.

McGrew, W. C. 1992. *Chimpanzee Material Culture: Implications for Human Evolution*. Cambridge: Cambridge University Press.

McIntosh, S. K. ed. 1999. *Beyond Chiefdoms: Pathways to Complexity in Africa*. Cambridge: Cambridge University Press.

McIntosh, R. J. 1998. *The People of the Middle Niger: Island of Gold*. Oxford: Blackwell.

McIntosh, R. J. 2005. *Ancient Middle Niger: Urbanism and the Self-Organizing Landscape*. Cambridge: Cambridge University Press.

Metcalf, P. and R. Huntington 1991. *Celebrations of Death: the Anthropology of Mortuary Ritual*. Cambridge: Cambridge University Press.

Misago, K. 1991. Zaire: "L'Age du Fer Ancien." In *Aux Origines de l'Afrique Centrale*. Edited by R. Lanfranchi and B. Clist, pp. 212-217. Paris: Sepia.

Mission de Recherche Prehistorique du Dhar Tichitt (*MRPT*). (1980). *Rapport Preliminaire*. Unpublished, Paris.

Mitchell, P. 2005. *African Connections: Archaeological Perspectives on Africa and the Wider World*. Lanham: AltaMira Press.

Mithen, S. 1996. *The Prehistory of the Mind: A Search for the Origin of Art, Religion and Science*. London: Thames and Hudson.

Mohammadou, E. 1981. "L'implantation des Peul dans l'Adamawa (approche chronologique)." In *Contriution de la recherche ethnologique à l'histoire des civilisations du Cameroon*. Edited by C. Tardits: pp. 229-248. Paris: Editions du CNRS.

Monimo, Y. 1983. "Accoucher du Fer: La Metallurgie Gbaya (Centrafrique)." In *Metallurgies Africaines: Nouvelles Contributions*. Edited by N. Echard, pp. 281-309. Paris: Memoires de la Societe de Africanistes.

Monod，T. 1938. *Contributions a l'etude du Sahara Occidental I: Gravures, peintures et inscriptions rupestres.* Paris：Larose.

Morkot，R. 2001. "Egypt and Nubia." In *Empires: Perspectives from Archaeology and History.* Edited by Alcock，S. E. ，T. N. D'Altroy，K. D. Morrison，C. M. Sinopoli，pp. 227- 251. Cambridge：Cambridge University Press.

Mori，F. 1965. *Tardrart Acacus: Arte rupestre e culture de Sahara prehistorico.* Einaudi：Torino.

Mori，F. 1998. *The Great Civilizations of the Ancient Sahara.* Rome：L'Erma di Bretschneider.

Mudimbe，V. Y. 1988. *The Invention of Africa: Gnosis, Phylosophy, and the Order of Knowledge.* Bloomimgton：Indiana University Press.

Munson，P. J. 1971. "Tichitt Tradition：A Late prehistoric occupation in the Southwestern Sahara." Ph. D. Thesis，University of Illinois at Urbana-Champaign.

Munson，P. J. and C. A. Munson 1969. "Nouveaux chars a beoufs rupestres du Dhar Tichitt (Mauritanie)." *Notes Africaines* 122：62-63.

Munson，P. J. and C. A. Munson 1971. "Rock Art." In P. J. Munson, "The Tichitt Tradition." Ph. D. Thesis. pp. 342-354. Ann Arbor：University Microfilms.

Muzzolini，A 1995. *Les Images Rupestres du Sahara.* Toulouse.

Muzzolini，A. and A. Boccazzi 1991. "The Rock-paintings of Tikadiouine (Tasili n'ajjer，Algeria) and the Iheren-Tahilahi Group." *Proceedings of the Prehistoric Society* 57(2)：21-34.

Nachtigal，G. 1980. *Sahara and Sudan.* Translated by A. G. B. Fisher and H. J. Fisher. London：C. Hurst and Co.

Ngijol Ngijol，P. 1980. *Les Fils de Hitong.* Yaoundé：Centre d'édition et de production pour l'enseignement et la recherche.

Noten，F. van ed. 1982. *Prehistory of Central Africa. Graz*：Akademische

Verlag.

O'Connor, D. 1993. *Ancient Nubia: Egypt's Rival in Africa.* Philadelphia: the University of Pennsylvania Museum of Archaeology and Anthropology.

O'Shea, J. M. 1984. *Mortuary Variability: An Archaeological Investigation.* Orlando: Academic Press.

Okafor, E. 1993. "New Evidence on Early Iron-smelting in Sotuheastern Nigeria." In *The Archaeology of Africa: Food, Metals, and Towns.* Edited by T. Shaw, P. Sinclair, B. Andah and A. Okpoko, pp. 432-448. London: Routledge.

Ouzman, S. 1998. "Towards a Mindscape of Landscape: Rock Art as Expression of World – understanding." In *The Archaeology of Rock-Art.* Edited by C. Chippindale and P. S. C. Tacon, pp. 30-39. Cambridge: Cambridge University Press.

Ozanne, P. 1965. "The Anglo-Gambian Stone Circles Expedition." *Research Review* 1: 32-36.

Packenham, T. 1991. *The Scramble for Africa: White Man's Conquest of the Dark Continent from 1876 to 1912.* New York: Avon Books.

Paris, F. 1990. "Les Sépultures Monumentales d'Iwelen (Niger)." *Journal des Africanistes* 60(1): 47-74.

Paris, F. 1996. *Les Sépultures du Sahara Nigérien du Néolithique a l'Islamisation.* Volume 1 and 2. Paris: ORSTOM Éditions.

Person, A., M. Dembele, M. Raimbault 1991. "Les Mégalithes de la zone lacustre." In *Recherches Archéologiques au Mali.* Edited by M. Raimbault and K. Sanogo, pp. 473-510. Paris: ACCT-Karthala.

Person, A., T. Ibrahim, H. Jousse, A. Finck, C. Albaret, L. Garenne-Marot, V. Zeitoun, J. F. Saliege, and S. Ould M'Heimam 2004. "Environnement et Marqueurs Culturels en Mauritanie Sud-Orientale: La Site de Bou Khzama (DN 4), Premiers Resultats et Approche Biogeochimique." In A.

Bazzana and H. Bocoum, eds. *Du Nord au Sud du Sahara: Cinquante Ans d'Archeologie francaise and Afrique de l'Ouest et au Maghreb: Bilan et Perspectives*, pp. 195-213. Paris: Editions Sepia.

Phillipson, D. W. 1977. *The Later Prehistory of Eastern and Southern Africa*. London: Heineman.

Phillipson, D. W. 1998. *Ancient Ethiopia: Aksum, Its Antecedents and Successors*. London: British Museum Press.

Phillipson, D. W. 2000. *Archaeology at Aksum, Ethiopia, 1993-1997*, 2 vols. London: The British Institute in Eastern Africa/the Society of Antiquaries of London.

Phillipson, D. W. 2003. *Archaeology in Africa and in Museums*. Cambridge: Cambridge University Press.

Phillipson, D. W. 2004. *African Archaeology*. 3rd edition. Cambridge: Cambridge University Press.

Pikirayi, I. 2001. *The Zimbabwe Culture: Origins and Decline of Southern Zambezian States*. Walnut Creek: AltaMira Press.

Planck, M. 1960. *Autobiographie Scientifique et derniers Ecrits*. Paris: Champs Flammarion.

Popovic, A. 1999. *The Revolt of African Slaves in Iraq in the 3rd/9th Century*. Princeton: Marcus Wiener Publishers.

Potts, R. 1988. *Early Hominid Activities at Olduvai*. New York: Aldine de Gruyter.

Redding, R. W. 2005. "Breaking the Mold: A Consideration of Variation in the Evolution of Animal Domestication." In *The First Steps of Animal domestication: New Archaeozoological Approaches*. Edited by J. D. Vigne, J. Peters, and D. Helmer, pp. 41-48. Oxford: Oxbow Books.

Reid, A. 1997. "Lacustrine States." In *Encyclopedia of Precolonial Africa*. Edited by J. O. Vogel, pp. 501-507. Walnut Creek: AltaMira Press.

Reid, A and P. J. Lane eds. 2004. *African Historical Archaeologies.* New

York: Kluwer Academic/ Plenum Publishers.

Renfrew, C. and E. B. W. Zubrow eds. 1994. *The Ancient Mind: Elements of Cognitive Archaeology*. Cambridge: Cambridge University Press.

Reyna, S. P. 1990. Wars *without End: the Political Economy of a Precolonial African State*. Hanover: University Press of New England.

Robertshaw, P. ed. 1990. *A History of African Archaeology*. London: J. Currey.

Robertshaw, P. 1999. "Seeking and Keeping Power in Bunyoro-Kitara, Uganda." In *Beyond Chiefdoms: Pathways to Complexity in Africa*. Edited by S. K. McIntosh, pp. 124-135. Cambridge: Cambridge University Press.

Robertshaw, P. 2003. "Explaining the Origins of the State in East Africa." In *East African Archaeology: Foragers, Potters, Smiths, and Traders*. Edited by C. M. Kusimba and S. B. Kusimba, pp. 145-166. Philadelphia: the University of Pennsylvania Museum of Archaeology and Anthropology.

Roche, H. 1980. *Les Premiers Outils tailles d'Afrique*. Nanterre: Societe d'Ethnographie.

Roset, J. P. 1987. "Paleoclimatic and Cultural Conditions of Neolithic Development in the Early Holocene of Northern Niger (Air and Ténéré)." In *Prehistory of Arid North Africa*. Edited by A. E. Close, pp. 211-234. Dallas: Southern Methodist University Press.

Sachs, J. D. 2006. "How Aid can Work." *The New York Review of Books* LIII, 20: 97.

Sadr, K. 2003. "The Neolithic of Southern Africa." *Journal of African History* 44: 195-209.

Samb, D. ed. 1997. *Goree et l'Esclavage*. Dakar: IFAN.

Savary, J. P. 1966. *Monuments en Pierre seche du Fadnoun (Tassili-n-Ajjer)*. Paris: Mémoire du CRAPE.

Schmidt, P. R. 1978. *Historical Archaeology: A Structural Approach in African Culture*. Westport: Greenwood Press.

Schmidt, P. R. ed. 1996. *The Culture and Technology of African Iron Production*. Gainesville: University Presses of Florida.

Schmidt, P. R. 1997. *Iron Technology in East Africa: Symbolism, Science, and Archaeology*. Bloomington: Indiana University Press.

Schmidt, P. R. 2006. *Historical Archaeology in Africa: Representation, Social Memory, and Oral Traditions*. Lanham: AltaMira Press.

Schmidt, P. R. and J. R. Waltz 2007. "Re-representing African Pasts through Historical Archaeology." *American Antiquity* 72(1): 53-70.

Seignobos, C. 1993. "Des traditions Fellata et de l'assechement du lac Tchad." In *Datation et Chronologie dans le bassin du lac Tchad*. Edited by D. Barreteau and C. Von Graffenried, pp. 165-182. Paris: Editions de l'ORSTOM.

Shaw, T. 1972. "Finds at the Iwo Eleru Rock Shelter, Western Nigeria." In *Sixieme Congres Panafricain de Préhistoire*, *Dakar 1967*. Edited by H. J. Hugot, pp. 190-2. Chambery.

Shinnie, P. L. 1985. "Iron Working at Meroe." In *African Iron Working: Ancient and Traditional*. Edited by R. Haaland and P. L. Shinnie, pp. 28-35. Oslo: Norwegian University Press.

Sinclair, P. J. J. , I. Pikirayi, G. Pwiti, and R. Soper 1993. "Urban Trajectories on the Zimbabwe Plateau." In *The Archaeology of Africa: Food, Metals and Towns*. Edited by T. Shaw, P. Sinclair, B. Andah, and A. Okpoko, pp. 705-731. New York/London: Routledge.

Smith, A. B. 1992a. "Origins and Spread of Pastoralism in Africa." *Annual Review of Anthropology* 21: 125-41.

Smith, A. B. 1992b. *Pastoralism in Africa: Origins and Dvelopment Ecology*. Athens: Ohio University Press.

Smith, A. B. 1993. "New Approaches to Saharan Rock Art." In *L'Arte e l'Ambiente del sahara Preistorico: Datti e interpretazioni*. Memorie 26(2) 467-78. Milano: Museo Civico di Storia Naturale.

Smith, A. B. 2005a. "Creating a Landscape for Saharan Pastoral

Archaeology. " In *Hunters vs Pastoralists in the Sahara: Material Culture and Symbolic Aspects*. Edited by B. E. Barich, T. Tillet, and K. H. Striedter, pp. 47-50. Oxford: BAR International Series.

Smith, A. B. 2005. *African Herders*. Walnut Creek: AltaMira Press.

Smuts, B. B. , D. L. Cheney, R. M. Seyfarth, R. W Wrangham, and T. T. Strusaker, eds. 1987. *Primate Societies*. Chicago: The University of Chicago Press.

Southall, A. W. 1970. *Alur Society: A Study in Processes and Types of Domination*. Nairobi: Oxford University Press.

Stahl, A. B. ed. 2005. *African Archaeology: A Critical Introduction*. Oxford: Blackwell.

Stewart, T. D. and M. Tiffany 1986. "Cleaning and Casting the Skeleton. " In *The Wadi Kubbaniya Skeleton: A Late Paleolithic Burial from Southern Egypt*. Edited by F. Wendorf, R. Schild, and A. E. Close, pp. 49-52. Dallas: Southern Methodist University Press.

Striedter, K. H. 1983. *Felsbilder Nordafrikas und der Sahara*. F. S. Verlag; Wiesbaden.

Strum, S. C. 1987. *Almost Human: A Journey into the World of Baboons*. New York: Random House.

Subrahmanyam, S. 2001. "Written on Water: Designs and Dynamics in the Portuguese Estado da India. " In *Empires: Perspectives from Archaeology and History*. Edited by Alcock, S. E. , T. N. D'Altroy, K. D. Morrison, C. M. Sinopoli, pp. 42- 69. Cambridge: Cambridge University Press.

Tacon, P. S. C. and C. Chippindale 1998. "An Archaeology of Rock Art through Informed Methods and Formal Methods. " In the *Archaeology of Rock-Art*. Edited by C. Chippindale and P. S. C. Tacon. pp. 1-10. Cambridge: Cambridge University Press.

Tafuri, M. A. , R. A. Alexander, G. Manzi, and S. Di Lernia 2006. "Mobility and Kinship in the Prehistoric Sahara: Strontium Isotope Analysis of

Holocene Human Skeletons from the Acacus Mountains (Southwestern Libya). " *Journal of Anthropological Archaeology* 25: 390-402.

Tamari, T. 1995. "Linguistic Evidence for the History of West African 'Castes'. " In *Status and Identity in West Africa: Nyamakalaw of Mande.* Edited by D. C. Conrad and B. E. Frank, pp. 61-85. Bloomington: Indiana University Press.

Tardits, C. ed. 1981a. *Contribution de la recherche ethnologique à l'histoire des civilisations du Cameroun.* 2 vols. Paris: Editions du CNRS.

Tardits, C. 1981b. "Le royaume Bamoun: chronologie - implantation des populations - commerce et économie - diffusion du maïs et du manioc. " In *Contribution de la recherche ethnologique à l'histoire des civilisations du Cameroun.* Edited by Cl. Tardits, pp. 401-420. Paris: Editions du CNRS.

Thilmans, G. and C. Descamps 1974. "Le Site megalithique de Tiekene-Boussoura (Senegal). " Fouilles de 1973-1974. *Bulletin de l'IFAN*, B, 36(3): 447-496.

Thilmans, G. and C. Descamps 1975. "Le Site megalithique de Tiekene-Boussoura (Senegal). " Fouilles de 1974-1975. *Bulletin de l'IFAN*, B, 37(2): 259-306.

Thilmans, G. , C. Descamps, and B. Khayat 1980. *Protohistoire du Sénégal I: Les Sites Mégalithiques.* Dakar: IFAN.

Teyssier, P. and P. Valentin, (translated and annotated by) 1995. *Voyages de Vasco de Gama: Relations des expeditions de 1497-1499 and 1502-1503.* Paris: Editions Chandeigne.

Tillet, T. 1983. *Le Paléolithique du basin tchadien Septentrional (Niger-Tchad).* Marseille: Editions du Centre National de la Recherche Scientifique.

Treinen-Claustre, F. 1982. *Sahara et Sahel a l'Age du fer: Borku, Tchad.* Paris: Societe des Africanistes.

Trigger, B. G. 1969. "The Myth of Meroe and the African Iron Age. " *African Historical Studies* 2: 23-50.

Ucko, P. J. and A. Rosenfeld 1967. *Palaeolithic Cave Art*. New York: McGraw Hill.

Van Der Merwe, N. J. 1980. "The Advent of Iron in Africa." In *The Coming of the Age of Iron*. Edited by T. A. Wertime and J. D. Muhly, pp. 463-506. New Haven: Yale University Press.

Vansina, J. 1990. *Paths in the Rainforests: Toward a History of Political Tradition in Equatorial Africa*. Madison: University of Wisconsin Press.

Vermeersch, P. M. 1992. "The Upper and Late Palaeolithic of Northern and Eastern Africa." *New Light on the Northeast Africa Past*. Edited by R. Kuper, pp. 99-153. Cologne: Heinrich Barth Institut.

Vermeersch, P. M. , E. Paulissen, S. Stokes, C. Charlier, P. Van Peer, C. Stringer, and W. Lindsay 1998. "A Middle Palaeolithic Burial of a Modern Human at Taramsa Hill, Egypt." *Antiquity* 72: 475-484.

Vidal, P. 1969. *La Civilisation Mgalithique de Bouar: Prospecyions et Fouilles 1962-1966*. Paris: Firmin-Didot.

Volman, T. P. 1984. "Early Prehistory of Southern Africa." In *Southern African Prehistory and Paleoenvironments*. Edited by R. G. Klein, pp. 169-220. Rotterdam: A. A. Balkema.

Von Morgen, C. 1982. *A travers le Cameroun du sud au nord*. Paris: Publications de la Sorbonne.

Wainaina, B. 2005. "How to Write about Africa." *Granta* 92: 91-95.

Waldrop, M. M. 1992. *Complexity: The Emerging Science at the Edge of Order and Chaos*. New York: Touchstone Books.

Warnier, J. P. 1981. L'histoire pré-coloniale de la chefferie de Mankom (département de la Mezam). In *Contribution de la recherche ethnologique à l'histoire des civilisations du Cameroun*. Edited by Cl. Tardits, pp. 421-436. Paris: Editions du CNRS.

Warnier, J. P. 1985. *Echanges, Développement et Hiérarchies dans le Bamenda pré-colonial*. Wiesbaden: Fr. Steiner Verlag.

Welsby, D. A. 1998. *Soba II: Renewed Excavations within the Metropolis of the Kingdom of Alwa in Central Sudan.* British Institute in eastern Africa Memoir 15. London: British Museum Press.

Welsby, D. A. and C. M. Daniels 1991. *Soba: Archaeological Research at a Medieval Capital on the Blue Nile.* Memoir 12. London: British Institute in Eastern Africa.

Wendorf, F. and R. Schild 1992. "The Middle Palaeolithic of North Africa: A Status Report." *New Light on the Northeast Africa Past.* Edited by R. Kuper, pp. 39-78. Cologne: Heinrich Barth Institut.

Wendorf, F. and R. Schild 1998. "Nabta Playa and Its Role in North African Prehistory." *Journal of Anthropological Archaeology* 17: 97-123.

Wendorf, F. , R. Schild, and A. Close eds. 1986. *The Prehistory of Wadi Kubbaniya I: The Wadi Kubbaniya Skeleton: A Late Paleolithic burial from Southern Egypt.* Dallas: Southern Methodist University Press.

Wendorf, F. , R. Schild, and Associates 2003. *Holocene Settlement of the Egyptian Sahara, Volume I: The Archaeology of Nabta Playa.* New York: Kluwer Academic and Plenum Publishers.

Wendorf, F. R. Schild, A. E. Close, and Associates 1993. *Egypt during the Interglacial: the Middle Paleolithic of Bir Tarfawi and Bir Sahara East.* New York/London: Plenum Press.

Wendorf, F. R. , R. Schild, and Associates 2002. *Holocene Settlement of the Egyptian Sahara. Volume I.* London/New York: Kluwer/Plenum.

Willoughby, P. R. 2007. *The Evolution of Modern Humans in Africa: A Comprehensive Guide.* Lanham: AltaMira Press.

Wright, H. T. 1977. "Recent Research on the Origin of the State." *Annual Review of Anthropology* 6: 379-397.

Wright, H. T. 1993. "Trade and Politics on the Eastern Littoral of Africa, AD 800-1300." In *The Archaeology of Africa: Food, Metals and Towns.* Edited by T. Shaw, P. Sinclair, B. Andah, and A. Oppoko, pp. 658-672. New

York/London: Routledge.

Wulsin, F. 1932. "An Archaeological Reconnaissance in the Chari basin." *Harvard African Studies* 10: 1-88.

Yoffee, N. 2005. *Myths of the Archaic State: Evolution of the Earliest Cities, States, and Civilizations.* Cambridge: Cambridge University Press.

Yoffee, N. and G. Cowgill eds. 1988. *The Collapse of Ancient States and Civilizations.* Tucson: The University of Arizona Press.

Zangato, E. 1999. *Sociétés Préhistoriques et Mégalithes dans le Nord-Ouest de la République Centrafricaine.* Oxford: BAR International Series 768.

Zangato, E. 2000. *Les Occupations Néolithques dans le Nord-Ouest de la République Centrafricaine.* Montagnac: Editions Monique Mergoil.

Zwernemann, J. 1983. Culture, *History, and African Anthropology: A Century of Research in Germany and Austria.* Uppsala: Acta Universitatis Upsaliensis.